本成果为教育人文社科规划项目"草原工矿业开发与牧民可持续生计研究"（13YJC850027）最终成果；国家社科基金"内蒙古草原工矿业开发与牧区稳定发展研究"（15XSH010）阶段性成果

光明社科文库

工矿业开发背景下的牧民可持续生计研究

——基于内蒙古乌拉特后旗的调查

张　群◎著

光明日报出版社

图书在版编目（CIP）数据

工矿业开发背景下的牧民可持续生计研究：基于内蒙古乌拉特后旗的调查／张群著 . --北京：光明日报出版社，2021.8

ISBN 978－7－5194－6238－3

Ⅰ.①工… Ⅱ.①张… Ⅲ.①工业—影响—牧民—农民收入—研究—乌拉特后旗②矿业—影响—牧民—农民收入—研究—乌拉特后旗 Ⅳ.①F323.8

中国版本图书馆 CIP 数据核字（2021）第 160744 号

工矿业开发背景下的牧民可持续生计研究：基于内蒙古乌拉特后旗的调查

GONGKUANGYE KAIFA BEIJING XIA DE MUMIN KECHIXU SHENGJI YANJIU：JIYU NEIMENGGU WULATEHOUQI DE DIAOCHA

著　者：张　群			
责任编辑：郭思齐		责任校对：周春梅	
封面设计：中联华文		责任印制：曹　净	

出版发行：光明日报出版社

地　　址：北京市西城区永安路 106 号，100050

电　　话：010－63169890（咨询），010－63131930（邮购）

传　　真：010－63131930

网　　址：http：//book. gmw. cn

E - mail：gmrbcbs@ gmw. cn

法律顾问：北京市兰台律师事务所龚柳方律师

印　　刷：三河市华东印刷有限公司

装　　订：三河市华东印刷有限公司

本书如有破损、缺页、装订错误，请与本社联系调换，电话：010-63131930

开　　本：170mm×240mm			
字　　数：232 千字		印　　张：15. 5	
版　　次：2022 年 1 月第 1 版		印　　次：2022 年 1 月第 1 次印刷	
书　　号：ISBN 978－7－5194－6238－3			
定　　价：95. 00 元			

目 录
CONTENTS

导　论

一、研究背景

（一）机遇与变革：工业化浪潮下的内蒙古牧区

内蒙古牧区是我国四大牧区之一，也是我国面积最大的牧区。它地域辽阔，东起大兴安岭，西至额济纳戈壁，延绵 4000 多公里。内蒙古草原面积为 13.2 亿亩，约占全区国土总面积的 74.4% 和全国草原面积的 22%。它物产丰饶，在 2330 多种种子植物中，具有重要经济价值的植物有 100 余种，受重点保护的动、植物分别有 50 种和 47 种；草原畜种资源得天独厚，有分布范围广、数量多的蒙古系地方品种蒙古马、蒙古牛、蒙古羊、蒙古驼、滩羊等，是全国畜牧业的主要产区；内蒙古草原也是煤炭、油气、铁矿、有色金属和稀土等矿产资源的富集地，在 33 个牧业旗县中已知矿点、矿床、矿化点 2000 多处。它景色旖旎，千古传唱的民歌"敕勒川，阴山下，天似穹庐，笼盖四野。天苍苍，野茫茫，风吹草低见牛羊"，歌颂了大草原的雄浑与壮美。天堂草原，有明珠焉，呼伦贝尔、锡林郭勒、科尔沁、乌兰察布、鄂尔多斯和乌拉特等六大著名草原就如同散落在凡间的明珠，使无数中外游客对其充满向往、欣赏之情，甚至为之陶醉。它文化厚重，是牧民"栖居"的世界及文化摇篮。牧民通过日常的牧业实践活动，与牲畜和草原形成一种连贯性和整体性的关联，在地方中产生情感认同。与此同时，与牧民实践习惯密不可分的风俗习惯、社会制度、思想观念、宗教信仰、文学艺术等孕育了中华文明三大源头之一的草原文化。它具有浓厚的地域特色和民族特征，韵味十足，丰富耀眼。

丰饶的资源禀赋，加之独特的生态文化，使内蒙古牧区在发展中极富潜力。1987年6月，改革开放的总设计师邓小平同志在会见美国前总统卡特时曾洞烛先机："我们帮助少数民族地区发展的政策是坚定不移的，我们的政策是着眼于把这些地区发展起来。如内蒙古自治区，那里有广大的草原，人口又不多，今后发展起来很可能走进前列。"1999年1月，江泽民同志在内蒙古考察时进一步指出："内蒙古地大物博、资源丰富，要注意发挥资源优势，提高资源的综合开发利用水平，加快把资源优势转化为经济优势，力争使内蒙古成为我国下一个世纪经济增长的重要支点。"诚如斯言，随着中国经济的迅猛发展，中国经济的发展已经进入工业发展对资源有强大需求而资源对工业发展又强烈约束的时期。尤其是进入21世纪以来，在民族地区跨越式发展战略、西部大开发战略和国家能源战略等发展战略的共同促进下，内蒙古自治区党委和政府先后出台了《关于加快工业经济发展推进工业化进程的意见》和《关于发挥优势突出重点推动工业经济快速发展的意见》等指导性文件，在内蒙古自治区掀起了前所未有的全面推进工业化进程的高潮，创造性地走出了一条依托资源区位优势，政府大战略引导，吸引大投资，开发大项目，发展大产业，面向全国主要提供能源原材料等重化工产品的工业化发展道路（陶建、苏新民，2006），内蒙古牧区矿产资源开发的速度也随之大大加快。发达国家的经验表明，经济发展程度与矿产品消费之间存在着较强的规律性。在2002年到2009年，内蒙古的GDP增速连续八年位居全国第一，被诸多媒体誉为"内蒙古奇迹""内蒙古现象"。更让世人惊叹的是，自2012年起，内蒙古的人均GDP突破一万美金，人均财政收入超过一万元人民币，成为西部地区第一个跃上"双万"台阶的省份（人民网，2013）。丰富的自然资源、特殊的机遇期、适当的工业化发展战略等一系列因素的集合是成就内蒙古经济高速增长不可或缺的外部条件（任军，2017）。其中，工矿业开发成了内蒙古飞速发展的重要引擎和助推器。从2000年起，采矿业已成为内蒙古的主导产业，采矿业利润由 2000 年的 1.6 亿元增加到 2014 年的 704.23 亿元，占工业利润的比重由 2000 年的 9.94% 增长到 2014 年的 54.20%。[①]

在"工业强（兴）旗（县、区）"的发展口号和路径依赖下，牧区工矿业开发不仅成为内蒙古牧区"进步与发展"的当代表述之一（麻国庆、张亮，2012），而且成为地方政府解决长久以来牧区内生发展动力不足这一顽疾的"灵丹妙药"。伴随着牧区工矿业开发的长足进步，牧区发生了深刻的变化：一座座矿山突兀在草原、一条条铁路和公路延伸到牧区、城镇一座座旧貌换新颜。与此同时，被破坏的草原景观、触目惊心的工业污染、不断恶化的生态环境、生计窘迫的牧民等工矿业开发所带来的"现代性后果"也不时见诸媒体。有研究表明，近些年来许多大企业纷纷来内蒙古草原进行矿产开发，发展迅速，且形成垄断之势。但这是典型的"总部经济"，虽然给当地就业和第二、第三产业的发展带来机会，但直接实惠并不多，而给地方生态、环境造成的危害和污染等问题远高于所得到的实惠。出现了企业开发资源、地方付出代价，企业"吃肉"、地方"出血"的现象（盖志毅，2011）。在牧区工业化发展浪潮带来的多重面向中，牧区站在了十字路口，究竟是步入"资源诅咒"与"生态恶化"的窘境，还是迈向"美丽与发展共赢"的愿景？对于这些问题的探讨与争论，已成为政界、学术界和利益相关主体所关注的热点议题。

（二）可持续生计：内蒙古牧区经济社会稳定与文化持守的"压舱石"

与"发展"的宏大叙事逻辑不同，生计侧重关注的是微观个体的日常生产生活状态。对于内蒙古牧区而言，受制于特殊的自然气候条件以及在草原—牲畜—牧民这样一个独特的生态社会系统的影响下，牧业生计具有基础性、脆弱性和系统性的特点。首先，在草原生态系统中，人靠牲畜来生存繁衍，牲畜靠草场来维持生命，因此生态规律等自然规律发挥着基础性的、决定性的作用。牧业生计基本依靠自然，它的操作规程完全按照自然法则进行，

[①]　内蒙古自治区统计局. 2000 内蒙古统计年鉴［M］. 北京：中国统计出版社，2000；
　　内蒙古自治区统计局. 2014 内蒙古统计年鉴［M］. 北京：中国统计出版社，2014.

依靠生态环境、气候条件的变化和植被、水源的承载能力进行调节（乌峰、包庆德；2009）。从可持续发展角度讲，牧业生计是牧区的基础生产力。其次，牧业生计具有脆弱性。由于内蒙古牧区的气候极不稳定，干旱、沙尘暴、雪灾、冻灾等灾害事件时有发生，如在清王朝记载的 267 年的历史中，内蒙古地区共发生严重自然灾害 204 次，平均 1.31 年即有一次严重灾害（郝益东，2013），这是导致牧业生计脆弱性的根本因素。此外，在近些年来牧民定居化、市场化、草场承包等制度化因素影响下，牧业逐渐成了一种高投入—高风险的生计活动，牧业的生计脆弱性不断增加（王晓毅，2016）。最后，牧业生计实践还富有系统性。它不仅外化为"草原畜牧业"，成为牧民生活繁衍的微观系统，其外延还承载着独具特色的社会文化价值等宏观系统。作为牧民认识自然、适应自然的智慧结晶，牧业生计也是一种生态文化。日常生活诸如饮食、服饰、居室、车辆、婚俗等都有深厚的生态文化意蕴。由牧业生计衍生的如"古列延""阿寅勒"等社会组织形式可以使牧民将生态文化作用于草原的可持续发展。总之，基于牧业生计，牧区的经济、政治、社会等基本文化架构由之产生并发展起来。甚至，"水、草、畜"的利用与牧民的宗教信仰、集体认同、地方权威及社会阶序紧密地"链合"在一起（荀丽丽，2011）。因此，牧业生计的可持续不仅关涉牧民的生产生活，它更是关乎牧区经济社会稳定和文化持守的"压舱石"。

随着现代工矿业开发强势挺进内蒙古牧区，传统的游牧文明与工业文明相互抵牾，工矿业对牧业生计的扰乱和侵蚀、对牧民利益的影响，短期经济利益和长期生态保护等诸多矛盾叠加，使内蒙古牧区的情况变得更加复杂，出现了一些值得我们警醒的问题，如在 2011 年发生在锡林郭勒盟西乌旗的"5·11"事件和阿巴嘎旗的"5·15"事件。有学者曾经指出，作为全国第一个少数民族自治区，其地域和民族特征消退带来的巨大政治、生态、经济代价是不可能由其 GDP 增长速度挽回的，而且一旦发生将难以逆转（郑易生、达林太，2010）。那么，牧区工矿开发对牧民生计影响的机理是什么？在工矿业开发的冲击下，牧民如何实现符合牧区特点和牧民优势的可持续生计发展路径？对这些问题的解读和回答，是摆在学术界面前的紧迫课题。

二、研究意义

（一）理论意义

自 20 世纪 90 年代以来，中国实施了西部大开发战略。西部大开发战略明确指出："西部地区要……从资源导向型转变为市场导向型，走出一条市场与知识为主体的可持续发展的西部开发模式"，并且认为"没有遏制西部地区的生态环境恶化趋势，就没有全国经济社会的可持续发展；没有西部地区的小康，就没有全国的小康；没有西部地区的现代化，也就谈不上全国的现代化"。中国西部省份的发展已经成为国家发展战略中优先考虑的因素。就内蒙古牧区而言，国家和自治区都把内蒙古牧区的地位摆在攸关国家生态安全、边疆安定和社会稳定的战略高度。作为北方边陲的巨大绿色屏障，内蒙古牧区在调节气候、涵养水分、防风固沙、美化环境、生物多样性保护等方面具有极其重要的作用，是祖国北部及西部的生态屏障。从生态意义上讲，保护好这片土地不仅关系到我们自身的生死存亡，而且关系到整个国家的生态安全（王来喜，2008）。发展牧区经济是促进我国国民经济发展、维护国家生态安全、促进民族团结、建设环境友好型社会的战略举措。总而言之，内蒙古因其社会性、生态性、经济性的统一决定了其战略地位上的重要意义（路战远，2012）。如何辨明工矿业开发影响牧区稳定的多重诱因，如何让在这里生活了千百年的牧民顺利转型从而适应新的经济模式和生活模式，从而使牧民实现可持续生计和内蒙古牧区向"又快又好"的方向发展，学术界的研究处于滞后的状态。从发展理论研究的趋势来看，以实现生计的可持续角度来研究农村的发展问题更有现实意义（纳列什·辛格、乔纳森·吉尔曼，2000），而如何处理好人口、资源与环境的关系成为牧区可持续发展的关键。因此，本研究从社会学、生态学、经济学等跨学科的角度，运用可持续生计理论，着重关注工矿业开发与牧民生计的关联，不仅可以推动牧民可持续生计研究的深入发展，也可以为牧区可持续发展乃至可持续发展战略开拓新的研究领域，这使本研究具备了很高的理论意义。

（二）实践意义

内蒙古是我国重要的能源、原材料基地和农牧业大区，又是一个欠发达地区，面临着加快发展经济与环境整治的双重任务，能否实现人口、资源、环境和经济的协调发展不仅关系到内蒙古自身的发展前景，而且关系到国家中西部开发战略的推进和边疆少数民族地区的稳定与繁荣（马林，1999）。2011年出台的《国务院关于进一步促进内蒙古经济社会又好又快发展的若干意见》中将内蒙古定位为"我国民族区域自治制度的发源地，煤炭、有色金属、稀土、风能等资源富集，发展潜力巨大，生态区位独特，在全国经济社会发展和边疆繁荣稳定大局中具有重要的战略地位"。同年，时任国务院总理温家宝主持召开了国务院常务会议，专题研究部署促进牧区经济发展的措施。习近平总书记2014年在内蒙古考察的讲话中强调内蒙古要"以建设祖国北疆安全稳定屏障为目标""把保护基本草原和保护耕地放在同等重要的位置""着力转变经济发展方式，着力抓好农牧业和牧区工作"，并殷切希望我们"守好内蒙古少数民族美好的精神家园""把祖国北部边疆这道风景线打造得更加亮丽"。① 2019年，习近平总书记在十三届全国人大二次会议内蒙古代表团审议时强调"保持加强生态文明建设的战略定力，探索以生态优先、绿色发展为导向的高质量发展新路子，加大生态系统保护力度，打好污染防治攻坚战，守护好祖国北疆这道亮丽风景线"②。在国家定位、党中央精神和习近平总书记讲话的殷殷嘱托下，开展牧区工矿业开发背景下的牧民生计问题研究，其应用价值不仅很大，甚至应当说是当务之急。

保障和改善民生，提升全体国民的福祉，让老百姓过上更加美好的生活，生活得更有尊严，不仅有助于更好地维护社会的和谐和稳定，提升国家实力和影响力，更能有效地促进经济发展。牧民生计一直是中央政府和内蒙古自

---

① 习近平春节前夕赴内蒙古调研看望慰问各族干部群众　向全国各族人民致以新春祝福 [N]. 人民日报，2014-01-30.

② 习近平参加内蒙古代表团审议 [EB/OL]. 新华网，2019-03-05.

治区政府关注的热点问题。2010 年，内蒙古自治区人民政府在《关于促进牧民增加收入的实施意见》中指出："既要注重和改善民生，从解决牧民当前最急迫、最期盼的问题入手，千方百计增加牧民收入，又要做好谋长远、打基础的工作，努力实现全面协调可持续发展。" 2011 年《国务院关于促进牧区又好又快发展的若干意见》中提出："牧区发展必须树立生产生态有机结合、生态优先的基本方针，同时需要逐步提高牧民素质和转产转业能力，减轻草原人口承载压力。" 2012 年，中国共产党十八大指出："加强社会建设，必须以保障和改善民生为重点。" 2016 年的党中央一号文件也指出："在经济发展新常态、资源环境约束趋紧的大背景下，如何促进农民收入稳定较快增长并确保如期实现全面小康，已成为我国农业农村发展必须完成和破解的历史任务和现实难题。" 2018 年内蒙古自治区党委和自治区人民政府印发的《内蒙古自治区乡村振兴战略规划（2018—2022 年）》中提出："坚持统筹城乡发展和保障改善民生，着力提高农牧民收入水平和生活水平；坚持生态优先、绿色发展，推动农牧业可持续发展。" 这些政策强调的重点都与（农）牧民增收问题紧密相关。这显示出牧民生计问题已经得到中央和内蒙古自治区政府的高度重视。

从内蒙古地区的发展现实而言，近些年来牧区工矿业的开发不仅为国家的经济发展提供了重要的资源，也为地方 GDP 增长做出了重大贡献。但是在经济高速增长的同时，大部分牧民却没有分享到经济发展带来的实惠，甚至一部分牧民生活水平下降。工矿业开发对草原生态环境的破坏，加剧了牧民生计的不稳定性，使农牧民陷入了生态退化和生计衰微的双重窘境。这既不利于社会安定团结，也不利于经济和社会的协调可持续发展。2017 年中国共产党十九大指出："必须始终把人民利益摆在至高无上的地位，让改革发展成果更多更公平惠及全体人民，朝着实现全体人民共同富裕不断迈进。让广大人民群众共享改革发展成果，是社会主义的本质要求，是社会主义制度优越性的集中体现，是我们党坚持全心全意为人民服务根本宗旨的重要体现。"（习近平，2017）因此，在内蒙古牧区工矿业开发的背景下，对牧民生计的研究十分必要，它不仅可以为政府合理调整经济增长与牧民生计的关系提供实证材料和理论依据，而且对全面提高牧民生活质量、促进牧区可持续发展、保持边疆地区富裕和稳定有积极的现实意义和应用价值。

三、研究方法

本书以内蒙古乌拉特后旗工矿业开发区为研究地点，以当地牧民的生计状况为研究对象，主要运用了综合社会学研究方法、PRA 研究方法、文献研究方法。

（一）综合社会学研究方法

首先需要强调的是，本研究是个案研究。个案研究是对研究对象（可以是单一个案也可以是多个个案）及相关内容进行深入、细致、全面的考察，以获得描述丰富、解释有力的认识。个案研究已经成为人文社会科学研究中最重要的研究取向之一。但在实践过程中，个案研究始终面临着如何处理特殊性与普遍性、微观与宏观之间的关系问题。而且随着现代社会日趋复杂，对独特个案的描述与分析越来越无法体现整个社会的性质；定量方法的冲击更使个案研究处于风雨飘摇之中（卢晖临、李雪，2007）。为了弥补个案研究的缺陷，本研究运用了综合社会研究学方法。综合社会学研究方法即以问卷法和访谈法为例来建构一种包容双方的方法论框架。问卷法的作用在于收集有关外部行动的大规模的统计数据，进而寻找这些行动和某些群体变量之间的相关关系；而访谈法则可以提供对这些行动之社会历史意义的理解，以及这些行动本身可能具有的因果逻辑。这两种方法的结合可以为我们提供有关社会历史现象的或然性的因果解释（郑震，2017）。在问卷资料的收集上，笔者在对牧民生计实践进行前期调研的基础上，对可持续生计的具体内容进行操作化定义，制定了一套效度和信度较为合理的问卷用来调查当地牧民对工矿业开发的态度以及牧民的可持续生计状况。调查团队在工矿业开发核心地区通过入户调查的方式向 241 户牧民家庭发放了问卷。对于采集到的问卷数据，笔者使用了 SPSS 19.0 进行录入分析。在访谈资料的收集上，笔者通过召开小型座谈会等方式，围绕工矿业开发这一议题对乌拉特后旗政府发改委、经贸委、统计局、环保局、草监局、民宗委、工矿业开发地苏木等相关政府部门以及部分工矿业开发企业的负责人进行了访谈。另外，笔者还围绕生计议题对调研地的 98 户牧户进行了无结构式访谈。这部分访谈资料，笔者运用了质性研究的编码处理方法。

（二）PRA 研究方法

笔者在 2013—2018 年每年暑假期间赴乌拉特后旗牧区开展田野工作，总共为期 10 个月。有学者认为，"进入田野"至少需要思考三个层次的边界及跨界问题：身体/物理边界（身体进入某个物理空间）、心理边界（信任感以及心理距离），以及文化边界（更为综合地对某种文化，尤其是另类文化的感知、了解与理解）（黄盈盈，2016）。对于笔者而言，进入乌拉特后旗这样一个以蒙古族为主体、以牧业为主要生产方式的地区开展田野工作，成功的关键在于打破这三个层次的藩篱。为了在陌生的语言和文化环境中取得被调查者的信任从而更有效地收集资料，笔者选用了 PRA 研究方法。PRA 研究方法（Participatory Rural Appraisal）也被称为参与式农村评估，是国际上流行的发展研究工作方法。它强调三个支柱：第一个支柱是思想行为和态度，即调查员或工作者以什么样的心态去工作，思想态度是什么，体现的行为方式是什么，这是一个比较关键的问题；第二个支柱是知识共享，即被调查者和调查者都有自己的知识体系，调查的过程是被调查者和调查者把彼此的知识体系共享的过程；第三个支柱是 PRA 工具。这三个支柱支起了 PRA 工作框架。这一方法的主要理论是形象化交谈法，通过制作一系列的图、表等活动，信息不仅可以由研究者与被研究者双方共同提供，而且可以通过一种便于双方理解和沟通的形式表现出来。这两个特点有利于双方对信息进行交叉检查和分析，推动双方对谈话的内容进行讨论，使所获得的信息更具有客观性。同时，PRA 也使当地人能够分享、表达和分析他们自己的生活经验，他们发现潜在的解决问题的方法和行动，并使研究人员可在短期内获取大量真实有效的信息（张实，2001）。在运用 PRA 研究方法开展工作期间，笔者实现了由"研究者"向"学习者"的角色转化，即笔者不仅是一名研究者，更多是作为一名学习者与当地牧户同吃同住，并且参与了他们的日常生计实践（放羊、剪羊毛、挤奶）。牧民也不仅仅是作为研究的"对象"或是"客体"，更多的是作为"老师"来给笔者答疑解惑，如教笔者如何辨别牧草、一起绘画草场地图等。通过 PRA 研究方法的运用与这种互为主体性的互动，笔者在有限的调研时间内收集到了大量鲜活丰富的田野资料，不仅感悟到了牧业生计的整体性与复杂性，更深刻体会到了工矿业开发与牧户生计之间的张力。

（三）文献研究方法

本研究对有关可持续发展、可持续生计的演进脉络及内蒙古牧区发展变迁的文献进行了检索和梳理，尤其是有关牧区工矿业开发问题的学术专著、论文、互联网文献、译著和研究报告等。笔者还搜集了有关当地自然生态条件、牧业发展、工矿业开发的统计资料，主要是各级政府部门出版的人口、经济、社会等方面的统计数据，如《中国畜牧业年鉴》《内蒙古统计年鉴》《内蒙古自治区志：畜牧志》《巴彦淖尔市统计年鉴》《巴彦淖尔盟志》《乌拉特后旗志》《乌拉特后旗统计年鉴》等。除此之外，笔者还从当地政府部门以及典型工矿开发企业等相关部门收集到了一些工作报告、企业发展情况、社会责任报告等内部资料。

四、研究内容与章节安排

（一）研究内容

本研究以内蒙古乌拉特后旗的工矿业开发实践为背景，利用第一手的田野调查资料相关的出版物、互联网文献以及档案资料，在工矿业开发—可持续生计框架的指导下，按照规则/过程→脆弱性→生计资本→生计策略的研究进路，依次分析了牧民生计面临的制度背景即牧业生计变革与地方发展逻辑、牧民生计的脆弱性、工矿业开发对牧民生计资本状况的影响、牧民所采用的生计策略及生计转型障碍等问题，最后提出确保工矿业发展和牧民可持续发展"双赢"的策略或建议。具体内容如下。

1. 构建了工矿业开发—可持续生计理论框架

本研究在系统梳理可持续发展的历史脉络及可持续生计框架的概念演进及特点的基础上，结合乌拉特后旗历史发展脉络及工矿业开发实践，构建了一套契合当地发展逻辑及反映牧民生计现实的工矿业开发—可持续生计理论框架。

2. 考察了牧民生计的制度背景

首先，本研究从牧业生计制度的历史演进出发，分析了牧民生计所面对的政策性背景。其次，本研究在分析了工矿业开发如何成为乌拉特后旗主流发展实践的基础上，将工矿业分配逻辑这一发展的关键议题作为牧民生计的重要制度性背景，考察了当前工矿业开发的利益分配链条及其对牧民的影响。

3. 分析了牧户生计的脆弱性

本研究在梳理脆弱性概念及分析框架的基础上，从自然风险、社会风险、技术风险等三个维度阐释了牧民生计所面临的脆弱性。

4. 分析了牧民生计资本、生计策略及二者的关系

在问卷调查和无结构访谈的基础上，本研究对工矿业开发区的牧民生计资本状况进行了分析，并运用回归分析对生计资本和生计策略的关系进行了研究，揭示了牧民进行生计转型的障碍。

5. 提出了牧民实现可持续生计的政策建议

本研究从可持续生计框架的整体角度出发，分别从工矿业的发展逻辑、利益分配制度、牧民生计能力等角度提出了实现牧户可持续生计的政策建议。

（二）章节安排

本书的章节安排如下。

第一部分是导论部分。本部分主要介绍了本研究的研究背景和研究意义，阐明本书的研究内容，扼要交代调查方法等。

第一章是研究综述与理论框架。首先，本章从牧区工矿业开发、牧民生计两个维度对国内外已有研究进行了梳理。其次，本研究在系统总结可持续

发展理论的研究脉络及可持续生计框架的历史演进和基本内容的基础上，结合牧民生计特点和工矿业开发的具体实践，提出了工矿业开发—可持续生计框架来作为本研究的基本分析框架。

第二章是对牧民生计背景的分析。首先，本章在介绍乌拉特后旗历史地理概况及矿产资源的基础上，将牧业的制度变革作为牧民生计面临的结构性背景之一，分析了游牧制度、牧业土改、合作化运动、人民公社、牲畜承包、草原承包、草原生态保护等牧业制度的发展脉络。其次，在肯定工矿业开发对地方经济做出了重大贡献的同时，理清了事关牧民生计的另一个制度性背景即牧区工矿业开发的利益分配机制。

第三章是对牧民生计脆弱性的分析。本章在分析了脆弱性概念的基础上，分别从牧民生计所面临的生态环境、自然灾害等自然风险维度和过牧、滥挖滥采等社会风险维度以及工矿业开发对不同类型牧民生计的侵蚀等技术风险维度来分析牧民生计的脆弱性。

第四章是牧民生计资本指标体系建构及测量。本章针对调研地牧民家庭生计资本的特点，建构了牧民家庭生计资本指标体系，并进行了逐一测量。具体而言，牧民生计资本的一级指标包括六个维度，即人力资本、自然资本、物质资本、文化资本、金融资本和社会资本，每个一级指标被操作化为几个可测二级指标。在此基础上，本章还对当前牧民家庭生计资本状况进行了初步的描述性统计分析。

第五章是牧民生计资本与生计策略的关系。本章主要任务是在田野调查的基础上，将牧民生计现有生计策略类型划分为牧业型、兼业型和抽离型，然后通过 Logistic 回归分析模型探讨牧民生计资本对其生计策略的具体效应，探究牧民生计策略调整的意愿及主要障碍。

第六章是牧民可持续生计的政策路径。本章在对牧民生计资本和生计策略现状分析的基础上，基于工矿业开发—可持续生计框架的构成要素有针对性地提出了相应的政策建议。

第七章是结论及讨论。本章主要对研究发现进行了梳理和总结，并鉴于本研究的研究方法、研究地点等探讨了本研究进一步需要改进的方向。

五、可能的研究贡献

本研究以内蒙古乌拉特后旗的工矿业开发实践为背景，运用工矿业开发—可持续生计框架的分析进路，深入和详细地讨论了牧区工矿业开发对牧民生计的影响，尝试提出实现工矿业开发与牧民生计和谐共进的发展路径。本研究努力在以下方面有所作为。

（一）研究领域创新

在以往关于内蒙古牧区的社会学研究中多关注农牧关系的演变逻辑或以生态治理等国家项目来作为变迁动力进行研究，对牧区工矿业开发这一新生现象关注不多，而且对内蒙古牧区的牧民生计问题较少关注，更没有出现以矿产资源开发为主导发展路径的工业化模式对牧民生计影响的研究。本研究在牧区工矿业开发这一背景下研究牧民可持续生计问题，可以说在选题上具备了创新之处。

（二）分析范式创新

本研究使用在参与式工作理念基础上开发出的可持续生计理论框架作为研究范式。可持续生计研究虽然在国内外学界已蔚然成风，但是将牧业制度和工矿业开发实践作为规则和制度性背景的可持续生计研究却非常少见。本书在借鉴已有可持续生计框架的理论研究和经验研究基础上，结合个案地工矿业开发实践，创造性地将文化资本纳入可持续生计理论框架中，并对牧民脆弱性背景进行细致的划分，构建了在牧区工矿业开发背景下的牧民可持续生计分析框架。这不仅是对可持续生计分析演进脉络和框架体系的突破和创新，也是对可持续生计框架应用领域的创新。

（三）研究效度和信度有所推进

在以往对牧民生计的研究中，多数研究者的关注局限于国家发展政策、制度变迁等宏观结构对其造成的影响，而缺乏"底层视角"的深入考察，即对牧民的生计资本、生计策略乃至生计背后的文化意蕴缺乏关照。本研究试图从宏观—微观、结构—实践等多个角度来详细探讨牧区工矿业开发对牧民生计的整体影响。除此之外，学术界对于牧民生计的研究方法多集中在人类学田野调查研究，虽然这种方法对研究异域文化和少数民族地区有着独特的功能和作用，但是由于其存在着"客位研究"与"主位研究"的张力，使得一些研究在研究信度上大打折扣。笔者尝试用综合的社会学研究方法与PRA研究方法来弥补这一缺陷，力图平衡深度和效度之间的张力，使研究成果在深度和效度上有所推进。

第一章

研究综述与理论框架

本研究重点考察牧民生计实践与作为牧区发展动力的工矿业开发之间的关联。因此，本章主要阐述两个方面的内容：第一，有关牧区工矿业开发及牧民生计研究的国内外相关文献与主要观点，这可以为本研究提供坚实的研究基础和研究背景；第二，在梳理有关可持续发展和可持续生计框架相关的理论演进、概念及经验研究的基础上，构建本研究所采用的工矿业开发—可持续生计框架和说明其解释逻辑及基本内容，从而为研究牧民面对工矿业开发所采取的生计实践提供理论指导及实证研究的分析框架。

第一节　研究综述

一、牧区矿产开发研究

（一）国外相关研究

国外对牧区矿产开发的研究多集中于蒙古国。在经济学研究方面，一些学者聚焦于蒙古国矿产开发与经济发展之间的关联。Gansukh Enkhdelger

（2017）认为蒙古国的矿产开发从 1911 年开始，一直是国家的经济来源之一。从 1990 年开始，蒙古国从计划经济开始向市场经济转型，矿产开发成为经济的支柱（World Bank，2003）。L. Enkhdelger（2013）指出蒙古国境内目前有 80 多种矿产，且各种矿产的开采点已经超过 6000 个。他进一步指出，蒙古国在 2012 年的开矿收入占国民收入的 30%左右，出口收入占 60%。2006 年蒙古国经济在矿价上涨时开始扩张，2011 年经济增长率达到 17.3%，被认为是世界上增长最快的经济体（Khulan Ganbaater，2016）。埃琳娜和苏德山（2007）借助计量经济学模型，着重分析了蒙古国经济发展的影响因素，指出采矿业在蒙古国投资结构中占据重要地位。但是好景不长，随着大宗商品价格下跌、全球经济放缓，特别是在 2013 年后由于国际矿产资源价格的影响及最大贸易伙伴中国经济的放缓导致矿产需求疲软等国际和国内因素的综合作用下，蒙古国陷入了经济危机（乌日很，2018）。巴特巴桑（2013）认为，对资源的依赖使得蒙古国经济风险加剧，蒙古国经济已经出现"荷兰病"的征兆。除此之外，外资大量逃离，给矿业乃至整个国民经济带来沉重的下行压力，使其陷入停滞不前的困境（胡格吉勒图，2017）。Batchuluun A（2010）等学者在承认矿产开发的蒙古国的 GDP 做出重要贡献的同时，认为缺少发展经验和适当的环境法律是采矿业在进一步发展中面临的巨大挑战。Pranav Gupta 等人（2015）基于结构模型的分析，解释了蒙古国这样一个自然资源丰富、社会规模庞大的国家为何会陷入经济困境的具体成因，将其归因于基础设施的滞后和资源生产、价格的不确定性。孟和图拉嘎（2017）进一步认为，由于矿产资源的有限性和不可再生性，片面靠矿产资源提高经济增长水平本身就是不可持续的。采矿业也对蒙古国原有的轻工业造成了排挤，由于采矿业的利润丰厚，企业家大都把钱投在了采矿上，对国民生活必需品的生产则置之不理，造成了国内经济结构的失衡。Reeves J（2011）从主权治理角度出发，认为采矿业的投资已经导致了乌兰巴托的一系列城市发展和全国其他地区的农村发展，蒙古国对采矿业进行"善治"的能力是避免资源不足的重要因素。

一些研究则重点关注了矿产资源开发对蒙古国牧区生态环境的全方位影响。大规模矿产开发使蒙古国酸雨、雾霾天气、固体废弃物污染等问题严重影响到了矿区当地乃至全国居民的日常生活，使得人们每天都生活在吸入毒气、喝到毒水的恐惧之中，生活缺乏安全感（孟和图拉嘎，2017）。世界银行（2006）认为蒙古国矿产对牧区造成了水质量下降、尾矿污染、重金属污染和空气污染等各类环境污染问题，而且对当地经济贡献较小，与牧民关系紧张。世界粮农组织（2007）的研究表明，矿产开发对蒙古国牧区留下了化学污染以及扰乱传统牧民迁徙模式等问题。铃木幸男（2012）从畜牧业和采矿业这两个蒙古国主要的经济系统入手，探讨了二者的冲突关系。他认为通常蒙古国多数的露天采矿是直接从牧场下面开采矿物资源，采矿造成了严重的环境问题，尤其是河流区域遭到污染和破坏，水资源减少。尼玛苏仁（2018）认为过度放牧和矿产资源开采等使得蒙古国的草原生态环境遭到严重的破坏，导致天然草场承载能力下降、牧民生计变得困难。一些学者则通过个案研究揭示了矿产开发对牧区的多重影响，如 Mijiddorji R & Bayasgaralan S（2006）对因矿产开发造成的水枯竭问题的研究；Jackson & Sara L（2015）对蒙古国南戈壁省奥尤陶勒盖铜金矿和塔凡陶勒盖煤矿的个案研究表明，采矿业带来的粉尘对牧民生计和牲畜健康带来了严重的威胁；Johnsen & K. I 等学者（2012）的研究证明金矿开发成为查坦驯鹿牧民的生存威胁之一。一些研究则关注了工矿业对牧民生计的影响，如 Lahiri-Dutt K（2017）等人考察了工矿业开发中的非正式采矿现象，并认为蒙古的游牧民族正在通过非正规采矿不断调整生计，以应对国家政策实施进程中所引发的各种转变。Johnston L A. 采用生态系统健康方法，考察了矿业开发对牧民的政治、社会、经济和健康影响，认为矿产开发与牧民生计之间存在一个悖论：消耗和污染牧民赖以生存的土地和水域的矿产开发为试图应对气候变化影响的牧民提供了收入机会。还有一些研究从宏观层面审视了工矿业开发所引发的社会问题，Tumenbayar N（2002）认为牧民的财富权与矿产开发已经形成了尖锐的矛盾，矿产开发给蒙古国带来经济奇迹的同时也带来了社会的不稳定，牧民主导的社会运动不断涌现（Byambajav & Dalaibuyan，2006；Upton. C，2012）。

值得注意的是，国外的一些学者对内蒙古牧区的工矿业开发也有关注，如 G. S. Daia & S. Ulgiatibl（2014）等学者对内蒙古锡林郭勒的研究发现，牧区煤炭资源开发不利于农牧民增加收入，资源开采对牧民的生活没有明显的实质性改变，煤矿开发将使牧民在未来承受风险。总体而言，国外学界的研究为我们揭示了牧区在面对工矿业开发时所体现的脆弱性、发展的不确定性以及带来的社会不稳定，这些都对本研究有着重要的启发作用。

（二）国内相关研究

近些年来，工矿业对内蒙古牧区的介入和短期经济利益及长期生态保护等诸多矛盾越来越成为关注的焦点。一些经济学研究论证了工矿业开发对牧区乃至内蒙古自治区经济的巨大推动作用。常振亮、乐奇（2005）认为资源优势为经济优势，实现国民经济的可持续发展，是振兴内蒙古经济的重要手段和必要前提。以矿产开发为主导的"资源支撑型模式"是形成内蒙古经济超常速增长，实现跨越式发展的"内蒙古现象"的重要推手（布和朝鲁，2012）。郭晓川（2004）针对鄂托克旗经济增长的过程与现实，认为快速的经济增长和加速的工业化进程为牧业旗县的经济社会发展带来活力，成为推进中国经济发展的一块新的投资热土。但是一些学者则关注到了经济发展中过于依赖工矿业发展所产生的问题，布和朝鲁（2012）以煤炭开发为例，认为内蒙古煤炭资源的大规模开发利用，凸显了诸如能源资源问题、能源环境问题、能源效率问题、能源利益问题等不容忽视的问题。一些学者从县域经济层面的分析也得出了类似的结论，如陆泓序（2016）基于乌拉特中旗牧区工业化发展现状的调查，分析出乌拉特中旗牧区发展工业中的牧区工业本身存在的产业结构单一、资源依赖程度高、对当地传统经济的带动作用不强等问题。刘小燕（2017）认为地方经济发展过分依赖矿产资源优势，这种产业单一、过度依赖资源的经济体在我国经济处于重大转型期的背景下，正在面临能源结构转变导致的市场需求增长减缓、效益下降等问题，对地方经济的拉动作用在不断下降。一些学者则对工矿业开发良性发展的具体路径进行探索并提出建议，如王岩（2008）以内蒙古西部地区矿产资源型产业为研究对象，提出矿产资源产业循环经济发展的路径，以及可以选择的模式和建议。付东梅和王莉莉（2011）运用投入产出分析的原理和方法对以能源、冶金为代表的内蒙古矿产资源型产业的发展及调整方向进行实证分析，并提出相应的政策取向。佟全宝等（2012）认为对生态敏感的内蒙古煤炭富集区应基于区域发展的空间均衡这一视角，选择合理的开发模式。孙雨霞（2014）通过对内蒙古已开发利用矿种的资源禀赋条件、资源储量、开发利用现状等内在的优劣势和影响矿产资源产业经济发展的外部机遇与挑战等因素的 SWOT 分析提出了内蒙古工矿业的具体发展战略。李鹏（2016）认为内蒙古经济历经一段超常速发展之后，随之而来的是资源浪费、效益不高、创新不足等负面效应和粗放的资源开发利用方式、粗放的资源产业发展方式等深层次矛盾的凸显。要加快构建资源节约型、环境友好型社会，加快形成绿色发展方式和生活方式，更加坚定地走低碳循环的绿色化发展之路。冯聪（2016）提出了内蒙古工矿业开发要严守生态保护红线，坚持采取比内地更为严格的生态保护政策，推动实施矿产地储备；矿业产业坚持精品化路线，提高矿产资源单位开发经济效益。张春华（2018）对内蒙古自治区矿产资源赋存特点与勘查开发及利用现状的研究，剖析了矿产资源产业发展中存在的一些共性问题。为实现矿产资源高效利用，围绕"新常态"下如何科学发展矿产资源产业从政策、体制、效益等方面提出了研究意见。张亮亮（2008）通过对国际经验和教训的总结，探讨转型时期经济欠发达但资源富集的内蒙古地区经济增长的路径选择和面临的挑战，并提出相应的对策建议，即一方面通过集群形式发展矿产资源型产业；另一方面采取各种措施推动"资源型经济"的多样化转变，实现资源富集地区经济的长期可持续发展。

学界在对工矿业开发所带来的经济发展展开理性思考的同时，也从多维度审视工矿业开发对内蒙古牧区的介入所产生的一系列负面问题。一些学者从经济学的视角探讨了工矿业开发引发环境问题的成因。张亚民（2005）对近 20 年的内蒙古资源开发进行了反思，他认为在工业化过程中，由于没有树立正确的发展观，发生了环境恶化、人口压力增大、资源严重浪费等重大问题，这些已经成为经济发展的重要制约因素。他进一步认为，只有转变观念，特别是转变决策机构和领导的观念，改变过去只考虑经济发展经济效益而不顾社会效益、环境效益、生态效益的观念，树立可持续发展观，才能实现内蒙古经济的可持续发展。宝音都仍（2009）考察了决策者、矿业主和牧民在追求各自成本最小化和效用最大化而采取最优策略的行为中，引致矿产和草原生态服务均被掠夺式开发的长期低效率均衡境况。郭晓川（2011）以非再生矿产资源开发和经济增长以及原生生态之间的矛盾为研究起点，运用博弈理论从多学科视角剖析微观主体之间利益对抗，证明了矿产资源开发是内蒙古草原退化、沙化和盐渍化的重要因素之一。他认为当前内蒙古自治区矿产资源开发迅猛推进，尤其相应配套环境保护措施和践行缺位，而且开始出现"荷兰病"现象，传统草原畜牧业被排挤出，导致草原生态系统遭到严重破坏。杨思远（2013）针对鄂温克旗的工矿业开发实践，认为以煤炭为主的资源型产业的枯竭缺乏后续产业跟进，对当地经济持续稳定增长构成威胁；传统畜牧业得不到现代工矿业的改造，长期停留在粗放型生产方式中，难以形成新的经济增长极，而且煤炭开发对畜牧业再生产的生态环境构成威胁。姜明（2015）从宏观视角出发，系统研究了内蒙古草原地区矿产资源开发对草原生态环境及畜牧经济的负面影响。布仁吉日嘎拉（2017）运用博弈论考察了内蒙古牧区的工业化占地现象，认为草原土地资源的非牧化征占用是中央政府、地方政府、牧民以及有关企业等不同利益主体共同博弈的结果，其对中国生态、环境安全和草原牧区的可持续发展产生不利影响。

一些学者从生态学的角度考察了工矿业开发对牧区生态和环境的具体影响。达林太、郑易生（2010）从生态学的角度认为大规模的矿产资源开发严重威胁着草原生态系统的安全。王关区（2013）对内蒙古牧区矿产资源开发引起的生态经济问题进行分析，认为欠合理地开发利用矿产资源，已对牧区造成一定程度的资源破坏与环境污染。汪中华（2015）则构建内蒙古草原矿产资源开发和生态环境综合评价指标体系，对内蒙古草原矿产资源开发和生态环境耦合协调发展状况进行评价，认为二者耦合协调度较低，需加大生态环境保护力度，以促进矿产资源开发和生态环境协调发展。一些个案研究则探讨了矿产资源开发对当地环境的具体影响。苏伦高娃（2012）以阿拉善盟阿拉善左旗乌力吉苏木为研究区，探讨了该区近几年的矿产资源开发与生态环境问题，澄清了矿产资源开发对草原生态环境的直接和间接影响及影响途径。全占军等人（2013）基于专家评分法和层次分析法，建立了生态脆弱性模型，通过 RS 和 GIS 空间分析方法对内蒙古锡林郭勒胜利煤田的生态脆弱性进行了计算。结果表明研究区的生态脆弱性处于中等程度。煤田中四个露天区域的开采大大增加了生态脆弱性。此外，由于矿井排水和人类活动的影响，露天地区周围的 $300 \sim 2000 km^2$ 变成了生态脆弱的地区。随着开采的深入，整个煤田已演变为中度和重度生态脆弱区。苏楞高娃（2013）、康萨如拉等学者（2014）、何春萌（2015）也运用 GIS 技术对工矿业开发引起的草原景观格局动态进行了研究，一致认为矿产开发使得草原的景观多样性、丰富度、破碎度均提高，均匀度下降，景观的连续度遭到破坏，景观中所含信息趋于混杂，其结构组成趋向多元化。高迪（2014）以锡林郭勒草原矿区为例，探讨了煤矿开发对草原的污染，认为煤矿露天开采的整个过程中产生的易散性粉尘（煤粉尘和矸石粉尘）是重要污染物，特别是在干旱多风季，采矿粉尘排放不仅殃及周围数百公顷的草原，还严重影响了周边居民及家畜的健康。杜瑛（2017）运用遥感影像和地理信息系统技术对苏尼特草原矿产资源开发对环境的影响进行了研究，认为工矿业开发破坏大、引发地质灾害、占用和破坏土地资源并对植被及地下水系统等造成严重影响，草原生态系统功能的正常发挥受到严重干扰。

　　还有一些研究从社会学和人类学的角度考察了工矿业开发对牧区社会的整体影响。韩念勇（2018）、郑宏（2011）从牧民角度为我们展示了工矿业开发对牧区造成的负面影响以及牧民的错愕和无奈。白永利（2010）认为工矿开发使当地少数民族需要承受搬迁、生态环境恶化、改变生产生活方式以适应不断加剧的工业化和城镇化的冲击，文化和族群认同感渐渐削弱。阿拉坦宝力格（2013）从资源人类学的视角出发，对内蒙古资源开发与牧区社会生态协调可持续发展的关系进行了系统的分析。孔燕（2014）认为，内蒙古不仅是一个资源大区，也是一个多民族地区，如何有效处理矿产资源开采与少数民族关系，对构建和谐内蒙古起着至关重要的作用。乌云毕力格（2014）认为草原牧区的资源开发其本质并非现代化或发展本身的问题，而是如何形成一个行之有效的制度和规则的问题。意识的改变才是根治问题的关键，既要保证现代化的质量，更要保障文化多样性才能够实现经济、社会、文化的科学合理的可持续发展。范晶晶（2013）认为在牧区工业化进程中，包括蒙古族在内的少数民族生活方式受到很大冲击，进而以工业化进程所引发的少数民族生活方式改变作为切入点，探讨了少数民族生活方式与文化权利的关系。何生海（2016）认为内蒙古以工矿业开发的发展模式并没有带来社会与民生的全面发展，而是陷入了"资源诅咒"的魔圈，即财富在上层聚集，而风险在下层蔓延。草原地区工矿业开发引发的民族关系问题的主要原因在于不同利益主体在草原价值观上的冲突、工矿业开发与当地居民之间的距离感、结构主义视角下的草原的私有化与整体性之间的矛盾等三个方面。

在工矿业开发对牧民的影响方面，一些研究从经济学的角度认为草原工矿业的负面影响主要由当地牧民来承担，资源越来越少，富豪越来越多，农牧民越来越穷（内蒙古自治区发展研究中心调研组，2009）。当下资源开发利益的实现与当地牧民的生存发展需要存在距离感，资源开发项目的利益与当地牧民的利益形成二元结构；资源开发的负外部性对当地牧民生存发展的环境形成不良影响，其利益损失的补偿难以满足生存发展的需要（王文长，2010）。肖莎莎（2011）以呼伦贝尔草原和锡林郭勒草原工矿业开发区为例，考察了工矿业开发中经济增长与牧民收入的关系，认为经济增长与牧民收入增加速度的不同步，导致大部分牧民没有充分享受到经济发展带来的实惠，甚至一部分牧民生活水平下降，挫伤了牧民参与改革和生产劳动的积极性。那顺巴依尔、陈红（2014）在对锡林郭勒盟的工矿业开发进行田野研究后发现，工矿业创造的就业机会对当地人群的贡献集中在持有学历的年轻人身上，而那些占多数的受教育程度低、年龄偏大、有语言障碍的牧民并没有得到稳定的工作机会。薛茗文等（2014）认为采矿业过度无序的开发利用对牧区特别是草原的生态环境造成破坏，以及国家围封、舍饲、禁牧、休牧等政策的实施造成了牧民的家庭经营性收入减少、失地牧民经济利益得不到保障等问题。张群（2016）、阿拉坦格日乐和恩和（2017）等通过对工矿业开发区牧民的实地调查，对矿产资源开发区域和未开发矿产资源区的牧民收入与支出状况进行分析，均认为工矿业开发对牧民生计造成了负面影响。

二、内蒙古牧民生计研究

国外学界对内蒙古牧民的生计研究多集中在对游牧生活方式的历史人类学研究（拉铁摩尔，2005）和对牧区的生态人类学研究（梅棹忠夫，1990；西锦司，1995；吉田顺一，1999；松原正毅，2002；小长谷有纪，2008），前者试图通过重新审视游牧民族的生计变化等微观事件来考虑国家、认同、民族等问题，后者则从生态学的观点阐释了游牧民与自然环境及其生计系统诸要素之间的关系，肯定游牧生活的生态适应性。国外研究中还有对政治、经济、社会制度与生态环境进行的综合性研究，如剑桥大学的 C. Humphrey 等人的研究曾涉及包括内蒙古在内的内陆亚细亚草原地区发展、环境与社会问题（C. Humphrey & D. Sneath，1999）。D. Sneath（2000）运用历史学的视角，考察了中华人民共和国成立以来实施的社会工程对蒙古族牧民的影响，并探讨了经济形式、仪式、象征和意识形态在内蒙古牧民生活中的转变。

在国内研究方面，一些研究从生态学的视角出发倡扬传统游牧生计的合理性与适应性，如暴庆五（2008）认为蒙古族以草原放牧畜种为基础，千百年来以自己在社会实践创造的生态文化作为支撑，通过轮牧不断调整放牧压力和牧草资源的时空分配，使大范围的草地利用趋于合理，既保护了草原环境，又保证了放牧畜牧业的可持续发展。乌峰、包庆德（2009）认为充分尊重自然规律，实现人与环境的共同进步，是蒙古族生态智慧论的核心要义。以"逐水草而迁徙"为主要特征的内蒙古草原游牧方式是适应草原生态系统自然规律的先进生产生活方式，它为草场的再生和可持续利用提供了充分的保证。游牧在保护草原的同时也因为成本较低从而使牧民能获得较高的畜均收入，因为移动放牧是牧民对抗灾害的有效手段（刘书润，2010；海山，2008；敖仁其、文明，2013）。在上述学者看来，游牧生计并不是要被立即淘汰的落后生产方式，而是一种与自然相适应，在目前仍然具有重要意义的生产方式。一些学者认为牧业生计不仅是一种顺应自然的生产方式，而且还是牧民的文化根基以及牧民的精神归宿。如张昆（2018）以生活于东乌旗草原腹地典型的蒙古族游牧民为研究对象，通过定居牧民生计选择和草原情结为中心的研究，为我们展示了一幅实践主体如何以其自身的"文化根基"维系和延续游牧生计及其精神世界的动态图景，展现了牧民对草原的依恋情结。

牧业生计的脆弱性也是学界关注的重要议题。谭英（2009）主要采用定性的研究方法，对内蒙古农牧交错地区四个盟市522户农户开展了关于农牧民对气候变化的认知及应对行为的调查。调查结果表明，气候变化与气象灾害对农牧民生计影响程度加剧，农牧民预防和应对气象灾害的能力较差。王晓毅（2009）认为干旱减少了草产量、增加了饲养成本，最终导致牲畜数量下降。干旱正在威胁着半农半牧区农牧民的生计，生态政策在地方政府、相关部门和农牧民的交互影响下，不仅没有达到生态保护的目的，反而增加了农牧民的负担，并且成为地方政府增加收入的手段。张倩（2011）基于近40年的气象数据以及对锡林郭勒盟的两次田野调查数据，从社会脆弱性的两个过程——风险暴露和应对能力——出发，分析案例地牧民应对自然灾害能力的脆弱性。研究表明，在全球气候变暖的影响下，案例地近40年有暖干趋势，协同灾害增多；而草场划分到户和市场机制的引入不仅增加了牧民的风险暴露程度，而且使牧民原有低成本的灾害应对策略失效，牧民不得不依赖高成本的储备和移动策略。此外，中央和地方政府实施的一系列草场保护项目又给牧民的灾害应对施加了诸多限制，由此导致牧民应对气候变化的能力减弱，脆弱性增加。周利光、杜凤莲等人（2014）使用层次分析法构建了脆弱性评估指标框架，利用脆弱性评估模型计算了内蒙古锡林郭勒草原畜牧业对干旱的脆弱性指数，结果表明干旱是对草原畜牧业影响最严重和最广泛的气候事件。干旱通过影响草、畜、水等因子进而影响牧民生计。宝希吉日（2017）从脆弱性视角出发，对在一个脆弱性系统环境中的牧户持有的生计资本状况和结构进行分析，以符合脆弱性分析的"外部环境脆弱"与"内部资源禀赋脆弱"的分析框架，来进一步解答牧户脆弱性的多重原因。

随着国家主导的现代化进程的加快，传统的草原利用方式已难以为继。诸多学者开始关注市场化、国家政策等社会因素对牧民生计的整体影响。在牧业生计面对市场化进程方面，达林太、郑易生（2010）认为内蒙古牧区和牧民正经历着历史以来从未有过的最迅速和最深刻的变化，即市场化进程正在支配着牧民的生计能力、牧区生态系统的可持续性、牧区社会和社区的和谐。市场化进程在内蒙古草原的推进使得农牧民的生计适应模式由生态适应变为市场适应。本来具有生态多样性、畜牧业生产、牧民生活、民族文化、旅游休闲、民族多样性维系、边疆稳定与国防安全、食品安全等多种功能的草原畜牧业，在食品工业化、农牧业产业化、农牧产品国家间自由贸易的条件下，被单一化为竞争性牧业，仅仅生产功能和少部分产业化的旅游休闲功能被强调，从而使得草原牧业的其他功能被剥蚀、改造，甚至无从发挥，由此也危及草原生态环境的可持续和牧民的生计与文化维系（周立、姜智强，2011）。王晓毅（2016）基于对中国北方草原三个纯牧业、半农半牧村庄长达五年的调查，发现北方牧区市场经济的发展过程推动了畜牧业生产方式和资源利用方式的改变，但是这种改变与北方草原的脆弱性之间产生了矛盾，不仅没能使草原畜牧业发展成为高效的现代草原畜牧业，并实现牧民的普遍增收，反而在草原退化、灾害天气增加、生产成本上升和畜产品市场价格波动的影响下，牧民的生计更加脆弱，特别是低收入家庭受到的影响更大。

在国家政策层面，学者们从定居化、禁牧、草场流转、草场奖补、生态移民等不同视角阐述了牧民生计问题。马军等用经济学理论强调了公共政策对牧民收入的影响机理及效用，认为政策簇的共同作用形成了目前表现出的牧民收入状况。王晓毅（2009）通过对内蒙古草原六个嘎查（行政村）农牧

塑利益分享机制和带动牧区基础设施建设，从而提高牧区社会福利和牧民福祉。这种基于"国家的视角"的分析不仅遮蔽了牧区生态环境的特殊性与脆弱性，而且工矿业开发凌驾于牧区发展的整体逻辑之上，忽视了对牧区自身发展逻辑的梳理以及缺乏对牧业生计内生性特点的考察。第二，多数已有研究将牧民生计简化为经济学的"收入—支出"议题，侧重于从补缺层面来探讨牧民生计的维持性因素，这不仅忽视了牧民生计的整体性，而且对牧民如何实现长远的可持续生计缺乏应对之策。由于内蒙古草原牧区独特的文化特性和生态特性以及工矿业开发对牧业生计全方位的渗透与制约，亟须多学科视角和多维的解释框架来审视草原工矿业开发带来的多种不确定性因素对牧民生计的影响。

第二节　理论框架

一、发展观的演进：从经济增长论到可持续发展

发展，是人类社会永恒的话题之一。发展（Development）一词源于欧洲，最初是从生物学借用而来，原意指生物胚胎潜在力得以发挥的生长发育过程。被引入哲学领域后，发展是指事物由小到大、由简到繁、由低级到高级、由旧质到新质的运动演进过程。在19世纪，社会学的奠基者将发展概念应用于研究社会过程，由此产生了以社会进化论为特征的社会理论。从社会学创立至今，社会学的经典大师都从不同角度关注着社会的发展与变革。如孔德的社会静力学与动力学学说、斯宾塞的社会有机体论、韦伯的"韦伯命题"、马克思的社会变迁与革命学说、帕森斯的模式变项理论等。但是随着发展被简化为经济增长和工业化为主导的社会变革，一些学者开始重新审视发展并赋予了发展更多的意涵。如"发展伦理学之父"德尼·古莱（2008）认为，发

展是达到美好生活的一系列特定的手段。且不论可能的其他目的，发展对一切人群至少具有下列目标：为社会成员提供更多、更好的维持生命的物品；创造或改善与看得到的尊重需要有关的物质生活条件；使人们从自然的、无知的、他者的、体制的、信仰的压迫性奴役中解脱出来。这里的目的可以是把人们从这些奴役的束缚中解脱，或者是不论如何提高他们自我实现的机会。李斯特（2013）进一步认为仅将发展归结为社会变革是不够的，他认为发展是由表面上矛盾的一些实践活动构成。

从实践进程而言，发展具有鲜明的时代特征。第二次世界大战以来兴起的发展经济学的发展观认为，只有促进经济增长，落后国家才能实现追赶发达国家的目标，因此在理论上和认识上将发展等同于经济增长。因此，国民生产总值和人均国民总收入增长成了各国竞相追求的目标。这种发展观指导下的发展战略以国民生产总值和人均国民产值作为衡量一国发展水平的指标。联合国"第一个发展十年（1960—1970）"开始时，时任联合国秘书长吴丹曾概括地指出，"发展＝经济增长＋社会变革"。这一广为流行的关于发展的公式，反映了战后发展浪潮开始时人们对"发展"的理解和认识。在这种发展观的指导下，第二次世界大战后的 50 多年里人类创造了前所未有的增长奇迹。但是这种以国内生产总值（GNP）增长为核心的传统发展观的实践并未能给人类带来所期望的福祉，"增长第一"的发展观指导下的发展战略在发展中国家的实践并不理想，在大多数发展中国家，并没有实现西方发展理论家所设计的从"传统"到"现代"的转变，相反，还引发了一系列复杂的社会问题。许多国家出现了"有增长而无发展"或"无发展的增长"的局面，出现了两极分化、环境污染和生态危机的问题（Meadows et al. 1972）。

自 20 世纪 60 年代开始，人们对人类生存可持续性的忧虑与那种救世主式的热情一起迸发，在人类生存和发展总体环境不断恶化的挑战面前，国际社会开始全面反思工业革命以来的工业化发展道路及其经济增长方式，形成了举世瞩目的"未来发展研究思潮"，并由此演变成一种全新的社会经济发展理论和发展观念。1972 年，以芭芭拉女士（Barbara Anne Betts）为首的一批学者，以"只有一个地球"的鲜明口号，再一次针对全球的整体发展发出了强烈的呼吁。"只有一个地球"成为 1972 年联合国人类环境会议的主题。1978 年，国际环境与发展委员会首次在文件中正式使用了"可持续发展"这一词语，并将其定义为在不牺牲未来几代人需要的情况下满足我们这一代人的需要（景天魁，2000）。国际自然保护联盟于 1980 年发表了《世界自然保护大纲》，首次提出了可持续发展思想，大纲指出："强调人类利用对生物圈的管理，使生物圈能满足当代人的最大持续利益，又能保护满足其后代人需求和欲望的能力。"（Meadows，1997）

　　1981 年，美国世界观察所所长、农业经济学家莱斯特·R. 布朗在其著作《建设一个持续发展的社会》（*Building A Sustainable Society*）中首次对可持续发展观做了较为明确、系统的论述。他认为耕地、森林、海洋、草原和能源是人类文明的五大资源基础，当今世界日益加剧的粮食短缺、失业、通货膨胀、经济增长迟缓等经济社会压力，既是导致土壤侵蚀、森林缩减、渔业资源减少、草原退化、石油储量下降的原因，又是人类社会的资源基础遭到侵害的结果，同时也是"世界文明难以持续下去的标志"。要使文明持续下去，就必须走可持续发展道路，就必须通过稳定人口、保护资源基础、开发可再生能源等途径向可持续发展社会过渡。1987 年在日本东京举行的联合国世界环境与发展委员会第八次会议上通过了《我们共同的未来》的报告，首次清晰表达了可持续发展观，将可持续发展定义为：满足当前需求的发展，同时又不损害子孙后代满足自身需求的能力。其中包含两个关键概念："需要"的概念，特别是世界穷人的基本需求，应该给予压倒一切的优先；技术和社会组织对环境满足当前和未来需求的能力施加限制的想法（世界环境与发展委员会，1987）。

　　这一报告对可持续发展来说有两个重点：第一个重点是任何环境趋势都可以定量分析它对"满足后代需求的能力"可能的影响；第二个重点是发展本身必要性的问题。在《我们共同的未来》主编前言中，布伦特兰夫人把"发展"定义为"为改善我们的命运，大家应做的事情"。因此应顾及生物物理边界，考虑如何在界限内、如何在严酷的现实面前，以最好的方式确保人类全都能公平和公正地获取有营养的食物、能源以及其他适合生活的必要条件。可以肯定的是，这种思路比当下由竞争和个人财富累积驱动的世界所能想象的方式，需要更多的合作和分享（世界观察研究所，2014）。1989 年联合国环境规划署（UNEP）理事会专门为"可持续发展"的定义和战略通过了《关于可持续发展的声明》，认为可持续发展的定义和战略主要包括四个方面：①走向国家和国际平等；②要有一种支援性的国际经济环境；③维护合理使用并提高自然资源基础；④在发展计划和政策中纳入对环境的关注和考虑。1992 年在巴西里约热内卢召开的联合国环境与发展大会通过了《里约热内卢宣言》《生物多样性公约》《气候变化框架协议》《关于森林问题的原则声明》《21 世纪议程》等五项决议，着重阐明了人类在环境保护与可持续发展之间应做出的选择和行动方案，提供了 21 世纪的行动蓝图，涉及与地球持续发展有关的所有领域。可持续发展观将人的能动作用放在中心位置，重视人类的自身发展、教育以及建立使协同工作更加有效的体制，这标志着可持续发展观被全球持不同发展理念的国家所认同。Goodland（1995）进一步对可持续发展的内涵进行了界定，他认为可持续发展不简单地等同于生态化或者环境保护，它是由环境要素（Environmental Aspect）、社会要素（Social Aspect）和经济要素（Economic Aspect）三个维度构成的，如图 1.1 所示。环境要素是指尽量减少对环境的损害（Environmental Impact）。社会要素是指仍然要满足人类自身的需要。这一维度意味着可持续发展并非要人类回到原始社会，尽管那时候的人类对环境的损害是最小的。经济要素是指必须在经济上有利可图。这有两个方面的含义，一是只有经济上有利可图的发展项目才有可能得到推广，才有可能维持其可持续性；二是经济上在亏损的项目必然要从其他盈利的项目上获取补贴才可能收支平衡正常运转，由此就可能造成此地的环保以彼地更严重的环境损害为代价。这一可持续发展强调三要素协调发展，促进社会的总体进步，避免某一方面的受益以牺牲其他方面的发展和社会总体受益为代价。尽管这一原则得到各方人士的认可，然而，由于不同社会群体对社会发展有不同的想象、视角及价值评判标准，因此对该问题有不同的诠释。例如核电站，支持人士认为它可以减少温室气体排放，是环保的，反对人士认为核废料有长期放射性污染，核废料处置存在争议，同时核电站存在安全隐患，是不环保的。

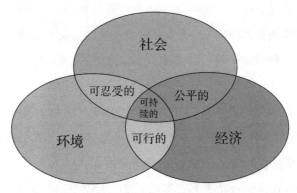

图 1.1 可持续发展的内涵

　　经过之后 20 多年的发展演化，2015 年 9 月联合国可持续发展峰会提出了《面向 2030 年的可持续发展议程》（以下简称《议程》），《议程》总结了全世界需要面对的 17 个综合的可持续发展目标，涉及可持续发展的三个层面：社会、经济和环境，以及与和平、正义和高效机构相关的重要方面。该议程力图消除贫困、保护地球，通过构建全球伙伴关系，培育一个和平、公正、包容的社会，让所有人共享繁荣。

　　从上述讨论可以看出，可持续发展理论紧密地围绕着两条基础主线进行演进。第一，努力把握人与自然之间的平衡，寻求人与自然的和谐发展及其关系的合理性，并把人的发展同资源的消耗、环境的退化、生态的胁迫等联系在一起。它明确提出要变革人类沿袭已久的生产方式和生活方式，并调整现行的国际经济关系。这种调整与变革要按照可持续性的要求进行设计和运行，这几乎涉及经济发展和社会生活的所有方面。第二，努力实现人与人之间关系的协调。可持续发展观的最重要特点是研究了人类之间的代际关系，强调以未来的发展规范现在的行动。这一原则包括以下内容：一是肯定发展

的必要性；二是显示发展与环境的辩证关系；三是提出代际公平的概念；四
是提出代内公平的概念，认为发达国家已经消耗了地球上大量的资源和能源，
故应承担更多的环境修复责任，这是在全球范围内实现向可持续发展转变的
必要前提。可持续发展之所以得到国际社会的广泛认同和接受，是人类对现
代性反思的结果，随着后工业文明的到来，人类终于认识到了只有在人口、
资源、环境、经济和谐与协调运作条件下，才能最终实现可持续发展。可持
续发展首先从环境保护的角度来倡导保持人类社会的进步与发展，它号召人
们在增加生产的同时，必须注意生态环境的保护和改善。

　　作为一个发展中国家，中国的发展实践面临人口压力、能源挑战、资源
短缺、生态退化和环境污染等瓶颈约束不断增大的现状。有学者认为，中国
21 世纪发展进程不可避免地要遭遇到的挑战，包括能源和自然资源超常规利
用的惯性效应，以及加速整体生态环境"倒 U 型曲线"右侧逆转的实现，在
未来的 30 年中，基本上仍然对应着"人与自然"关系和"人与人"关系的瓶
颈约束期（靳辉、张莱，2017）。我国政府历来高度重视生态环境保护，把节
约资源和保护环境确立为基本国策，把可持续发展确立为国家战略。1992 年
8 月，中共中央和国务院批准的指导中国环境与发展的纲领性文件《中国环
境与发展十大对策》第一条就是"实行中国 21 世纪人口、环境与持续发展战
略"。1994 年我国政府发布了《中国 21 世纪议程发展白皮书》，系统地论述
了我国经济、社会与环境的相互关系，构筑了一个综合性的、长期的、渐进
的实施可持续发展战略的框架。1995 年 9 月，在中国共产党十四届五中全会
上，党中央明确提出，"我国的经济增长方式从粗放型向集约型转变"。在此
次会议上，我国正式把可持续发展作为一项重大发展战略提了出来，并把它
作为实现经济建设和资源、环境相协调的解决途径，将控制人口、保护环境、
节约资源摆在了重要的位置。可持续发展战略在中央此后的许多重要会议中
得到了进一步肯定和认证，使之在我国的决策高层中达成了共识，成为我国
长期坚持的重大发展战略。1996 年 3 月，全国人大八届四次会议审议通过了
《关于国民经济和社会发展"九五"计划和 2010 年远景目标纲要》，提出要把

可持续发展作为基本战略之一。1997 年 9 月，在中国共产党十五大上，党中央对于我国资源相对不足、人口众多，而可持续发展的战略布局是我国经济建设的唯一出路这一议题达成了共识。1998 年 10 月，中国共产党十五届三中全会第一次提出了农牧业的可持续发展。2002 年 3 月 10 日，江泽民同志在中央人口资源环境工作座谈会上的讲话中指出："实现可持续发展，核心的问题是实现经济社会和人口资源环境的协调发展"，这为我国可持续发展战略指明了方向。2003 年 10 月，胡锦涛同志在中国共产党十六届三中全会上提出了科学发展观，并把它的基本内涵概括为"坚持以人为本，树立全面、协调、可持续的发展观"。2016 年 1 月 18 日，习近平总书记在省部级主要领导干部学习贯彻党的十八届五中全会精神专题研讨班上的讲话中提出："发展是新兴市场国家和发展中国家的第一要务。我们要立足自身国情，把可持续发展议程同本国发展战略有效对接，持之以恒加以推进，探索出一条经济、社会、环境协调并进的可持续发展之路。"① 2017 年，习近平总书记进一步指出："落实可持续发展议程是当前国际发展合作的共同任务，也是国际社会的共同责任。我国政府高度重视落实这一议程，出台了《中国落实 2030 年可持续发展议程国别方案》，在经济、社会、环境三大领域平衡推进落实工作，取得诸多早期收获。中国将坚持不懈落实可持续发展议程，推动国家发展不断朝着更高质量、更有效率、更加公平、更可持续的方向前进。"② 经过 20 多年的努力，中国可持续发展的各个领域都取得了突出的成就，特别是在经济、社会全面发展和人民生活水平不断提高的同时，人口增长过快的势头得到了控制，自然资源保护和生态系统管理得到加强，生态建设步伐加快，部分城市和地区环境质量有所改善。因此，中国的可持续发展实践无论是在发展理念、制度建设、实践探索与国际合作方面，还是在减少贫困、节能减排、发展循环经济方面，都为全球可持续发展做出了实质性贡献，提供了可资借鉴的经验

---

① 习近平在省部级主要领导干部学习贯彻党的十八届五中全会精神专题研讨班上的讲话 [N]. 人民日报，2016-05-10.

② 习近平. 坚持不懈落实可持续发展议程 [N]. 新华社，2017-08-12.

和模式（王毅，2015）。

国际自然保护联盟在 1995 年的一份特别报告中指出："可持续发展战略需要社会各阶层的努力：国际的、地区的、国家级的、省级的及最基层的。"民族地区作为我国一个以农牧业为主的地区，又是欠发达地区，如何在遵循国家可持续发展战略的同时制定出富有民族地区特色的可持续发展战略；如何制订出符合国家总体战略的、可操作的、富有成效的具体行动方案；如何使人口增长和社会生产力增长相适应，使经济建设和资源、环境相协调，实现良性循环，是摆在民族地区面前一项极为艰苦的任务和亟待解决的重大课题。《2002 年中国可持续发展战略报告》指出，生态危害和生态退化使内蒙古、广西、青海等 11 个省区的生态破坏损失高于或抵消当年新增国民收入，出现严重的生态赤字，其中内蒙古、西藏、新疆的生态损失是新增 GDP 的7~8 倍。从内蒙古地区的发展实践来看，内蒙古能源工业发展造成的工业污染、畜牧业发展造成的草原生态破坏已经威胁到内蒙古人民最基本的生存。因此，内蒙古的经济发展必须走与生态环境相协调的可持续发展道路（包广才，2004）。

就内蒙古地区可持续发展而言，由于拥有森林、草原、湿地、河流、湖泊、沙漠等多种自然形态形成的综合性生态系统，因此保护草原、森林是内蒙古地区可持续发展的首要任务。2004 年 11 月 26 日内蒙古自治区第十届人民代表大会常务委员会第十二次会议修订通过了《内蒙古自治区草原管理条例》，这一条例对内蒙古草原的可持续发展在政策层面进行了严格规定。主要包括以下内容。①禁止开垦草原。对水土流失严重、有沙化趋势、需要改善生态环境的已垦草原，应当有计划、有步骤地退耕还草；已造成退化、沙化、盐渍化、荒漠化的，应当限期治理。②对草原实行以草定畜、草畜平衡制度。草畜平衡核定由旗县级人民政府草原行政主管部门每三年进行一次，并落实到草原所有者和使用者。③已经承包经营的国有草原和集体所有草原，依据核定的载畜量，由拥有草原使用权或者所有权的单位与草原承包经营者签订草畜平衡责任书。未承包经营的国有草原，由草原使用者与旗县级以上人民政府签订草畜平衡责任书。未承包经营的集体所有草原，由草原所有者与苏木乡级人民政府签订草畜平衡责任书。④自治区依法实行退耕、退牧还草和禁牧、休牧制度。禁牧、休牧的地区和期限由旗县级人民政府确定并予以公告。不得在禁牧、休牧的草原上放牧。⑤实施草原建设项目以及草原承包经营者建设小面积人工草地需要改变草原原生植被的，应当符合草原保护、建设、利用规划。旗县级以上人民政府草原行政主管部门应当加强监督检查。⑥不得在下列草原地区建设旱作人工草地：年平均降水量在250毫米以下的；坡度20度以上的；土质、土壤条件不适宜种植的。⑦禁止在荒漠、半荒漠和严重退化、沙化、盐碱化、荒漠化和水土流失的草原以及生态脆弱区的草原上采挖植物和从事破坏草原植被的其他活动。

二、可持续生计框架的演进脉络

（一）可持续生计

人类如何实现在各个层面的可持续发展，被联合国的一项"跨千年全球展望研究"列为新千年全球所面临的15大挑战之首（杰罗姆·格伦等，2001）。为了将可持续发展付诸实践，世界各国及发展机构产生了各种发展计划和方法。将可持续性付诸实践的一个尝试就是关注生计，生计的可持续性总体上属于人类可持续发展大目标。

1987年，联合国环境与发展大会在日本东京召开，世界环境与发展委员会提出可持续的生计安全作为一个整体概念，并将其作为大会报告的核心。这一会议首次提出了可持续生计的理念。

生计被定义为满足基本需求的充足粮食和现金及现金流量。安全是指对资源和创收活动（包括准备金和资产）的所有权或使用权，以抵消风险、缓解冲击和应对突发事件。可持续性是指长期维持或提高资源生产率。家庭可以通过多种方式获得可持续的生计安全——通过土地、牲畜或树木的所有权，通过放牧、捕鱼、狩猎或聚会的权利，通过稳定的工作并获得适当的报酬，或通过各种各样的活动（世界环境与发展委员会，1987）。

1992 年联合国环境与发展会议将这一概念的内涵进一步深化，主张实现可持续生计是消除贫困的广泛目标。当年，罗伯特·钱伯斯（Robert Chambers）和戈登·康威（Gordon Conway）在批评了许多先前关于生产、就业和收入的研究后，认为它们"不适合大多数农村生活的复杂多样的现实"（Chambers & Conway，1992）。钱伯斯（1992）进一步认为，"生计包含了人们为了谋生所需要的能力、资本（包括物质和社会的资源）以及所从事的活动。只有当一种生计能够应对、并在压力和打击下得到恢复；能够在当前和未来保持乃至加强其能力的资本，同时又不损坏自然资源基础，这种生计才是可持续性的"。他们就此提出了以下关于可持续农村生计的综合定义，该定义最常用于家庭层面：可持续生计包括生活资料所需的能力、资产和活动；生计是可持续的，可以应对和从压力和冲击中恢复过来，维持或增强其能力和资产，为下一代提供可持续的生计机会并为地方和全球以及短期和长期的其他生计贡献净收益（Chambers & Conway，1992）。

这一定义揭示了以前未能清晰呈现的多维度农村生活，有助于更全面地理解农村生计，它不仅关注物质利益，更关注非物质的利益。贝宾顿（Bebbington，1999）据此认为，一个人所拥有的资产，例如土地，绝不仅仅意味着是他的谋生手段，也赋予他所在世界以特定的意义。资产不是人们用于构建生计的简单资源，它也是人们能力得以实现的条件。资产不应仅仅被理解为延续生命、适应环境和脱贫的手段，还应成为对资源的控制、运用和转换，进行运用以及再创造、挑战和改变资源的基础能力。

钱伯斯和康威强调社会和环境的可持续性，将可持续生计作为能力、公平和可持续性三个现存概念的连接。钱伯斯和康威就此提出了一个既规范又实用的发展思维框架。

增强能力——面对变化和不可预测性，人们是多才多艺的，快速适应并能够利用各种资源和机会；

提高公平性——应该优先考虑穷人，包括少数群体和妇女的能力、资产和获取途径；

提高社会可持续性——应通过减少外部压力和冲击并提供安全网来减少穷人的脆弱性。

Scoones（1998）对可持续生计作出了经典性的定义，即"一个生计维持系统要包括能力、资产（既包括物质资源也包括社会资源）以及维持生活所必需的活动。"他认为，只有当一个生计维持系统能够应对压力和重大打击，并且可以从中恢复过来，而且可以在现在和未来保持甚至提高自身的能力和资产，同时不损害自然资源的基础时，它才具有可持续性。

（二）可持续生计分析框架

自20世纪90年代后期以来，针对发展干预的可持续生计方法（Sustainable Livelihood Analysis）一直很流行。从1993年起，乐施会将促进可持续生计作为制定其总体目标、改进项目战略和员工培训的一部分。1994年，国际救助贫困组织（CARE）通过了"家庭生计安全"作为其救济和发展工作的方案框架。1995年，在社会发展问题世界首脑会议之后，联合国开发计划署把促进可持续生计作为其五项任务之一。它以两种方式来实现这一目标：作为分析和计划方法（Helmore & Singh，2001）以及设计和实施国家计划（Roe，1998）。1998年，乐施会把"可持续生计权"作为其五大目标之一（Oxfam，1998）。

值得注意的是，英国新工党政府成立初期就形成了英国国际发展部（DFID），该部门主要负责管理海外援助项目，致力于可持续发展和消除世界贫困。1997年11月DFID发布的白皮书使干预较贫穷国家的贫困问题成为英国国际发展政策的首要目标。它还重申英国对经济合作与发展组织（经合组织）发展援助委员会特别赞同的国际发展目标的承诺。为实现这些目标，白皮书将促进穷人创造可持续生计作为三大优先政策目标之一，同时促进人类发展和环境保护。虽然白皮书没有提供可持续生计的正式定义，但它表达了一些观点并提供了一些阐明其含义的规定。例如：

……将我们的国际发展努力重新集中于消除贫困和鼓励有利于

穷人的经济增长。我们将通过支持国际可持续发展目标和政策来做到这一点，这些目标和政策为穷人创造可持续的生计，促进人类发展并保护环境。

所有人都有相同的基本需求：呼吸新鲜空气，饮用干净的水，食用未受污染的食物，以及使他们能够拥有养育健康及受过教育的儿童的生计。

穷人拥有自己的技能、社会组织、价值观和文化以及对自身环境的详细和复杂的知识。

在有必要的支持下，穷人可以成为可持续发展的手段和受益者。

为了惠及和促进穷人的参与，经济增长必须包含一个健全和开放的宏观经济框架，使资源得到有效利用，并促进收入和创造就业的活动，特别包括穷人和妇女，因为大多数穷人是妇女。（DFID，1997）

对 DFID 的这些核心观点进行分析，可以看出可持续生计的原则是以干预贫困为重点，具体的发展活动策略如下。①以人为本。只有当外部支持关注对人们重要的事物，了解不同人群之间的差异并以与他们当前的生计策略、社会环境和能力相适应的方式与他们合作时，才能实现可持续的脱贫。②响应性和参与性。穷人本身必须是确定和解决生计优先事项的关键角色。局外人需要使他们能够倾听和回应穷人的过程。③多层次。消除贫困是一项巨大的挑战，只有通过多层次的工作才能克服，确保微观活动为政策的制定和有效的扶持环境提供信息，宏观层次的结构和程序支持人们建立依靠自己的优势。④以伙伴关系进行。消除贫困工作需要公共和私营部门协同运作。⑤可持续性。可持续性有四个关键方面：经济、体制、社会和环境可持续性。上述四个要素都很重要，而且必须在彼此之间找到平衡。⑥动态。外部支持必须认识到生计策略的动态性质，对人们的处境变化做出灵活反应，并制定长期承诺。

DFID 发展可持续生计方法的另一个关键方面是，它通过关注直接或间接确定或限制穷人获得不同种类资源/资产的各种因素，在不同层次上促进对贫困的根本原因的理解，以及影响他们的生计。这种限制可能来自地方一级的正式和非正式制度与社会因素，也可能是宏观层面压倒一切的政策、经济发展计划和立法框架的结果。因此，这种方法内置了"宏观"的观点，并且更有可能导致采取更具战略意义的干预措施。通过关注人们发展其生计策略（应对策略和适应策略）以响应特定的"脆弱性背景"而实现某些结果的方式，可持续生计方法使人们甚至可以看到"最贫穷的穷人"是如何产生的。这对于设计基于穷人优势的支持活动非常重要。此外，它还提供了更加生机勃勃的生计视角，因为随着个人或外部环境的变化，人们的资产可能会改变。

1998 年 6 月，可持续农村生计咨询委员会（IDS）发布了一份工作文件为可持续农村生计提供了分析的框架（Scoones，1998），见图 1.2。

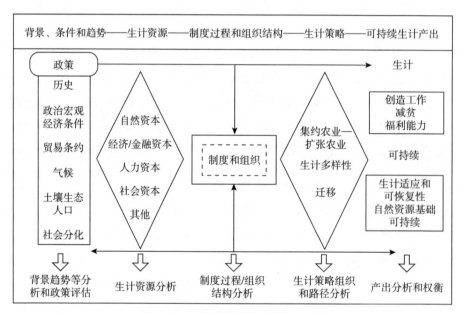

图 1.2　IDS 可持续生计分析框架

该框架显示，在特定的背景、条件和趋势下（政策制定、政治、历史、农业生态和社会经济条件），生计资源（自然资本、经济/金融资本、人力资本、社会资本）的组合能够结合生计策略（农业集约化/扩张化，生计多样化和迁移）所产生的生计结果。在这个框架中特别感兴趣的是体制过程（包含在正式和非正式机构和组织的矩阵中），它们调节执行这些策略的能力并实现（或不能实现）这样的结果（Scoones，1998）。因此，框架突出了五个相互作用的因素：背景、资源、制度过程（结构）、生计策略和生计结果。

在 IDS 的可持续生计分析框架的基础上，1998 年英国国际发展部农村生计咨询小组进一步发展了可持续生计分析框架并由 DFID 发布（Carney，1998）。该框架由生计资产、机构和政策背景、脆弱性背景三个变量构成，关注的是在一定脆弱性环境和政策背景下生计要素的相互关系和人们如何维持多重资产（自然、人力、社会、物质和金融）的可持续性以及生计策略的选择，其核心是对不同资本的评估。这个模型可以指导生计策略和单个家庭限制条件的分析。它为发展和贫困研究提供一个重要问题的核对清单并概括出了这些问题之间的联系；它提醒人们把注意力放在关键的影响和过程上；强调影响农户生计的不同因素之间多重性的互动作用。可持续生计框架有助于组织制约或加强生计机会的因素，并显示它们之间的相互关系。

可持续生计框架的基本思路是人们的生计在很大程度上依赖获得资本的机会，个体或家庭所拥有的生计资本是其运用生计策略、应对脆弱性风险、维持生计系统的资源基础，是可持续生计框架分析的核心内容。可持续生计框架包括：生计资本、脆弱性背景、制度过程与结构、生计策略与生计产出，见图 1.3。

1. 生计资本

个体或家庭必须经常权衡和选择的生计资本包括以下几种。①人力资本。这是最为基础的生计资本，代表着知识、技能、能力和健康状况，它们能够使人们去追求不同的生计手段并取得相应的生计目标。在家庭层面，这种人力资本水平取决于家庭劳动力的人数、家庭规模、健康、营养、教育、知识

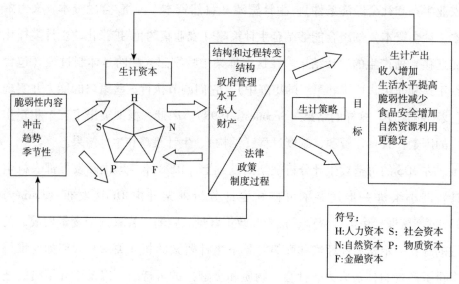

图 1.3 DFID 可持续生计分析框架

和技能、工作能力、适应能力等因素。②社会资本。社会资本意味着人们在追求生计目标的过程中所利用的社会资源。社会资本的作用是增强人们的相互信任和相互之间的合作能力，并使其他机构对他们给予更及时的反应。如社会网络和联系（赞助人、邻居、亲属关系）、信任关系、相互理解和支持、正式和非正式团体、共同价值观和行为、共同规则、集体代表、参与决策的机制等。③自然资本。自然资本与脆弱性背景联系最为密切，泛指生计的资源流及相关的服务。这种自然资本又可分为无形的公共资本（大气生物多样性）和有形可分的直接用于生产的资本以及生态服务。如土地和农产品、水和水产资源、树木和森林产品、野生动物、野生食物、生物多样性、环境服务等。④物质资本。它包括用以维持生计的基本生产资料和基础设施，其意义在于提高贫困人口的生产力。生产资料是指人们为了提高生产效率所使用的设施，往往通过租赁或有偿服务市场被个人或集体所拥有。基础设施一般指无偿使用的公共物品，用于维持生计和提高生产力，如运输、道路、车辆、安全住所和建筑物、供水和卫生、能源、通信、工具和技术（生产工具和设备、种子、肥料、杀虫剂、传统技术）。⑤金融资本。它是在消费和生产过程中人们为了达到生计目标所需要的积累和流动，这里主要指金钱，但往往其他的实物也能起到金钱的积累和交换作用，如储蓄、信贷和债务（正式、非正式）、汇款、养老金、工资等。需要指出的是，可持续生计框架注重的是资本的灵活组合与交换，如果一个人没有可以耕种的土地（自然资本），他可以通过金钱（金融资本）或者社会网络（社会资本）获得一小块土地。一种资本的增加就意味着另一种资本的减少。

2. 脆弱性背景

脆弱性是指造成农户贫困化且持久化的因素，即面对外部环境的变化，个人、家庭和社区的福祉不安全。由于人们时不时陷入贫困，脆弱性的概念比贫困线测量更能反映变化的过程。脆弱性有三个方面：外部方面的冲击、季节性因素和关键趋势。外部方面的冲击是指个体或家庭的脆弱性，通常来自生命历程中的生活事件冲击或非预期性的灾害性打击，如冲突、疾病、洪水、风暴、干旱、虫害等，这些重大冲击对家庭生计系统会产生重大影响。需要强调的是，冲击具有处境化的特点，即不同背景的研究对象所面临的冲击类型往往有所不同。例如，学者们在对农户的脆弱性背景分析中发现，自然灾害所导致的农作物歉收以及市场剧烈波动导致的农产品价格大幅下降是重要的冲击内容。对于城市贫困家庭而言，主要的冲击性因素则在于国企改革带来的"下岗潮"等宏观制度结构变革的影响。季节性是农户面对的市场和其他条件的周期性变化，表现在季节交替、产品价格、农业生产、就业机会等，这些季节性变化往往是农户要经常面临且不容易克服的困难。这些因素都会对农户的生计策略和生计路径产生重要影响。关键趋势，如人口、环境、经济、治理和技术趋势。需要指出的是，以上因素如趋势和变化对于农户生计和资产不一定都是负面的影响，有些可能是良性的。例如，宏观经济状况可能会朝着改善的方向发展，疾病发生率可能降低，新技术的出现可以使贫困农户受益等。

3. 制度过程与结构

Scoones（1998）指出，要了解构建生计的复杂过程和差异化过程，仅将生计资源和策略的不同方面作为单独的要素进行分析是不够的，还必须分析将这些不同要素联系在一起的制度过程和组织结构。在可持续生计框架中，组织结构与制度过程通常是指影响人们脆弱性背景以及生计资产的制度结构性因素及其实际运作过程。生计策略和成果不仅仅取决于获得资本资产或受脆弱性背景的约束，它们也受到结构和制度过程的影响。结构是公共和私营部门制定和实施政策和立法的组织，他们提供服务以及购买、交易和履行影响生计的所有其他职能。流程包括法律、法规、政策、运营安排、协议、社会规范和实践，这些反过来决定了结构的运营方式。结构性因素往往来自政府部门以及私人部门，过程性因素一般包括法律、政策、文化、制度的实际运作过程及其对贫困家庭脆弱性、生计策略与生计产出的实际影响。它对贫困家庭生计的可行选择及其产出的可能性发挥着整体性的宏观促进或限制作用。

4. 生计策略和产出

生计策略是指个体或家庭实际拥有或可能拥有的谋生之道，是个体或家庭为了维持生计主动运用生计资本进一步创造或拓展生计资本的活动。生计策略体现个体或家庭的可行能力或可行选择，对于生计产出而言，它是生计策略的目的。生计产出有六类成果：更多的收入、福利的提高、脆弱性的减少、食物安全得到改善、自然资源得到更可持续的利用、人的尊严得到恢复。在可持续生计框架中，生计产出不仅可以用来评估生计维持系统是否具有可持续性以及生计策略成败的基本指标，也可以用于事前评估生计系统的脆弱性、生计面临的突出困境以及澄清导致生计不可持续的关节点。

总而言之，可持续生计框架涵盖了物质资本、人力资本、自然资本、社会资本和金融资本等贫困者所必需的生计资产，它比"工作"、"收入"以及"职业"等概念更具丰富的内涵和更广阔的外延。可持续生计框架突出了不同机构与部门之间的联系，而不仅仅是他们各自单独的作用。不同层次的联系包括微观、中观和宏观层次，影响农户生计诸多因素的动态以及贫困农户所拥有的能力。可持续生计框架的独到之处在于，它为发展和贫困研究提供了一个重要问题的核对清单，并概括出这些问题之间的联系。它提醒人们把注意力放在关键的影响和过程上，并强调影响农户生计的不同因素之间的多重性的互动作用。这个框架是以人为中心的，它不是以一种线性的方式来分析的，也不是要提供一个现实的模型（Simon Anderson，2003），这有助于人们理解民生战略、资产状况以及其利用现有自然资源的方式之间的联系。它为生态环境遭到破坏、人民生活处于困境的地区寻求发展提供了一个新的视角，其开放性的解释框架也使其有着广泛适用性，仅在 1999 年的自然资源指导者会议上（Natural Resources Advisers Conference，NRAC）便汇报了印度、巴基斯坦、尼泊尔、俄罗斯、墨西哥等 11 个国家的可持续生计项目进展情况。这次会议总结了可持续生计框架应用之外的实践和理论困难，并取得了很多共识（Ashley & Carney，1999）。之后，可持续生计分析框架在各国得到了进一步推广和深化。可持续生计框架的演进历程见表 1.1。

表 1.1　可持续生计框架的演进历程

1987 年	世界环境与发展委员会发布报告：《我们共同的未来》
1988 年	国际环境与发展研究发表会议论文：《援助绿化：可持续生计实践》
1992 年	联合国举行环境与发展会议发布：《可持续农村生计：21 世纪的实用概念》
1993 年	乐施会开始采用可持续生计方法制定总体目标、改进项目策略和员工培训
1994 年	CARE 将家庭生计安全作为一种规划框架来缓解和减缓开发工作
1995 年	联合国举行社会发展世界首脑会议；开发计划署将就业和可持续生计作为人的全面发展任务的五大优先事项之一，作为减贫的概念和规划框架；国际可持续发展研究所出版《适应战略和可持续生计》
1996 年	国际可持续发展研究所出版了《可持续生计参与式研究：实地项目指南》

续表

1998 年	英国国际发展部自然资源部开展可持续生计咨询并建立农村生计咨询小组自然资源顾问年度会议以可持续生计为主题，并随后发布供稿文件：《可持续农村生计：我们可以做出什么贡献?》 可持续农村生计咨询委员会发布了《可持续生计方法》《可持续生计项目总报告（1995—1997）》《可持续农村生计：分析框架》 联合国开发计划署出版可持续生计的政策分析和制定；英国国际发展部建立了可持续生计虚拟资源中心和可持续生计主题组 可持续农村生计咨询委员会发布了粮农组织/开发计划署关于支持可持续生计和粮食安全的参与式方法和方法非正式工作组第一次会议
1999 年	英国国际发展部发布了第一份可持续生计指导手册：《可持续生计和消除贫困》 海外发展研究所发布《实践中的可持续生计：农村地区概念的早期应用》
2000 年	英国国际发展部出版《可持续生计：现行思考与实践》《可持续生计：以实力为基础》《实现可持续性：消除贫困与环境》等指导手册。 乐施会出版了《环境与生计：可持续发展策略》
2001 年	英国国际发展部委员会负责进一步开发可持续生计框架的研究；《可持续生计：建立在穷人的财富之上》出版

（三）可持续生计框架的实证研究

随着可持续生计研究的进一步深入，作为一种寻找农户生计脆弱性诸多原因并给予多种解决方案的集成分析框架和建设性工具在世界各地的扶贫和生计建设项目评估中得到不断开发并日臻成熟。国外学者运用可持续生计框架在实践领域较为著名的应用研究如下。Coomes 等结合以资本为基础的农户生计的概念模型，在南美洲秘鲁的热带雨林地区进行了农户的资源获取和经济依赖之间关系的实证研究（Coomes et al. , 2004）。Pender（2004）结合农户的五种生计资本在乌干达综合研究了农户的生计选择与生产提高、土地退化减少之间的均衡关系。梅里·杜帕尔（2004）对东南亚大陆社会的环境、生计和地方机制进行研究，伊恩·华莱士（2007）对撒哈拉以南非洲数百万小农户的生计资本进行研究，B. C. Glavovic & S. Boonzaier（2007）对南非的海岸管理进行研究。Allison 等介绍了西非 25 个国家将可持续生计分析框架用于渔业管理的经验，认为框架可以帮助形成统一的渔业政策，有利于识别致贫因素，并且维持渔业资源的可持续发展（Allison & Ellis，2001；Allison & Horemans，2006）。Edward h. Allisona & Benoit Horemans（2006）阐述了可持续生计框架如何转变成发展项目和西非可持续渔业生计计划的政策行动；Nesar Ahmed（2010）等针对孟加拉国限制沿海贫民过度捕捞对虾保护生态系统的禁令，分析沿海贫民的生计资本问题。Maretxki（2007）从妇女合作社的角度探讨了促进农户社会资本积累和农村生计可持续发展的综合策略。Babulo 等人（2008）在埃塞俄比亚的研究表明，生计资本是农户生计策略的决定因素，应当鼓励贫困的农户从事高回报的经济活动。Arezoo soltani（2012）运用可持续生计框架对伊朗森林退化地区的贫困农村居民生计进行定量分析，识别家庭生计策略、分析民生的选择以及调查哪些策略是最可持续的。

2000 年，国内学者祝东力翻译了由辛格和吉尔曼撰写的《让生计可持续》一文，揭开了国内运用可持续生计框架进行研究的序幕。在可持续生计的理论介绍方面，一些国内学者对 Scoones、Carney、Ellis 等人的生计概念及生计分析框架进行了阐述，并对国际发展研究机构和非政府组织针对解决农村扶贫等问题提出的可持续生计分析框架和生计途径等做了介绍（杨国安，2003；李斌、李小云、左停，2004；苏芳、徐中民、尚海洋，2009）。在经验研究方面，国内学者围绕可持续生计框架的脆弱性背景、生计资本、制度过程与结构、生计策略、生计产出等五个方面开展了大量的实证研究，其中尤以生计资本与生计策略的研究为盛（汤青，2018）。在研究对象方面，国内对于可持续生计方面的研究多集中于农村地区，聚焦于传统农户和实地农民可持续生计框架的系统建构与实证研究（高功敬，2018）。近些年来，国内学界运用可持续生计框架对牧民生计进行分析已成蔚然之风。一些典型的研究成果如表 1.2。

表1.2 牧民可持续生计研究中的代表成果

代表性成果	研究地点	研究背景	研究对象
薛辉，2006	云南西北部	贫困	农牧民
侯玉峰，2006	内蒙古赤峰市克什克腾旗浩来呼热乡	"公司+牧户"模式	牧民
李继刚、毛阳海，2012	西藏农牧区	贫困	农牧民
张海盈、姚娟，2013	新疆喀纳斯景区	旅游业	牧民
陈伟娜、闫慧敏、黄河清，2013	内蒙古西乌珠穆沁旗、正镶白旗	气候变化	牧民
刘红、马博、王润球，2014	内蒙古阿拉善右旗	生态移民	牧民
史俊宏，2015	内蒙古四子王旗、苏尼特右旗、苏尼特左旗、锡林浩特市、翁牛特旗	干旱风险	牧民
宋连久、孙自保、孙前路，2015	西藏班戈县	可持续发展	牧民

从上述研究可以看出，国内学者运用可持续生计框架对农牧户生计的研究进行了卓有成效的探讨。这些研究多数集中在内蒙古地区，研究背景也较为多元，但是较之国内其他领域的可持续生计研究而言，对于牧民可持续生计的研究基本处于前期探索阶段。这些研究也有以下不足之处：第一，多数研究在生计资本中忽略了牧民生计中的文化因素或者是"米提斯"式的地方性知识，而这些恰恰是千百年来牧民生计得以维系和发展的重要因素；第二，上述研究过于聚焦于可持续生计框架中的生计资本→生计策略的分析进路，对于牧民生计的制度过程与结构等宏观背景缺乏考量；第三，没有对工矿业开发这一内蒙古牧区主流发展实践之下的牧民可持续生计做出回应。

三、工矿业开发——牧民可持续生计框架的构建

可持续生计方法只是解决围绕贫困的复杂问题的一种方法，这种方法的有效性依赖于发展的情境，即该方法还必须使其适合当地情况和当地人民生计的优先事项。对于内蒙古草原牧区而言，在牧区市场化、工业化发展的背景下，牧民面临着可持续生计的迫切要求。如何将拥有较强适应性的可持续生计框架进行合理的改造，从而适切于牧区宏观制度与发展结构以及对牧民具体生计困境的分析，这已成为可持续生计框架本土化研究的重要议题。

笔者认为，建立适合于牧区发展情境与牧民生计的可持续生计框架必须考虑文化和牧区发展的制度背景这两个重要因素。自 20 世纪 90 年代中期以来，文化在发展中的作用就成了发展文献中的重要议题。学者们逐渐认识到，在现代化进程中，文化同社会发展与所经历的经济、政治和社会变化有着内在联系，如果不将"文化因素"考虑进来就无法理解这样的变化。塞尔·亨廷顿（2002）等西方学者通过大量的案例分析，证明了文化在当今世界发展中的重要作用。世界银行（1998）也认为，在发展过程中不仅帮助把全球知识带到发展中国家，还需要向这些国家学习本土知识（Indigenous Knowledge），特别要注意穷人的基础知识。发展的计划者和学者慢慢开始把文化当作一种胶剂。文化能够将社会紧紧黏合，让社会结构一脉贯通，以便进行发展干预（Radcliffe，2006）。从可持续生计框架的演进脉络而言，虽然文化是社区的重要组成因素之一，但是可持续生计框架本身和"文化"几乎没有任何关系，尽管文化对可持续生计框架的关键组成部分具有重要影响，包括脆弱性、环境、生计资本、生计策略和生计结果（Tao et al，2010）。对于少数民族群体而言，文化是环境的一部分。文化也包括内在力量，包括信念（例如关于发展的见解）、传统、身份、语言、宗教场所、礼节和节日。例如在一个部落系统建立的原始社区之内，生计策略在相互作用的实践、重新分配和交换中被灌输，这种文化属性对人们的生活、选择和幸福尤为重要。如克莱德·M. 伍兹在《文化变迁》一书中所描述的马达加斯加西部丘陵地带

的塔那拉人依靠刀耕火种方法种植旱稻的生计策略。塔那拉人交替开垦他们村庄周围的土地，然后再搬到新的地区，建立另一个村庄。在这种情况下，塔那拉人居住在一起，共同耕作，保卫部落，防止敌对部落的入侵。劳动的产品在组成大家庭的各家各户中平均分配。可以看出，围绕这个生计策略，塔那拉人形成了自己的生活方式、社会组织乃至地方认同。内蒙古牧区长久以来具有良好的生态和文化发展可持续性，生态和文化是牧区优秀的历史传承，牧民生计与草原文化、生态环境交织于一体。因此，对于牧民生计问题的考量必须与草原文化相勾连。对于发展背景而言，牧区也是国家实施现代化发展计划的重要实践场域，如 Dee Mack Willimas 在 *Beyond Great Walls：Environment, Identity, and Development on the Chinese Grasslands of Inner Mongolia* 一书中为我们展示了内蒙古牧民自 1980 年以来经历的环境和社会的巨大变革，他认为国家草原政策与牧民的日常生计实践具有高度的相关性。在可持续生计框架的研究思路中，宏观层面的制度结构、发展过程与微观层面的生计策略、生计结果密不可分。它作用于各个层次——从农户直到国际，以及各个范围——从个人到公众，并且有效地决定着农户对于各种资本的所有权或使用权、对生计策略的选择、对决策机构或程序规则的参与程度或影响能力等；不同资本、产品之间的交换比率；和对某种生计策略的经济或其他方面的收益（苏芳，2006）。鉴于上述讨论，本研究在借鉴参考国内外可持续生计分析框架研究基础之上，针对工矿业开发对牧民的可持续生计影响进行分析，尝试构建了工矿业开发—牧民可持续生计分析框架（图 1.4）。

该框架与传统的可持续生计分析框架的不同之处有以下几点。第一，由于内蒙古牧区独特的民族文化和地方性生计知识对维系牧民可持续生计有着不可替代的重要作用，本框架将文化资本纳入牧民所拥有的多重资产组合中，主要从物质资本、人力资本、自然资本、社会资本、金融资本、文化资本六个方面反映工矿业对牧户生计的影响规模和程度。第二，与传统的可持续生计框架将脆弱性聚焦于外部冲击、季节性、趋势等方面相比较，本框架将牧民生计面临的多重脆弱性背景细分为自然风险、社会风险和技术风险。牧民

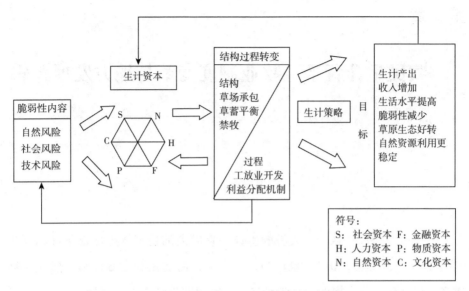

图 1.4　工矿业开发—牧民可持续生计框架

的生计系统是否具有可持续性，与该生计系统能否有效应对上述风险的能力密切相关。只有当牧民生计系统能够抵抗来自干旱等自然灾害、能够有效应对来自草场退化以及工矿业开发所导致的各种预期性或非预期性风险时，他们的生计系统才可能具有可持续性。第三，通过调研发现，工矿业开发作为地方政府强力推进的发展项目，其发展过程和利益分配机制已打破了当地在草场承包及草畜平衡等制度政策背景下牧业生态与经济复合系统的均衡态势，对脆弱性背景、牧民生计资本及生计策略有着重大影响，因此本研究把工矿业开发作为"机构和政策背景"的重要组成部分呈现。第四，就框架内部各变量的关系而言，由于当地的生态特性及牧业生计的特点，脆弱性背景与牧户生计资本配置存在着较强的互动关系，二者和工矿业开发共同决定了牧民生计策略的选择，而牧民的生计产出又进一步影响了牧民的生计资本配置。

第二章

牧民生计背景：牧业制度变革与地方发展逻辑

萨林斯（1972）认为，人类的生计一直以来都是与特殊环境条件相互影响的过程。马克思（2010）也认为，人类生计需要在社会变化和自然或是环境之间总是存在一定程度的紧张对立。从发展的角度而言，埃斯科巴（1995）认为，对发展的改造必须从检查地方结构开始，因为它们是人民的生活和历史，也就是变革的前提和条件。这强调了历史、地理和社会文化结构对理解共同体层次的发展的重要性。要真正厘清草原牧区的问题，必须把问题放回到历史的发展进程中，观察草原牧区的核心变化，从而从更广泛的视角，更深入地理解草原牧区的发展（王晓毅，2016）。因此，本章将在介绍乌拉特后旗自然历史的基础上，从牧民生计的制度变革以及当地工矿业开发的基本情况来检视乌拉特后旗牧民生计发展所面临的"地方结构"。

第一节　自然历史概况

一、地理图景

乌拉特后旗位于祖国北疆、内蒙古自治区西部、巴彦淖尔市西北部，属巴彦淖尔市管辖，是内蒙古自治区 18 个少数民族边境旗县之一。旗境东西长约 200 公里，南北宽约 130 公里，地理坐标为东经 105°12′~109°54′、北纬 40°13′~42°28。旗境东与乌拉特中旗交界，西邻阿拉善盟，南与杭锦后旗、磴口县毗邻，北与蒙古国南戈壁省接壤，国境线长 195 公里。全旗总面积 2.5 万平方公里，现辖三个镇、三个苏木、50 个嘎查、69 个村民小组。乌拉特后旗地域辽阔，地形地貌复杂。阴山山脉横亘旗境南部，将全旗分为两块地貌气候迥然不同的地区，阴山以北属典型的荒漠草原，南部是狭长的河套冲积平原，形成了典型的南粮北牧自然格局。全旗地形为：山地，占 15.1%；低山丘陵，占 10.3%；沙砾石戈壁高原，占 52.9%；沙丘戈壁沙地，占 20.4%；山前冲积平原，占 1.3%。乌拉特后旗东部土壤以淡栗钙土、棕钙土为主，草场以高平原荒漠化草原草场和低山丘丘陵荒漠化草原为主；西部主要是沙丘、沙砾石戈壁，草场大部分属于高平原荒漠草场及部分草原化荒漠草场。水系以阴山为界，阴山南侧（山前）为黄河水系，北侧为内陆河水系。属黄河水系的乌拉特后旗流域面积 2298 平方公里，大小山沟 92 条，全旗平均年总径流量 6442 立方米，山前黄河流域 1148.8 万立方米，山后内陆河流域 5293.2 万立方米。全旗地势南高北低，平均海拔在 1500 米以上，海拔最高点达 2365 米。年平均气温 3.8 度，年均无霜期 130 天，年均冻土深 2.3 米，年降水量 130 毫米左右、蒸发量 3000 毫米左右。

二、矿产资源禀赋

据地质资料记载，东起白云鄂博，沿阴山山脉至乌拉特后旗狼山山脉段到西北 200 公里境外的蒙古奥尤陶勒盖矿床，有一个规模较大的成矿带。乌拉特后旗境内至东向西有东升庙、炭窑口、获各琦、欧布拉格四大金属矿区。现已探明的矿产资源有 8 大类 46 个矿种，118 处矿点。一是能源类矿产。其中石油储量为 1.4 亿吨，平均含油量为 35%；油页岩储量为 300 亿吨，平均含油量为 6%。二是黑色金属矿产。锌、铜、铅、镍、钼、铁、锰、铬在当地有着较为丰富的储量，总共储量为 1.4 亿吨，平均品位 35%。锌金属量 1000

万吨，占全区储量的53%，位居全区第一、铜金属量300万吨，平均品位1.2%，占全区储量的57%，位居全区第一；硫铁矿金属量四亿吨，占全区储量的65%，位居全区第一，全国第二；镍金属量66500吨，平均品位0.31%，位居全区第一；铅金属量200万吨，平均品位1.5%，占全区储量的43%，位居全区第一；钼金属量为52万吨，平均品位0.15%。三是非金属类矿产。当地有石英、萤石、白云岩；化工原料矿产有硫、磷、芒硝、钾盐、蛇纹岩、石付等；建材及其他非金属矿产有白云母、大理岩、石榴籽石、绢云母、碧玺、饰面用花岗岩、建筑用砂、石料、片石等（表2.1）。各类矿产资源具有储量大、品位高、易开采的特点。

表 2.1　乌拉特后旗主要矿产资源及储量

名称	品位（%）	探明储量（万吨）
铁	Fe：30~49.32	13016.68
锰	Mn：20~30	19.9
铬	Cr：20~35	49.2
铜	Cu：1.2	300
铅	Pb：1.29~1.58	200
锌	Zn：2~4.22	1000
镍	Ni：0.31；Co：0.06；Cu：0.1~0.3	6.65
钴	Co：0.02	940
油页岩	含矿率：6	3000000
萤石	CaF_2：55~80	28.29
白云岩	MgO：17.39~20.50；SiO_2：3.16	14696.7
白云母	3~25	4551.2
硫铁矿	S：16.13；Cu：0.108；Zn：0.436	56400
芒硝	Na_2SO_4：42.10；KCl：0.62	28
蛇纹岩	$MgCl_2$：30~41	15800

名称	品位（%）	探明储量（万吨）
陶瓷长石	K_2O+Na_2O：11；FeO：0.5	41.06
陶瓷石英	SO_2：98	919.7
瓷石	高岭土：10~25	1120
大理岩	CaO：27~30	133.61

资料来源：根据《乌拉特后旗年鉴1989—2018》整理。

乌拉特后旗具有丰富的风能和光热资源。据气象部门提供的资料和测风数据，当地年平均六级以上大风120天左右，八级以上大风60天以上，冬春风力较强，平均风力七至八级。由于处于冷空气的通道位置，风电基地10米高度的年平均风速为7.0~7.2米/秒，40m高度的年平均风速为8.2~8.7米/秒，70米高度的年平均风速为8.6~9.3米/秒，是内蒙古自治区风速最大、风能资源最为丰富的区域，也是全国内陆仅有的几个风能富集区之一。乌拉特后旗地处蒙古高原西部的巴音戈壁高原地带，平均海拔在1500米以上，干燥少雨，蒸发量大，日照长，昼夜温差大，年均气温5.3℃，年极端最高气温34.1℃，年日照时数达3400小时以上，是内蒙古自治区光热资源最丰富的地区之一。

三、疆域与历史沿革

乌拉特后旗历史悠久，在旗境内的艾力克铁不克发现的旧时代晚期遗存证明了人类曾在此从事狩猎和游牧生活（郝维民，2011）。近代在达拉盖山口内东侧台地上发现一处新石器时代遗址，面积为1000平方米。遗址不远处，是一处排列有序的石棺墓群。经专家考证，是新石器时代狩猎民族遗址。境内在大坝口西坡、炭窑口东段有不少巨幅岩画，其中有青铜时代中期原始氏族及部落岩画（邢野，2007）。

至于现在的乌拉特后旗,是清朝实行盟旗建制,延续至今的名称。乌拉特又叫作"乌喇特"或"乌喇忒",是成吉思汗胞弟哈布图哈撒儿十五世孙布尔海,姓博尔济吉特,游牧呼伦贝尔的部落名称(齐木德道尔吉,2006)。"乌拉"为蒙语"乌仁"之变音,其意为"能巧也","特"为蒙古语中表示多数之词格,其全意为"很多的能工巧匠"(乌拉特后旗志编纂委员会,2005)。《蒙古源流》一书中记载:金汪古部第三代首领囊古特乌兰昌贵(镇国)被擒后,因其精于手工技艺,获"斡然"头衔之称,"斡然"即"巧""工匠"之意,"斡然"一词音转"乌拉",则为"能工巧匠"之意;加上名词格复数"特",则是"能工巧匠的聚集"。由此,形成"乌拉特"以及"乌拉特部"这一固定名词(窦永刚,2015)。清天聪七年(1633年),乌拉特部归顺清朝。乌拉特部分前、中、后三个旗,亦称西公、中公、东公旗。清朝对三旗扎萨克封号分别为前旗镇国公、中旗辅国公、后旗镇国公,故也称三公旗。乌拉特部先后为清朝征战外蒙古的喀尔喀部,内蒙古的苏尼特部和朝鲜,明朝的锦州、松山、蓟州等地,始终骁勇善战,无不凯旋,为推翻明朝统治、扩大清朝疆域、巩固其封建统治地位立下了汗马功劳。同时,从另一方面讲,乌拉特部也为结束封建割据状态、促进我国统一的多民族国家的形成与发展,做出了卓越的贡献。

清顺治六年(1649年),清廷为了挟制与喀尔喀蒙古与明朝的贸易往来,特别是马匹交易,命乌拉特三公旗出兵镇守中西部边关,是年秋,乌拉特三公旗首领率其所部,由故土呼伦贝尔的呼布图奈曼查干、图门乌力吉起程,行至乌拉山(木纳山)和阴山(狼山山脉)前后,将栖身于该地的艾毕日米德扎黑齐(一个部族)匪部追赶到现乌拉特后旗和乌拉特中旗的巴睿淖如、巴嘎宁黑日以北,将散居此地耕种田地的人民驱逐到长城以南并占据此地,闭耕放牧。当凯旋回师时,清廷又命其常驻于此,镇守边关隘道。于是,他们就打消了回故乡的念头,同驻现包头市郊区哈德门口子。乌拉特后旗镇守昆都仑沟、五当沟(现五当召西沟),乌拉特中旗镇守哈德门口子,乌拉特前旗镇守西山咀。之后他们久居此地，各管其众，生息繁衍。

清朝中叶，蒙古贵族热衷于私垦，乌拉特三公旗于清乾隆三十年（1765年），将沿河牧地私租于汉人耕种。《绥远省通志稿》载："清中叶以后，河套人口渐繁，清康（熙）雍（正）而后，私垦驰禁，佃农渐多，开人民自移之路，迨后由归（绥）而包（头），由包（头）而套（后套）锄耕所及，三五成村牧场被垦，逐年增加，大大缩小了乌拉山前的牧地，不利牧民游牧。"再加上匪祸滋扰，乌拉特后旗旗府从哈达玛尔迁到后山阿贵图（今营盘弯一带），中旗旗府亦由哈达玛尔迁到温都尔朱苏（今巴音哈大苏木境内），前旗旗府虽未迁往山后，也西移百余里，迁到今呼和苏木和巴音花镇一带。从此，各旗属民亦逐步向各自旗府收缩、靠拢。中华民国时期仍沿清制，三旗隶属于乌兰察布盟，1937 年乌拉特大部分地域落入日伪之手，但现乌拉特后旗所在部分未沦陷，仍在国民党政权的有效控制下。1945 年日本投降后，乌拉特三公旗随之收复。1949 年 9 月 19 日，绥远"九·一九"起义和平解放，意味着绥远省包括乌拉特三公旗获得了和平解放。

1949 年 10 月 1 日，中华人民共和国成立，从此中国进入了一个新的时代。乌拉特三公旗也与伟大祖国同呼吸共命运，走向了恢复国民经济和社会主义建设之路。当年 10 月中下旬，乌拉特公三旗派代表赴绥与中共代表正式签署了和平起义协议。1950 年 1 月 1 日，绥远省人民政府正式成立，后成立绥远省人民政府蒙古工作委员会。1950 年 1 月 17 日，根据中国共产党的民族政策，绥远省民族地区实行民族区域自治。当年 4 月 4 日至 10 日在乌兰花镇隆重召开了乌兰察布盟首届各界人民代表会议，会议期间，根据乌拉特三公旗人民群众的意愿和要求，按照《中国人民政治协商会议共同纲领》的原则，经过充分酝酿讨论，民主协商，会议决定尽快筹建三旗的人民政权。4 月 7 日根据绥远省人民政府民社字第 193 号命令，乌拉特三公旗旗名恢复原名称，中公旗称乌拉特中旗，东公旗称乌拉特后旗，西公旗称乌拉特前旗。7 月 21日在乌拉特后旗新忽热召开了乌拉特后旗首届各族各界人民代表大会，公告乌拉特后旗人民政府领导组织成员。1952 年 10 月 15 日，经中央政府批示，合并乌拉特后旗与乌拉特中旗成立了乌拉特中后联合旗，政府驻地海流图，下辖八个努图克（努图克在蒙语里是区的意思，是旧时代内蒙古特有的行政单位），分别为巴音温都尔、潮格、德力素诺尔、沙步格、城圐圙、台粱区、阿贵图区、阿斯冷沟区，属乌兰察布管辖。1954 年 6 月 19 日，中央人民政府批准撤销绥远省建制，绥远省行政区域并入内蒙古自治区，乌拉特三旗隶属于内蒙古自治区乌兰察布盟。1958 年 4 月 30 日，根据内蒙古自治区人民委员会命令，乌拉特三旗由乌兰察布盟规划河套行政区。当年 7 月乌拉特三旗划归巴彦淖尔盟。1960 年将巴音温都尔公社、潮格温都尔公社从乌拉特中后联合旗划归杭锦后旗管辖。1961 年 11 月将原巴音温都尔公社细分为那仁宝力格、巴音戈壁、乌力吉三个公社。1963 年 4 月，经中共巴彦淖尔盟委决定，将划归杭锦后旗的六个小公社划归乌拉特中后联合旗。1970 年 10 月 3 日，根据国务院、中央军委批示，乌拉特中后联合旗划出西部区的宝音图、音前达门、巴音戈壁、乌力吉、乌盖、那仁宝力格、潮格温都尔、巴音宝力格八个人民公社加上明星和莫林两个牧场成立潮格旗。1971 年潮格旗正式成立，政府驻地潮格温都尔公社所在地。1976 年潮格旗人民政府驻地由公社所在地迁址到扎格拉山东南，命名为赛乌素。1981 年 9 月，根据国务院 8 月 21 日（81）国函立 93 号文件批复，潮格旗更名为乌拉特后旗，政府驻地赛乌素，乌拉特中后联合旗更名为乌拉特中旗，驻地海流图，行政区域不变。2003 年 6 月 10 日，经内蒙古自治区人民政府第十次常务会议批准，同意乌拉特后旗政府驻地迁址。2005 年 7 月旗人民政府驻地由山后的赛乌素迁址山前的东升庙。2005 年年底，撤销乌力吉苏木、赛乌苏镇，将两个苏木镇管辖的行政区域整合设立为潮格温都尔镇；撤销巴音戈壁苏木、巴音温都尔苏木，将两个苏木原管辖行政区域加上巴音宝力格的沙如拉嘎查、朱思木尔嘎查合并设立为获各琦苏木，原巴音戈壁苏木境内的巴拉乌拉嘎查、查干高勒嘎查、前达门嘎查也划归获各琦苏木。乌拉特后旗历史沿革见表 2.2。

表 2.2　乌拉特后旗历史沿革

建制沿革	春秋战国	战国时为匈奴牧地
	秦汉	秦时为九原郡并北假之地；汉时，属朔方郡地秦为九原郡，汉末郡废
	魏晋南北朝	后魏置怀朔镇于此，并隶大同城护守
	隋唐五代	属丰州九原郡地，隶天德军节度使
	宋辽金元	辽置云内州属西京道；金因之；元属大同路，隶砂井总管府辖领
	明清	明初属东胜卫，隶山西统领，后为蒙古瓦刺所统；清天聪七年归附清廷，其牧地当今河套北，嘎扎尔山之南，原称三公旗（东西中）属乌兰察布盟
	民国	民国以来仍为三公旗属乌盟，1937 年"七七"事变后曾一度陷入敌手，1945 年完全恢复
	新中国成立前后	1949 年绥远"九一九"起义获得解放；1950 年将三公旗分别改为乌拉特前旗、乌拉特中旗、乌拉特后旗，当年九月乌拉特中旗、后旗合并成乌拉特中后联合旗；1958 年 5 月 10 日划归巴彦淖尔盟领导；1962 年至 1964 年，曾划归杭锦后旗管辖；1970 年 10 月 3 日经中央军委、国务院批准将乌拉特中后联合旗西部分设潮格旗；1981 年 10 月，经国务院批准，潮格旗更名为乌拉特后旗；2004 年 8 月，改隶撤盟设市的巴彦淖尔市

资料来源：根据《乌拉特后旗志》整理。

第二节　牧业立旗：乌拉特后旗牧业制度的变革

　　牧业生计是人类对于干旱和高寒地区生态环境的一种适应形式。它的生态原理就是在人与地、人与植物之间通过牲畜建立起一种特殊的关系，构成一条以植物为基础、以牲畜为中介、以人为高消费等级的长食物链（林耀华，

1997)。额尔敦扎布（2014）认为，在牧业生计中，制度是生态平衡的重要变量，是经济增长和发展的关键因素。对于可持续发展而言，制度扮演着关键的角色（Leach，1990）。作为乌拉特后旗的传统产业，当地牧业制度经历了游牧制度、牧业土改、合作化运动、人民公社、牲畜承包、草原承包、草原生态保护等制度的变革。

一、盟旗制度下的划地游牧

蒙古族世代以游牧业为生。到 17 世纪初，"阿寅勒"（Aler）和个体游牧方式是蒙古族畜牧业生产的主要经营方式。"阿寅勒"具有如下特征：第一，只在旗内指定地区移牧，不再远距离游牧，生产相对稳定；第二，单独放牧，不再是同族人的集体游牧；第三，有部分牧区已"牧而不常游"，逐步向半游牧方式过渡，甚至有的牧民转变为半农半牧的定居农民；第四，形成有规律的两季或者四季移场放牧（色音，1998）。清朝统治者在征服蒙古诸部之后，对蒙古的地方体制进行了整顿，采取"众建以分其力"的政策，强化封建秩序而实行盟旗制度。盟旗制度是具有严密组织系统和严格的官员任命程序的军事、行政合一的地方组织。旗的首领为札萨克一人，统管旗里的行政、司法、财务等各种事务，由清政府授以印信（邢莉，2013）。1635 年，清朝仿照满洲八旗制设蒙古八旗。1636 年，皇太极继皇位后，又陆续设游牧八旗，该大部落为若干小部落。够一个旗编制的就派都统或总管，分别治理，以便易于控制，不够一个旗的就设佐领进行管理，名为"苏鲁克"①，指定地点令其游牧。"苏鲁克"清初曾在养息牧场（后俗称"苏鲁克旗"在今辽宁彰武县北部）、太仆寺牧场（今内蒙古太仆寺旗）等地实行过。蒙古王公贵族、上层僧人、旗府、庙仓等以劳役形式将畜群交给属民放牧，从而成为牧区的一种牲畜承放制度（陈献国，2004）。苏鲁克主要有两种形式：一种是王公贵族、旗府、庙仓以无偿劳役形式交给牧民放牧，是一种超经济强制；一种是

---

① 苏鲁克在蒙古语中意为群，即牧区贷给别人放牧的牧群。

牧主出租牲畜给他人放牧，收取牲畜和畜产品，剥削苛刻，畜群孳生的崽畜全部归牧主，租户只能得到双胎的一只，以及少量的奶食、畜产品，因灾害和疫病死亡的牲畜，租户须如数交回畜皮。漠南地区畜牧业经营模式以苏鲁克为主，兼有其他经营方式。乌拉特后旗的苏鲁克的通行做法是，庙仓、牧主把牲畜"苏鲁克"，让牧民放牧不给工资，也不给草料、医药和防治费用，更不给建设棚、圈和生产工具等，是一种无工资、无投资的包本经营。每年点一次数（打印），即对原来打过印的牲畜进行一次核对，经过核对差下的要交头皮耳记，否则放牧者包赔，新繁殖增加的牲畜要过数打印注册入账，但没有崽畜繁殖成活要求，有多少算多少。绒毛、乳类畜产品归放"苏鲁克"者。牧主依靠占有较多的牲畜通过"苏鲁克"来剥削牧民的剩余劳动力，是牧民贫困化的主要社会根源。另外一种生产方式便是粗放游牧，即一家一户私有经营，游牧生活，逐水草而居。由于游牧不能定居，就更谈不上永久性棚圈，建设一些游牧点（浩特、乌素）比较固定的场所，一旦发生疫病、狼害以及其他动、植物自然现象的反应，就请僧人念经安镇或看水土指点，迁居方向和放牧地点，来求所请"免灾避难"平安无事。游牧这种生产方式受自然因素的影响较大，加之劳动力不足，牧民只得采取公畜、母畜、强畜、弱畜、小畜、小畜混群放牧，有的甚至采用原始的放牧方法，把畜群撒在草场，听其自然，畜群经常受到天灾、狼灾和各种疾病的摧残。加之蒙古族内部封建王公上层的剥削、挥霍和汉族商业高利贷者的压榨、敌伪掠夺等社会因素，乌拉特后旗当地的牧民生产积极性普遍不高，牲畜量一直徘徊不前，新中国成立初期乌拉特后旗的牲畜只有 5.19 万头（只）。

二、牧区土改

1947 年《内蒙古自治政府施政纲领》规定：草原牧场为蒙古民族所公有。内蒙古自治政府成立不久，针对牧区的实际就提出了"千条万条，发展牲畜是第一条"的口号（内蒙古自治区畜牧业厅修志编史委员会，2000）。1947 年，内蒙古共产党工作委员会与内蒙古自治政府指出，当前牧区应贯彻的仍然是恰当地解决牧工、牧主的关系，合理调整工资，提倡与推行合同制的苏鲁克。对于旧的苏鲁克，应该有区别地因地制宜地经过典型试验后，在两利的原则下，采用协商签订合同等办法逐步地加以改造（内蒙古自治区政协文史资料委员会，2005）。在牧业区的一切工作要以有利于恢复发展畜牧业生产、改善人民生活为出发点，规定了积极发展包括牧主经济在内的牧业经济的总方针，提出了"人畜两旺"的号召，制定实行了在牧业区"自由放牧，增畜保畜"，以及保存牧主经济"不斗、不分、不划阶级""牧工牧主两利"，即"三不两利"政策，坚决反对那种将农业区的一套工作方法搬到牧业区的错误做法。1953 年，乌拉特后旗开始推行内蒙古自治区党委和政府提出的"三不两利"政策，这个政策贯穿社会主义改造始终。通过牧区的社会主义改造，牧区的经济结构经历了重大的变革和改组，发生了深刻的变化。在彻底破除封建主义生产关系的同时，逐步建立起以国有牧场经济、个体牧民经济、牧主经济、互助合作经济为主要成分的多种经济成分并存的新型畜牧业经济结构。这种新的畜牧业经济结构解放了为封建制度所束缚的生产力，它不仅稳定了人心，也有力地促进了这一时期畜牧业经济的迅速恢复和发展。在对畜牧业经济的社会主义改造中，采取"依靠劳动牧民，团结一切可以团结的力量，在稳定发展生产的基础上，逐步实现对畜牧业的社会主义改革"的方针，确定了"政策稳、办法宽、时间长"的改造原则，取得了很好的制度绩效（盖志毅，2011）。

三、牧区合作化

牧区民主改革后，广大牧民的生产生活水平有了明显提高，但是以家庭为单位的个体畜牧业经济十分脆弱，普遍存在着生产资料、资金匮乏和劳动力不足的现象，牧区畜牧业生产特别是贫困牧民的畜牧业生产，存在着许多实际困难。按照中共中央《关于发展农业生产合作社的决议》精神，结合历史上广大牧民在生产上就有互助合作习惯的基础，1955 年内蒙古自治区党委通过了《关于发展农牧业生产互助合作的决议》，党在牧区开展了互助合作运动，发展了带有社会主义萌芽性质的互助合作组织。1956 年，在农业合作化高潮的影响和推动下，牧业生产合作社发展到 450 个，入社牧户仅占牧户总数的 19.17%。1957 年冬，牧区掀起合作化高潮，到 1958 年 7 月初，牧业生产合作社发展到 2083 个，入社牧户占牧户总数的 80%（林蔚然、郑广智，1990）。乌兰夫同志在 1957 年 10 月党的八届三中全会上总结说："办合作社的办法上，内蒙古过去曾用过六种，现在看来，以母畜社比例分红和牲畜评价或作价入社比例分红这两种方法，为群众所容易了解和接受，我们已经把它确定为最近几年内发展合作社的主要形式……我们认为，在一个较长的时期内，在合作社中有意识保留牧民对牲畜的所有权，对社会主义改造对发展生产都是有利的。"

1957 年，乌拉特后旗境内建立了初级牧业生产合作社，1958 年又成立人民公社。加入初级牧业生产合作的牧民除了自己保留部分牲畜和生产工具外，其余部分作股入社，交给合作社统一经营，社员按照合作社的分工安排参加集体劳动。加入合作社的社员还保留着对生产资料的所有权，收入分配也由集体统一分配，入社牧民为社员，除了按照劳动分工得到劳动报酬之外，还要分得入社牲畜的畜股报酬（达林太、郑易生，2010）。与此同时，乌拉特后旗还成立了巴音温都尔和宝音图两个公私合营牧场。

1958 年，自治区党委和政府根据民族特点、牧区经济特点和民主改革中的经验教训，提出了对牧主进行社会主义改造的"稳、宽、长"方针，即改造步骤要"稳"，改造政策要"宽"，改造时间要"长"。根据这一方针，在人民公社化过程中，没有触动牧主的私有财产，牧主的牲畜入社后仍按入股数量领取畜股报酬。纵观牧区合作社到牧区人民公社的变迁，虽然在一定程度上消灭了牧业经济中的剥削制度，避免了个体牧民的两极分化，但是实质上是对牧民原有财产权的剥夺过程，是牧民私有牲畜的公有化过程。历史上的逐水草而居的游牧生活，使牧区社区很难形成，社会主义改造时期的半游牧半定居，以及一系列互助合作政策使牧区形成了特殊的牧区社区（达林太、郑易生，2010）。1961 年，乌拉特后旗便形成了两个牧业社区，巴音温都尔合营牧场改名为莫林牧场，宝音图合营牧场改名为明星牧场。由于实施合作化与公社化，畜牧业生产要素得到初步的优化组合，实现了生产经营的规模化，牧区抵御自然灾害和自我发展能力得到显著增强，使牧区社会经济发生了一次历史性飞跃。

四、人民公社时期

1958 年 9 月，中共中央提出了《关于在农村建立人民公社问题的决议》。根据中共中央的决定，内蒙古牧区先后建立起牧区人民公社。三级所有、队为基础，是牧区人民公社的基本制度。牲畜全部作价归集体所有后，牧区实行公社、生产大队两级核算。牧区的草原要长期归公社、生产队或生产小队固定使用，任何人不得随意占用。建立人民公社初期刮起了"共产风"，强调"一大二公"，挫伤了畜牧业生产者的积极性，牲畜大量死亡或被宰杀，畜牧业生产受到严重损失（韩念勇，2018）。内蒙古党委在调查研究的基础上连续发布了关于牧区人民公社小队部分所有制、收益分配、推行"三包一奖"制和"以产计工"、计划管理、劳动管理、财务管理、畜群管理方面的八个文件，进一步阐述了相关政策和规范的管理制度。因为牧区生产的历史性和特殊性，牧区的人民公社还不是完全的集体所有制，是基本的生产队所有制和部分的公社所有制（中国科学院法学研究所人民公社研究小组，1960）。如当时内蒙古的牧区恢复了畜股报酬，一般牧业合作社规定每年付给社员牲畜入社作价款 2%~5% 的畜股报酬；牧区生产队一般规定自留畜占牲畜总数的 5%~7%，最多的不超过 10%；牧区规定分配社员的消费部分一般应占总收入（指分配的总收入，而不是总产值）的 65%，各种扣留比例占 35%，其中公积金合计比例占总收入的 5% 左右（杜润生，2002）。乌拉特后旗先后涌现了潮格温都尔、巴音宝力格、乌盖、那仁宝力格、巴音戈壁、乌力吉、宝音图、巴音前达门八个牧区人民公社，138 个生产大队，242 个生产队，七个公社合营牧场。广大社员的收入也显著增长，生活得到改善。牧区人民公社体制基本符合牧区当时的实际，因而较好地理顺了集体和社员之间的关系，促进了生产力的发展，到了1980年，乌拉特后旗的牲畜量为49.63万头。尤其是在土地利用方式方面，牧区人民公社的土地利用方式，与以前的盟旗制时草原共同利用时代相比，只是土地面积变小了，但还是保持着过去的土地利用形式。这种土地共同利用的好处，是在遭受雪灾时可以把家畜移到别的旗、公社去放牧（走场）（南丁漠宇，1989）。但是与农区的人民公社一样，牧区人民公社的"政社合一"体制和计划经济模式的弊端限制了牧区集体经济的自主经营权利，加之牧区社队的管理滞后和"三角债"的普遍存在，这些弊端都成为牧区人民公社解体的重要原因。值得注意的是，大集体时期，人们不满自然环境对畜牧业生产的限制，在"人定胜天"的思想指导下，通过"畜牧业现代化"，将"传统落后、靠天吃饭"的游牧畜牧业改造成"现代化的集约化畜牧业"，成为牧区的畜牧业发展方向。

五、畜草双承包

1981年，第五届全国人大五次会议上通过了新的《中华人民共和国宪法》，首次提出了以农村集体经济组织实行新的家庭承包经营为基础，统分结合的双层经营体制。受此影响，牧区也重新肯定了新"苏鲁克""三定一奖""两定一奖""队有户养"以及"专业承包，以产计酬"等几种牧业生产责任制，并在实施中逐步完善。1982年3月7日，内蒙古自治区人民政府决定，将现有的草牧场的所有权固定到国有农牧场、人民公社的基本核算单位，并将使用权按照各地不同的牧业生产责任形式，分别固定到作业组、畜群、专业养殖户，长期不变。其内涵便是实行将原来属于人民公社集体（牧业大队）经营的牲畜和草场分别承包到户经营的责任制形式。其中，牲畜承包既可以通过个人承包，也可以通过小组承包。草场承包分为基本的草场承包和放牧场承包两种方式。至此，牧区的生产责任制发生了根本的变化。1985年8月内蒙古党委、内蒙古自治区人民政府召开第十四次牧区工作会议，讨论了《关于加速发展畜牧业若干问题的决定（草案）》，根据会议统计，全区95%的集体牲畜都作价归了户，66.7万平方公里可利用草原有近40万平方公里承包到户（内蒙古自治区畜牧厅修志编史委员会，2000 年）。

1983 年，乌拉特后旗就开始推行以畜草双承包为主的牧区经济体制改革试点工作。1983 年 3 月，根据自治区《草原管理条例（试行）》试点工作经验交流会议的布置和巴盟行政公署〔1983〕23 号传真电报精神，旗委、旗政府决定选择潮格温都尔苏木进行草牧场承包责任制的试点工作。试点工作从 4 月 10 日开始到 5 月 15 日结束。牧区实行"两定一奖"畜群联产承包到户责任制。"两定一奖"即定成畜保育率、崽畜成活率，完成两定指标则受奖，这就使牲畜经营成果打破了人民公社的"大锅饭"模式，与牧民的物质利益紧密结合起来，充分调动了牧民经营饲养牲畜的积极性，促进了畜牧业的发展。试点工作完成后，旗政府又根据巴盟旗县书记会议精神和巴盟农牧渔业处《关于牲畜作价出售责任制方案》的意见，选择巴音温都尔苏木进行"牲畜作价归户"责任制和经营管理体制改革的试点工作。这次试点工作遵循的原则是：在大包干责任制的基础上，按照原畜群不变、原畜群结构不变、原承包不变的原则，将牲畜作价，归牧户经营，经营费用自理，所得收入归己，集体开支提留，执行计划兼顾"三利"（国家、集体、牧户三利）。试点结束后，全旗就按点的做法全面推开了"畜草双承包"工作。1984 年，乌拉特后旗根据上级指示，将政社合一的人民公社和国有牧场体制全部改为苏木、镇行政体制。体制变更后，苏木、镇成为最低一级基层政权单位，村（嘎查）成为村（嘎查）民自治单位和集体生产单位。1988 年 4 月，乌拉特后旗在潮格温都尔苏木进行了牧区第二步改革试点工作。这次试点的主要内容是推行"牲畜作价抵押承包责任制"，即将原来的牲畜作价归户地作价款，由牧户将作价款交集体作为经营牲畜的抵押金，抵押金仍归牧户所有；原作价归牧户的牲畜明确为集体所有，牧户经营。集体对牧户实行"三定一保"管理制度，即"定上交任务，定出栏率，定母畜比例，保原承包基数"。如牧户不经集体同意擅自处理牲畜，保不住承包基数，则用抵押金按现行价抵补。这样做，既保住了集体经济，也保住了基本生产资料。

畜草双承包责任制这一政策的实施给草原畜牧业带来很大变化，这一制度的广泛推行，第一次把社会主义制度的优越性同家庭经营的优越性结合起来，基本上实现了责权利和人畜草的统一，较好地解决了生产者的生产自主权与经营自主权的统一和草牧场所有权与经营权的分离两大问题，使生产关系进一步适应现阶段牧区生产力的发展水平。就牧区经济社会史的发展而言，牧民家庭没有像农民家庭形成小农经济那样形成小牧经济，农村社会的封建地主制仍允许农民占有少量土地，雇农和佃农不是普遍的；而牧区社会的封建牧主制一般不允许牧民占有草场，只许私有少量牲畜。所以，新中国"一大二公"的公有制经济使农民家庭经济解体了，而对牧民家庭则没有那么严重的影响。在这个意义上可以说，家庭联产承包责任制是以新的形式对农民家庭经济的恢复，对牧民家庭则意味着家庭经济的真正诞生。这样，从盟旗制度开始，经历了公社制度，最后到家庭承包制度，牧民家庭所辖区域一步一步地明确和固定下来，即从游牧转变为定居，一家一户的小牧经济终于形成。畜草双承包制空前地增加和强化了牧民家庭功能，浩特和嘎查的功能程度不同地被削减，苏木的功能则转化为主要为家庭和嘎查的管理服务（那顺巴依尔，2011）。

另外，牧区的生产经营方式逐步多样化，收入来源结构也发生了明显变化，家庭经营逐步取代了集体统一经营。有数据显示，内蒙古牧区"六五"时期牧民家庭经营收入比重平均占到 60.5%，集体统一经营收入占 38.3%，其他经营收入占 1.3%，"七五"时期家庭经营的比重猛增到 99.3%，集体经济的实力几乎消失殆尽（特力更等，2000）。在"畜草双承包责任制"的体制下，牧民始终是国家政策的承受者，政府始终将牧民置于被监管的位置。地方政府在执行上级政府的政策时，并未结合地方的实际情况，而是生硬地服从，从而导致制度的实际效用下降，而且还导致当地牧民和一些地方政府的冲突（韩念勇，2008）。对牧区实施以"草畜双承包责任制"为核心的改革政策，虽然在冲破计划体制的束缚和调动牧民生产积极性等方面发挥了积极作用，并且带来一时的经济增长，却肢解了几千年形成的草原畜牧业生产体系，在游牧社会历史上，第一次将生产单位由分工协作、相依为命的集体分解为一家一户，彻底破坏了作为牧民生产生活基本保障的、并且相互依存的马、牛、驼、绵羊、山羊五畜放牧生产有机整体，消除了充分合理利用并且有效保护不同类型、不同功能草场的一切可能，增加了分散居住的牧民的生产生活困难和经营成本，使草原畜牧业完全丧失规模经济和自我发展能力，为草场退化前提下经营自然经济的牧民子女成家立业后必然沦为贫困户埋下了隐患。此外，定居程度的提高必然引起储备方式的转变，生产性消费和日常消费日趋活跃，刺激了现金需求。牧畜出售等牧畜交易模式由传统应急交换或售卖方式向春季接羔秋季出售的现金交易模式转变。与外界消费市场的频繁接触也使牧民生活逐步走向市场经济的大潮，外部社会炫耀性消费（Conspicuous Consumption）的示范效应迅速显现，牧业社区逐步转变为现代消费社会的正式成员（阿拉坦宝力格，2014）。

六、"双权一制"

1996 年，内蒙古自治区人民政府发出了《进一步完善落实草原"双权一制"》的规定。"双权一制"是指草牧场的所有权、使用权和承包责任制，把草牧场使用权彻底承包到户。2004 年，内蒙古自治区第十届人民代表大会常务委员会通过了《内蒙古自治区草原管理条例》，这一条例为草原家庭承包进程提供了法律依据，条例明确规定草原家庭承包是党在牧区的一项基本政策，通过草原家庭承包明确草原建设和保护的责、权、利。2011 年，国务院发布了《国务院关于促进牧区又快又好发展的若干意见》，意见强调"要稳定和完善草原承包经营制度，按照权属明确、管理规范、承包到户的要求，积极稳妥地推进草原确权和承包工作……保持草原承包关系稳定并长久不变"。这是继 1983 年"草畜双承包"牧区经济体制改革以后的又一次重大改革，其具体目标有三个：一是要进一步稳定和完善草原承包关系，使广大农牧民群众自觉地贯彻执行党在农村牧区工作的各项方针政策；二是要把与草原这一牧民群众发展畜牧业的基本生产资料相关的法律、法规，以最直接的方式教给广大农牧民，使广大农牧民群众依法保护自身的合法权益，同时也要依法保护、建设和合理利用草牧场资源；三是把草牧场依法划分给牧户，依法将草牧场承包经营权交给牧户，以法律和经济手段，充分调动农牧民对草原的保护、建设和可持续利用的积极性。

乌拉特后旗为了贯彻上述规定，进一步把乌拉特后旗的草原"双权一制"工作按区盟会议要求全面落实到户，实现全旗草牧场的规范化、法制化管理，真正把草牧场建设、保护、利用的责、权、利交给经营主体，尽快形成"草原有主、放牧有界、使用有偿、建设有责"的经营管理体制，全旗成立了以分管旗长为组长的专门机构，制订了周密、具体的实施方案。1997 年 6 月，在乌拉特后旗的牧区开始实施此项改革。全旗原有的 12 个苏木镇和 48 个牧业嘎查都参与了此次草牧场承包，共落实承包面积 16862.2 平方公里，落实承包户 3262 户 11431 人，承包到户 99.5%。其中承包草场面积 8000 亩以上的 886 户，占承包草场总户数的 27%，5000~7000 亩的 951 户，占承包草场总户数的 29%，3000~4000 亩的 1004 户，占承包草场总户数的 31%，3000 亩以下的 421 户，占承包草场总户数的 13%。

"双权一制"的落实给乌拉特后旗牧区带来三大变化。一是乌拉特后旗的畜牧业体制改革和草原管理体制改革取得了突破性进展。草牧场的建设、管理、使用和保护走上了规范化和法制化轨道，为草畜平衡、增草增畜、限制草场超载、推动优质高效畜牧业的可持续发展提供了可靠的基础保证。把草原的建设、保护、使用的责、权、利交给了作为经营主体的牧民，切实建立起"草原有主、放牧有界、建设有责"的草原管理新机制。二是畜牧业生产得到了长足的发展。严格按照"以草定畜"的原则，"双权一制"全面落实到草片和牧户，彻底解决了吃草牧场"大锅饭"的问题。牧民家庭既是经营单位，又是生产单位，既是生产资料中草牧场的占有者和牲畜的所有者，又是生产经营者，形成独立完整的经济实体，牧民的生产积极性空前高涨。1997 年以后，全年牲畜头数一直保持在 60 万头，1999 年达到了 655369 头（只），比 1988 年增长 1 倍多。三是草场破碎化造成牲畜承载能力逐年下降，导致草原生态系统对人口和饲养牲畜压力的反应更加灵敏。有学者认为，20

世纪 80 年代以来在牧区实行的"双权一制"政策也是导致草原退化、生态环境恶化的原因之一。内蒙古草原实行的所有制形式不符合草原畜牧业的发展和草原生态环境建设的需要（王来喜，2008）。规模迅速膨胀的畜牧业带给牧民只是短暂的喜悦，为了饲养超出草场承载能力的牲畜，牧民只能在有限的草场上反复放牧，使得草原"千里赤地"，一片凋零，严重制约了当地畜牧业的可持续发展。

七、草原生态保护政策

随着全球变暖趋势的加剧以及草原过牧现象的突出，内蒙古草原生态整体呈恶化趋势，为了保障国家生态安全，促进畜牧业可持续发展，国家先后在内蒙古草原实施了草畜平衡、生态移民、退牧还草等草原生态保护政策。《全国生态环境保护纲要》提出"发展牧业要坚持以草定畜，核定载畜量，防止超载过牧。严重超载过牧的，限期压减牲畜头数。采取保护和利用相结合的方针，严格执行草场禁牧期、禁牧区和轮牧制度，积极开发秸秆饲料，逐步推行舍饲圈养办法，加快退化草场的恢复。"2001 年国家出台了《全国草原生态保护建设规划》，提出实施八大草原生态保护建设工程。2002 年，国务院出台了《关于加强草原保护与建设的若干意见》，提出"要建立和完善草原保护制度，实行草畜平衡制度；推行划区轮牧、休牧和禁牧制度，实施已垦草原退耕还草，转变草原畜牧业经营方式"等措施。根据《中华人民共和国草原法》等有关法律、法规，结合自治区实际，2000 年内蒙古自治区人民政府第五次常务会议通过了《内蒙古自治区草畜平衡暂行规定》。规定指出，"草畜平衡，是指为保持草原生态系统良性循环，在一定区域和时间内通过草原和其他途径提供的饲草饲料量，与饲养牲畜所需的饲草饲料量保持动态平衡"，"草原所有者或者草原使用权单位必须与草原承包经营者签订草畜平衡责任书。牲畜饲养量超过适宜载畜量的，草原承包经营者必须采取以下措施：种植和贮备饲草饲料，增加饲草饲料供应量；采取舍饲，进行阶段性休牧或者划区轮休轮牧；优化畜群结构，提高出栏率"。根据测算，乌拉特后旗可利用草场面积 3148 万亩，平均亩产干草 24.85 公斤；平均 50.7 亩可养一羊。从 2011 年起，国家在内蒙古、新疆、西藏、青海、四川、甘肃、宁夏和云南八个主要草原牧区省区和新疆生产建设兵团，全面建立草原生态保护补助奖励机制。草原生态奖补机制的任务包括禁牧补贴、草畜平衡补贴、牧户生产资料补贴、管护员补贴、牧草良种补贴五项内容。内蒙古自治区政府采用"标准亩"的办法确定了补贴标准，同时，国家给予相应的牧草良种补贴，增加饲草料供给。

2002 年，国务院出台的《关于加强草原保护与建设的若干意见》提出"为恢复草原植被，在生态脆弱区和草原退化的严重地区要围封禁牧"。乌拉特后旗是内蒙古自治区第一批退牧还草工程建设试点旗县。退牧还草工程是按照"由西往东、由北向南、集中联片、整体推进"的思路展开的。参与退牧还草项目的牧户获得不同形式的生态补偿，主要有禁牧补贴（4.95 元/亩），圈舍（暖棚）以及青贮窖补贴等；而且依托退牧还草工程，地方政府在项目区组织开展了围栏封育、草地补播改良、禁牧休牧制度。截至 2015 年年底，乌拉特后旗落实禁牧草原 2202.85 万亩，草畜平衡区 1145.05 万亩，牧草良种补贴面积共达到 72.6 万亩，共计发放草原生态保护补助奖励机制资金 4.64 亿元。

2001 年，结合国家京津风沙源治理项目中的生态移民配套措施，内蒙古出台了《实施生态移民和异地扶贫移民试点工程的意见》（以下简称《意见》），以政策引导、群众自愿的原则，在全区范围内对荒漠化、草原退化和水土流失严重的生态环境脆弱地区开始实施较大规模的生态移民工程。《意见》提出从 2002 年开始，在 6 年内投资上亿元实施生态移民 65 万人。乌拉特后旗从 2002 年开始实施一系列政策并提出"建设山前一条线，保护山后一大片"的生态战略布局，以"禁得下、稳得住、不反弹、能致富"为宗旨，按照"两转双赢""围封转移"的要求，本着政府引导、群众自愿、因地制宜、分类指导、分步实施的方针，坚持迁得出、稳得住原则，采取生态移民、异地搬迁、就业培训等措施开展迁移牧区人口工作。其主导原则以生态移民

转移为主、以工矿征地为辅，以旗县内转移为主、旗县外转移为辅等。乌拉
特后旗牧区生态移民状况见表 2.3。

表 2.3　乌拉特后旗牧区生态移民状况

年度	生态移民主要举措
1998—2005	退牧还草和生态移民工程共退出草牧场 757 万亩，转移牧民 1407 户 5375人。投入抗灾保畜经费 5000 多万元，建设标准化棚圈、兴建集雨水窖、配套草库伦、投放饲草料、购置饲草料加工机具、实施供水节水工程，进一步改善了牧区生产条件
2006—2010	实现禁牧 100 万亩，休牧 30 万亩，补播 30 万亩。转移牧民 2302 户 8245人，基本实现了边境一线 50 公里禁牧
2011	禁牧 150 万亩，草场补播 20 万亩，转移牧民 234 户 835 人
2012	全面落实草原生态奖补和公益林生态效益补偿政策
2013	发放草原生态补助奖励基金 1.26 亿元，惠及牧民 1.3 万人，3300 万亩草牧场得到休养生息

资料来源：根据乌拉特后旗政府工作报告（1998—2013）整理。

　　截至 2018 年年底，全旗 3700 余户牧民中，2700 余户草场实施了禁牧，
1000 余户参加了草畜平衡项目。在安置转移牧民过程中，乌拉特后旗提出了
"老有所养、壮有所务、少有所学、住有所居、困有所济"的目标，让转移牧
民享受到了实实在在的好处。一是实行草牧场的延续补贴；二是实行饲草料
的开发补贴，对无饲草料地的牧户，给予饲草地租用补贴，为舍饲圈养提供
饲料保障；三是实行棚圈建设补贴，对建设棚圈的退牧转移牧民每户补贴
5000 元。

　　这些政策的实施在一定程度上改善了草原生态环境。根据 2014 年乌拉特
后旗对退牧还草项目工程区、草原奖补禁牧区和草畜平衡区内植被监测情况，
项目区内草本植被的平均盖度为 29%，比项目区外高 8%；平均高度为 14 厘
米，比项目区外高 7 厘米；牧草干重为 49 公斤/亩，比项目区外高 37 公斤/

亩；灌木草场平均高度为20%，比项目区外高3%；平均高度为43厘米，比项目区外高1厘米；牧草总干重为29公斤/亩，比项目区外高15公斤/亩。禁牧草场的草群盖度由原来的9.4%提高到15.2%，提高了5.8个百分点；植被高度由平均10.2厘米提高到13.8厘米，提高35%；牧草产量达到9.4公斤/亩，比非项目区提高3.67公斤/亩。有研究表明，退化草地实施围栏封育后，土壤种子库密度、植株高度、植被盖度、密度和产草量均逐年增加，在围封5年时达到最高，但随着围封年限的继续延长却逐渐降低，这说明天然草原不能长久封育，需适当利用（Delgado C，et al.，1999）。在牲畜数量方面，随着2002年退牧还草工程的开始实施，大牲畜存栏数从2001年的14941只锐减到5334只，这和退牧还草工程的禁牧、休牧有着紧密的关系。从2002年开始，虽然大牲畜的存栏总量均没有达到2002年以前的规模，但是却呈逐年上升的趋势，这表明退牧还草工程的实施促进了乌拉特后旗草原载畜能力的提高。草原生态政策也对牧民的生产生活造成了巨大的影响。首先是牧民对草原生态补偿的资金的依赖。乌拉特后旗74%的牧户可以获得禁牧补贴，仅禁牧补助一项就能平均给每户牧户家庭增加3.85万元年收入，加上各种生产资料补贴，牧民获得的草原生态补偿已经成为家庭主要收入来源。其次是牧民生产成本的增加，牧户购买用来冬春喂养牲畜的草料数量越来越大，冬季靠外购草料的半舍饲方式在草原牧区成为普遍现象，牧民购置草料费用激增。

　　透过乌拉特后旗牧业发展制度的过程与变革，我们可以看到国家将草原纳入现代化发展和治理的种种尝试和努力。总体而言，草原畜牧业经济类型在内蒙古发生了重大变迁。其主要标志就是已经实现和正在实现的三个历史性过渡，即已经实现了从游牧畜牧业向定居畜牧业的过渡、从自给自足的自然经济向商品经济的过渡，正在实现由靠天养畜向建设养畜的过渡（王俊敏，2006）。传统的草原畜牧业经营方式和牧民的经营观念发生了巨大的变化，曾经一度使草原牧区经济呈现出繁荣的景象，牧民的货币收入也有所增长。然而，草原管理制度的变革给草原畜牧业经济和牧民生活带来的不仅仅是这些，越来越显现出诸多负面影响，这些制度已对牧民生计造成了结构性的影响。有学者认为，内蒙古自治区草原产权的流转制度和管理制度设计尚存在一些缺陷，并且这些缺陷已成为草原退化、沙化的一个重要原因（包玉山，2003）。敖仁其也认为（2004），从历史上看，草原所有权和使用权制度的不完善，是导致草牧场使用过度，草原沙化、退化的重要原因之一。此外，一些政策忽视了在生计过程中对牧民自身幸福指数的关注。许多经验表明，能否让牧民主动而不是被动地参与社会发展进程，能否在这个过程中尊重牧民的自主性、自愿性、多样性、创造性，关系到政策及其项目的实际效果。

第三节　工矿业的发展及利益分配逻辑

一、矿业兴旗：从自治区贫困旗到国家西部百强县

牧业是乌拉特后旗的传统产业。在 1987 年的全国牧区工作会议上，乌拉特后旗被列为内蒙古自治区的 33 个牧业旗县之一。牧民牧养着山羊、绵羊、骆驼、牛、马、驴、骡等家畜。二狼山白绒山羊和戈壁红驼是乌拉特后旗的主要畜种，所产的二狼山白绒和戈壁驼绒，以其质量上乘而驰名中外。这里还有被命名为"中国白驼"的白色双峰驼，是世界稀有畜种。在建旗初始，全旗经济基础极为薄弱，农牧业经济是支柱产业。由于降水量少，十年九旱，灾害频繁，畜牧业发展很不稳定，长期难以跳出"大灾大减产，小灾小减产，风调雨顺增点产"的怪圈。由于旱灾年份多，牧民只能从山前购买饲草饲料，牲畜饲养成本高，牧民收入微薄，致富困难。在产业结构上，以第一产业为主的局面一直没有改变，大部分苏木镇产业结构单一，除畜牧业外，一般只有少量的、规模较小、科技含量很低的工商企业，地方财政收支矛盾突出，自我发展能力很弱。在 2001 年之前，由于经济基础薄弱，资源优势没有转化

为经济优势，乌拉特后旗财政面临的困难十分突出，长时间忝列自治区贫困旗县。乌拉特后旗在 2000 年地区生产总值只有 0.29 亿元，人均 GDP 仅为 864 元，财政税收仅占巴彦淖尔盟的 1/25。

2001 年，中国共产党内蒙古自治区第七次党代会明确提出"加快工业化发展进程"，把工业化发展作为全区经济建设的首要任务。自治区党委、政府于 2002 年年底出台了《关于加快工业经济发展推进工业化进程的意见》，明确指出，"要充分发挥资源、区位、政策、地广人稀和后发优势，借鉴沿海地区率先起步的经验，选择以工业为突破口、重点项目为突破口，优势地区为突破口"，从而全面拉开了内蒙古自治区工业化发展的序幕。这一发展战略的核心便是以内蒙古地区相对丰裕的自然资源要素和广袤的市场，换取稀缺的资金与技术要素。也就是要立足于自身的资源优势，以市场为导向，依靠科技，滚动开发，把资源优势转化为商品优势，推进内蒙古地区的全面发展。自 2000 年到 2009 年，中国经济保持了年均 10.5% 的增长速度，其中第二产业对国民生产总值的贡献率为 46.5%。内蒙古则在这九年里创下了年均 22.8% 的高增长率，其中第二产业对当地国民生产总值的贡献率为 59.3%。与工矿业开发政策开始成形的"八五"期末相比，内蒙古自治区全区生产总值则从 820 亿元增加到 9725.8 亿元，财政收入已经增长至当初的 18 倍之多。

一些牧业旗县依托广袤的矿产和能源资源优势，把开发矿产资源不约而同当成牧区发展工业的首选产业（茶娜，2007）。2002 年，中共乌拉特后旗七届二次全委（扩大）会议上《自加压力艰苦创业为乌拉特后旗的迅速崛起而努力奋斗》的报告中第一次比较系统地分析了乌拉特后旗的优势与劣势以及面临的发展机遇与挑战，认为该旗在经济发展中具有政策优势、区位优势、资源优势和基础设施优势等四大优势，并提出了"改善生态、发展矿业、农牧结合、突出特色"的指导方针，把主要精力全部集中到工业经济上来。新的经济发展战略第一次将当地的发展重点由畜牧业转移到工业上来，同时提出了"山前集中，山后收缩"的集中式发展战略。到 2003 年，全旗已基本形成矿山工业、建材工业、农畜产品加工业三大系列。全旗工业企业达到 42

户，利税超过百万元的企业达 11 户，规模以上企业 14 户，全年度全旗工业总产值达到了 40305.8 万元。

2005 年新一届旗委、政府提出："在区域布局上继续坚持山前集中，山后收缩；在主攻方向上全力抓工业，重点抓矿业，在潜能挖掘上发展循环经济，突出精深加工。通过改革创新和物质积累，初步形成以增加旗域综合实力为主要任务，以提高人民群众生活水平为根本目标，以扩大社会保障为基础，以完善公共服务为保障的制度体系，努力建设一个繁荣昌盛、富裕文明、和谐稳定的新乌拉特后旗。"会议还提出了当地工矿业发展的具体路径，即"以建设中国'西部强旗'为目标，以深化改革，扩大开放为动力，充分发挥比较优势，着力构筑冶金加工、能源、化工、建材四大支柱产业基地。重点打造有色金属、钢铁、电力能源、化工、建材和非金属六大产业集群，形成门类齐全、优势互补的工业体系，不断提升后旗工业化发展水平"。就此，乌拉特后旗以"矿业立旗"经济社会发展战略正式形成。

从 2003 年发展至今，乌拉特后旗的工业经济由单纯的采选业发展到现在以采选、冶炼、化工、风电、光伏产业为支柱的初具规模的现代工业体系，工业经济呈现出多元化发展、多极支撑的良好态势。截至 2018 年，乌拉特后旗已形成了矿山采选 1552 万吨/年、冶炼 50 万吨/年、硫酸 130 万吨/年、砂石料 160 万立方米/年、花岗岩板材 200 万立方米/年、炸药 2.3 万吨/年的生产能力。其中，有色金属采选能力 1312 万吨/年，占全巴彦淖尔市的 74%；冶炼能力 38 万吨/年，占全市的 72%；风电装机容量达到 85 万千瓦，占全市的 35%；光伏并网 28 万千瓦，占全市的 28%。2018 年，全旗有色金属矿采选、冶炼业产值占规模以上工业总产值的比重分别为 30.7%、57.2%。乌拉特后旗主要工业企业简况见表 2.4。

表 2.4 乌拉特后旗主要工业企业简况

企业名称	主要产品	生产能力
巴彦淖尔紫金有色金属有限公司	锌锭 硫酸	20 万吨 40 万吨
巴彦淖尔飞尚铜业有限公司	粗铜 硫酸	1.75 万吨 10 万吨
内蒙古双利矿业有限公司	铁精粉	71.3 万吨
内蒙古齐华矿业有限责任公司	硫精砂 硫酸 复合肥 烧渣	23.7 万吨 26.7 万吨 12.1 万吨 15 万吨
乌拉特后旗紫金矿业有限责任公司	硫精砂 锌精粉 铅精粉	14.6 万吨 2 万吨 0.68 万吨
内蒙古东升庙矿业有限责任公司	硫精砂 锌精粉 铅精粉	11.7 万吨 3.9 万吨 0.2 万吨
万城商务东升庙有限责任公司	硫精砂 锌精粉 铅精粉	10.4 万吨 4.5 万吨 0.7 万吨
巴彦淖尔盛安化工有限责任公司	铵油炸药 乳化炸药	1.94 万吨 1.24 万吨
巴彦淖尔团羊水泥有限公司	水泥 熟料	26.2 万吨 32.6 万吨
乌拉特后旗祺祥建筑材料有限公司	水泥 熟料	13.5 万吨 13.9 万吨

　　伴随着工业的迅速崛起，以 2006 年为拐点，乌拉特后旗经济走向高速发展之路。2006 年第二产业产值达到 208300 万元，比上年增长 171%。同年

GDP 增长 50%。截至 2018 年，全旗地区生产总值完成 67.8 亿元，年均递增 12.6%，是 1978 年的 236 倍，人均 GDP 达到 101573 元，年均递增 12.7%，是 1978 年的 118 倍，人均 GDP 在内蒙古自治区全部 103 个旗县区中排 32 位。随着经济总量的增长，全旗经济实力显著增强（图 2.1 和图 2.2）。1978 年全旗财政总收入只有 668 万元，1984 年突破 1000 万元，2004 年突破 1 亿元，跃升为全国县域经济快速提升百强旗县。2007 年突破 10 亿元。2018 年全旗财政总收入完成 18.78 亿元，其中一般公共预算收入完成 8.6 亿元，分别是 1978 年的 281 倍和 439 倍，年均分别递增 15.1%和 16.4%。人均一般公共预算收入达到 14736 元，农牧区常住居民可支配收入为 15154 元，分别在内蒙古百家旗县中排第 9 位和第 49 位。从 2007 年开始，连续三年跻身于"全国西部县域经济基本竞争力百强县"行列，分别列第 99、80、63 位。2012 年跨入中国新能源产业百强旗和中国西部最具投资潜力百强旗县行列。乌拉特后旗的经济崛起突出地体现了民族地区发展的"传统型追赶战略"的特征，即这一战略的理论基础是以国外发展经济学工业化理论为基础模型，通过矿产资源的大量开发来支撑经济快速增长以实现工业化的道路（温军，2004）。但是这种以单纯追求"GDP"增长，追求以"物"为中心，实行"增长优先"的发展战略导致乌拉特后旗长期以注重对自然资源特别是矿产资源的开发为主，形成了以资源开发为路径依赖的发展模式，明显呈现出"一产弱，二产强，三产滞后"的病态产业结构。2018 年乌拉特后旗三产结构比为 6.4∶71.9∶21.7，三产发展水平与内蒙古自治区和全国平均水平相比有很大差距①。这种畸形的产业结构有以下特点。一是初级化特征突出，产品附加值低。由于资源的开采与初加工产业具有原料丰富、进入壁垒低、短期投资利益高等特点，产品成本低、收益快、附加值低，不具备较强的市场竞争优势。二是产业自循环程度低，可持续发展能力下降。资源开发型产业以初级加工品为主要最终产品，以消耗资源、污染环境和破坏生态为代价，走附加值低、利润流失

① 2018 年内蒙古自治区三产比为 6.7∶37.2∶56.1，全国为 4.4∶38.9∶56.5。

的"资源—产品—废弃物"的线性发展模式，不仅自身发展缺少可持续性，还造成环境污染等问题。鉴于此，近几年来，当地政府也把优化产业结构、促进第三产业发展等作为今后乌拉特后旗发展的方向。

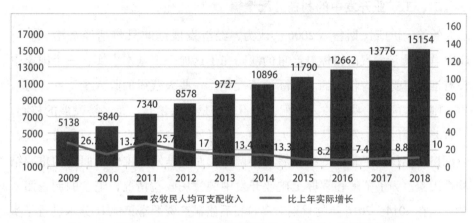

图 2.1　2009—2018 年乌拉特后旗农牧民人均纯收入及其增长速度

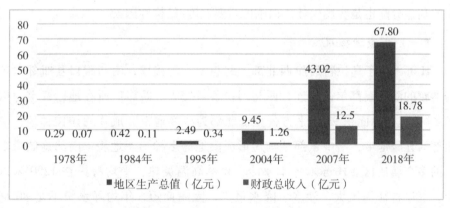

图 2.2　新中国成立以来乌拉特后旗部分年份地区生产总值、财政收入变化示意图

乌拉特后旗地方经济的增长也在一定程度上增强了当地居民的"获得感"。1978 年，全旗城乡居民收入分别为 236 元和 118.4 元；2018 年全旗城乡居民人均可支配收入分别达到 31129 元和 15154 元，是 1978 年的 132 倍和

128 倍，年均增长 13% 和 12.9%。平均每百户拥有家用汽车 35.28 辆，电冰箱 90.79 台，彩色电视 101.21 台，电脑 15.87 台，手机 233.05 部。

二、工矿业开发中的利益分配逻辑

约翰·伊斯比斯特（2006）认为，经济发展远非只包括经济增长。以 GDP 作为测量发展的指标最严重的缺陷在于这样一个基本事实：一个国家中没有谁是享受平均收入的。实际的情况是，一些人获得的收入少一些，另一些人则获得的多一些。收入分配，而不仅仅是收入增长，是经济发展的核心，其首要的原因在于发展是关乎人民的。从可持续生计的自身逻辑出发，利益分配格局不仅决定着可持续发展的协调性，而且是发展主体所面临的重要结构性因素。为了了解和掌握工矿业开发中的牧民收益情况，笔者的调查团队调查组在 2014—2016 年的暑期对乌拉特后旗矿产资源富集地 H 苏木进行了实地调查并收集了关于工矿业开发现状及牧民生计的第一手资料。本研究认为，在工矿业开发背景下，除了牧业生计本身的制度性框架外，现行工矿业开发中的利益分配也是牧民生计所面临的重要制度/结构性因素。

（一）调查地概况

H 苏木位于乌拉特后旗西北部，北与蒙古国接壤，南与磴口县毗邻，东与本旗的潮格温都尔镇相连，西与阿拉善盟交界。距旗府所在地巴音宝力格镇 85 公里，总面积 9323 平方公里，北部为沙漠地带和成片的梭梭林地，中南部为丘陵地带，沿中东部沙窝边形成湿地等多种形态地貌，南部是储量丰富的多金属矿区。H 苏木冬季寒冷，夏季高温炎热，平均海拔在 1200 米以上，气候特征为风大、沙多、降水量少、无霜期短，年均降水量不足 80 毫米，是典型的荒漠草原。

H 苏木是一个以蒙古族为主体的边境少数民族牧业苏木。截至 2017 年年底，总人口为 6468 人，牧业人口有 769 户 2873 人（其中从事畜牧业 194 户 834 人；实施禁牧 486 户 1699 人；插花移民 69 户 241 人；企业及其他永久性移民 20 户 99 人）。

H 苏木境内的铜矿为国内资源储量第六大铜矿，2003 年起由某铜矿公司进行开采。该公司已从单一的铜矿石露天采矿发展到井下开采，深度达 550 米，铜、铅、锌、铁四种资源共同开发，是采选能力达 300 万吨/年的大型采选联合企业。累计上税 14.8 亿元，年均上缴税费 3 亿元。现有员工 300 余人，年产铜矿石 200 万吨。该公司营业收入及利润情况（2007—2015 年）见表 2.5。

表 2.5　铜矿公司营业收入及利润情况（2007—2015 年）

年份	营业总收入（万元）	利润（万元）
2007	104 560	41 404
2008	103 375	32 768
2009 * ①	——	——
2010	105 526	44 489
2011	115 244	42 849
2012	108 522	31 931
2013	95 042	22 805
合计	632 269	216 246

（二）矿产开发利益分配框架

我国宪法、矿产资源法明确规定，矿产资源属于国家所有。国家对矿产资源享有占有权、使用权、收益权、处分权，地方政府对矿产资源的控制权极小。对于内蒙古自治区矿产开发企业来说，在开采牧区矿产资源过程中形成的价值，需要在中央政府、自治区政府、地方政府、当地苏木、企业主（股东）和员工之间进行分配（世界银行，2009）。现行矿产资源开发利益分配机制，已经形成了三个层面的政策框架。

1. 国家和企业通过税收对利益进行分配

国家主要对矿产开发企业通过资源税、增值税等工具进行征收。在 1994

---

① 注：2009 年因铜矿停产进行安全改造，故该年度没有营业额和利润。

年正式实施的《中华人民共和国资源税暂行条例》（国务院令〔1993〕第 139 号）中，提出了对金属矿产以及非金属矿产征收资源税的同时，将资源税纳入国家财产性收益，使其成为资源有偿使用制度的重要组成部分。核心要点是按从量、普遍原则征收。增值税和企业所得税由中央政府和当地政府分别按 3∶1 和 3∶2 的比例分成。营业税则按照企业的隶属关系来征收，中央企业和地方企业各自的营业税分别向中央和地方政府缴纳。资源税则完全纳入地方财政。除此之外，为了调节矿产资源开发利益分配关系，国家还对输出矿产资源的民族自治地区给予一定的政策补偿。《中华人民共和国民族区域自治法》和《国务院实施〈中华人民共和国民族区域自治法〉若干规定》等法律法规从多方面明确了民族地区矿产资源开发收益的渠道（表 2.6）。

表 2.6　《中华人民共和国民族区域自治法》及其若干规定中有关利益分享和补偿渠道

利益分享渠道	具体条款内容
少数民族群众就业	在少数民族地区的企业应招收少数民族群众
资源就地加工	优先在民族自治地方安排资源开发和深加工项目
带动相关产业	在民族自治地方开采石油、天然气等资源的，要在带动当地经济发展、发展相应的服务产业以及促进就业等方面，对当地给予支持
税费政策优惠	对属于地方财政收入的某些需要从税收上加以照顾和鼓励的，可以实行减税或者免税；国家征收的矿产资源补偿费在安排使用时，加大对民族自治地方的投入，并优先考虑原产地的民族自治地方
利益补偿	国家要采取措施，对输出自然资源的民族自治地方给予一定的利益补偿
环境保护	任何组织和个人在民族自治地方开发资源、进行建设的同时进行环境保护，要采取有效措施，保护和改善当地的生活环境和生态环境，防治污染和其他公害

资料来源：《中华人民共和国民族区域自治法》和《国务院实施〈中华人民共和国民族区域自治法〉若干规定》。

2. 地方各级政府通过政府性收费进行利益分配

这些行政性费用主要包括矿产资源补偿费、土地出让金等。矿产资源补偿费按照矿产品销售收入的一定比例计征，征收的矿产资源补偿费应当及时全额就地上缴中央金库。年终按照规定的中央与省、自治区、直辖市的分成比例，单独结算。中央与省、直辖市矿产资源补偿费的分成比例为5：5，中央与自治区矿产资源补偿费的分成比例为4：6。按照国土资源部门相关规定，企业为开采矿产资源、成立新企业时所需要征用的土地，必须首先取得国有土地的用地指标，在此基础上，通过招投标办法，取得土地使用权，并根据土地性质（国有、集体、农地），分别向当地国土部门、财政部门上缴土地出让金、城市建设配套资金、青苗补偿费等非税收入。这部分收入主要作为地方本级的收入。

3. 企业内部、企业和社会对取得利益进行分配

这一层面主要体现在企业内部核算层面，企业对内部的利益分配和以捐赠等名义履行社会责任都进行了相关规定。对于内蒙古自治区工矿业开发企业来说，在开采自然资源过程中形成的价值，需要在中央政府、自治区政府、地方政府、当地苏木、企业主（股东）和员工之间进行分配。开发企业与政府的分配关系，一般以向政府缴纳的税收收入和非税收入的各种费用形式来完成。企业对社会利益分配主要包括对资源开采地基层政府及居民的征地、草场补贴、地陷、水资源补偿等。矿产企业从取得矿产资源开采资格到企业建设期和生产期，一直要缴纳相关税费。这些税费分配链见表2.7。

表2.7　内蒙古矿产开发企业利益分配链

企业	上缴税费	分配链条					
		中央	自治区	当地政府	企业	苏木	苏木牧民
矿产开发资格获取期间	探矿权费	20%	40%	40%	探矿权	——	——
	采矿权费	20%	40%	40%	采矿权	——	——
	注册手续费	——	——	工商登记收入	企业注册		

企业	上缴税费	分配链条					
		中央	自治区	当地政府	企业	苏木	苏木牧民
建设期间	土地出让金	——	——	财政收入		——	——
	营业税	——	——	财政收入			
	建设部门相关非税收入	——	——	财政收入			
	环评费			财政收入		——	——
	排污费	10%	10%	80%		——	——
	征地补偿费	——	——	——		征地补贴、青苗（草场）补贴	征地补贴、青苗（草场）补贴
	公共投入费用	——	——	——		公共产品	——
生产期间	增值税	75%	——	25%		——	——
	资源税	——	——	财政收入		——	——
	水土保持费	——	——	财政收入		——	——
	矿产资源补偿费①	40%	60%	——		——	——
	维简费②	——	——	财政收入			
	个人所得税	——	——	财政收入			

① 自治区直接征收的，40%缴入中央国库，29%缴入自治区国库，31%缴入盟市国库；盟市征收的，40%缴入中央国库，24%缴入自治区国库，36%缴入盟市国库；旗县（市区）征收的，40%缴入中央国库，60%缴入旗县（市区）国库。

② 煤矿专用税费。

续表

企业	上缴税费	分配链条					
		中央	自治区	当地政府	企业	苏木	苏木牧民
生产期间	个人所得税	——	——	财政收入		——	——
	企业和个人所得税	60%	——	40%			
	社会保障费	——	——	当地社保		——	——
	工会经费	——	——	当地工会		——	——
	灾害赔偿费	——	——	——		地陷、水资源补偿	地陷、水资源补偿

资料来源：达林太，于洪霞. 矿产资源开发及利益分配研究：以内蒙古为例〔M〕. 北京：社会科学文献出版社，2014。

近些年来，为了扩大"招商引资"的效果和提高当地的 GDP，国家、内蒙古自治区政府和地方政府针对矿产资源开发相继出台了一系列向企业方面倾斜的政策，详见表 2.8。

表 2.8　内蒙古矿产开发企业优惠政策摘要

政策来源	优惠政策
《内蒙古自治区实施西部大开发若干政策措施的规定》内政发〔2003〕16 号文件发布	对设在内蒙古以国家鼓励类产业项目为主营业务，且其当年主营业务收入超过企业总收入 70% 的内资企业和外商投资企业，在 2010 年以前，减按 15% 税率征收企业所得税
《内蒙古自治区实施西部大开发若干政策措施的规定》内政发〔2003〕16 号文件发布	探矿权人投资勘查获得具有开采价值的矿产地后，可优先依法获得采矿权。允许将勘查费用计入递延资产，在开采阶段分期摊销

政策来源	优惠政策
《内蒙古自治区实施西部大开发若干政策措施的规定》内政发〔2003〕16号文件发布	矿业权人可采取依法申请批准和招标、拍卖等其他方式转让矿业权，可采取出售、作价出资、合作勘查或开采、上市等方式依法转让矿业权，可依法出租、抵押矿业权
《内蒙古自治区实施西部大开发若干政策措施的规定》内政发〔2003〕16号文件发布	在内蒙古由国家出资勘查形成的探矿权、采矿权价款，按有关规定，符合下列条件之一者，经批准，可部分或全部转为国有矿山企业或地勘单位的国家资本：勘查或开采石油、天然气、煤层气、富铁矿、优质锰矿、铬铁矿、铜、镍、金、银、钾盐、铂族金属、地下水等矿产资源；在国家、自治区确定的扶贫开发重点地区和重点开发地区勘查、开采矿产资源；大中型矿山企业因资源枯竭，勘查接替资源；国有矿山企业经批准进行股份制改造或对外合营时，国有资本持有单位以探矿权、采矿权价款入股；国有矿山企业由于自然灾害等不可抗拒的原因，缴纳探矿权、采矿权价款确有困难
《内蒙古自治区实施西部大开发若干政策措施的规定》内政发〔2003〕16号文件发布	在内蒙古勘查、开采矿产资源，符合下列条件之一者，可申请减缴或免缴探矿权使用费、采矿权使用费：石油、天然气、煤层气、铀、富铁矿、优质锰矿、铬铁矿、铜、钾盐、铂族金属、地下水等矿产资源的勘查，大中型矿山企业为寻找接替资源申请的勘查，运用新技术、新工艺提高综合利用水平（包括低品位、难选冶的矿产资源开发及老矿区尾矿利用）的矿产资源开发，政府主管部门认定的其他情形。探矿权使用费，第一个勘查年度可以免缴，第二个至第三个勘查年度可减缴50%，第四个至第七个勘查年度可减缴25%。采矿权使用费，矿山基建期和矿山投产第一年可以免缴，矿山投产第二年至第三年可减缴50%，第四年至第七年可减缴25%，矿山闭坑当年可以免缴

续表

政策来源	优惠政策
《国土资源部关于支持内蒙古经济社会发展有关措施的通知》 （国土资发〔2011〕169号）	在遵循国家统一确定各等别工业用地价标准的前提下，依据《城镇土地估价规程》，适当调整开发园（区）、工业集中区建设用地的基准地价，在城镇建设用地范围内使用国有未利用地的工业项目，用地出让最低价可按所在地土地等别相对应《全国工业用地出让最低价标准》的50%执行
巴彦淖尔市招商引资优惠政策	产品出口企业、先进技术企业、能源、交通、基础设施建设和原材料生产企业，减半征收城市基础设施配套费 投资兴办能源、交通、通信设施、原材料工业和发展农、牧、林、渔业等开发性事业，从投产之日起免征企业所得税5年 固定资产投资额在0.3亿元~1亿元、1亿元~3亿元、3亿元~5亿元、5亿元及以上的工业企业项目，在完成增值税抵扣后，前两年分别按企业当年实际上缴增值税市、旗（县区）留成部分的40%、50%、60%、70%用于扶持企业发展，第三年至第五年分别按当年市、旗（县区）留成部分的30%、40%、50%、60%用于扶持企业发展（巴政发〔2017〕66号） 投资占30%以上，且合作期在10年以上的内办企业，享受10%的土地使用权出让金或免征五年土地使用费。 以出让方式取得土地使用权开发农、牧、林、渔业及其他资源，其土地使用权出让金按标定地价的30%~50%优惠；兴办高新技术产业、公益事业及能源、交通、通信设施、原材料工业，其土地使用权出让金按标定地价的20%~30%优惠，在"老、少、穷"地区按40%~60%优惠 以出让方式取得土地使用权的外地投资者，从开业年度起免缴土地使用费。形成工业用地条件后，使用期内可依法转让、出租、抵押或合资、合作、联营。 外地投资者从事能源、交通、基础设施建设和原材料生产的内办企业，减半征收城市基础设施配套费

结合表 2.6 和表 2.7 情况看，受现有财政分税制和 GDP 导向下的"发展型政府"（Developmental Government）运作逻辑影响，在内蒙古矿产开发企业的利益分配链条中，重点是在政府与企业分配上，二者基本形成了"共谋"的局面。矿产资源相关的主要税种的设置及税费收入的分配比例明显倾向于中央政府，有效地保证了国家利益。地方政府亦可通过中央的各种税费分成和直接向企业征收的政府性费用乃至摄取企业的社会捐赠而参与利益分配。而作为利益分配链下游的矿产资源所在地的基层政府和民众基本没有话语权，所获利益的多寡主要由资源开发企业决定，导致了其收益难以得到法律化和制度化的保障。另外，这一分配链条只注意到了经济利益的分配，而企业开发资源过程中所造成的生态环境和可持续发展等外部性问题却较少涉及。

（二）苏木及牧民受益渠道分析

矿产开发企业与所在地苏木的分配关系，主要是通过各种补偿费用、工资及捐赠等方式来完成。为了厘清这种分配关系，调研组对乌拉特后旗某铜矿公司进行了具体分析，并对当地的嘎查牧民进行了问卷和访谈调查。通过调研，初步勾画出了当地苏木及牧民在工矿业开发中的收益情况。

1. 苏木及牧民的直接收益

苏木通过资源开发取得的收益，可以分为两个大部分：一是苏木取得的收入，二是苏木牧民取得的收入。其中苏木取得的收入，主要体现在苏木政府因素取得的公共收入，以及苏木在资源开发中新增的公共产品。牧民取得的收入，主要体现在苏木牧民通过直接、间接的方式而新增的家庭现金或财产性收入。按照受益的性质分析，我们把牧民的收益分为补偿性收入、劳务性收入、牧产品销售收入和企业帮扶与捐赠收入四大类。

（1）补偿性收入

据课题组了解，补偿性收入是当地牧民在资源开发企业中分得的最大收益。补偿收入主要来源于两个方面：一是矿产资源开发企业向当地嘎查及牧民征用、租赁土地而支付的补偿费；二是因矿产资源开发所造成的水资源下

表 2.9　铜矿企业对当地的基础设施建设投入

捐助内容	捐赠对方法人代表	日期	金额（元）	内容
赛那线公路	乌拉特后旗人民政府	2006	47984479	赛乌素镇至铜矿 35 公里
旗政府搬迁	乌拉特后旗人民政府	2005	8160000	旗政府从赛乌素镇搬至东胜庙
政府赞助费	乌拉特后旗人民政府	2003	8004000	
公益捐赠	乌拉特后旗人民政府	2006	6500000	
H 苏木办公楼及宿舍	H 苏木	2006	2508323	
H 苏木赞助费	H 苏木	2010	1000000	
H 苏木新建商业楼	H 苏木	2009	2371616	
惠民廉租房小区		2007	24980000	作为 H 苏木牧民安置费用
H 苏木新建宿舍楼	H 苏木	2012	500000	
合计			102008478	

资料来源：铜矿企业社会责任报告。

（三）矿产开发时牧民所承担的成本

作为工业时代的主要变量，自然正在失去其预先的特性，变成一种产品，成为后工业社会固有的、可塑的"内部自然"（贝克，2002）。这种"内部自然"的副产品便是不可计算性的各种生态风险。因此，在测算矿产资源开发对牧民的收益的影响时，不能仅从经济层面考量，还要考虑牧民为此所承担的各种风险成本，这样才能对牧民的实际收益有一个尽可能科学的估计。

1. 生态成本

从笔者的调研情况看，铜矿所在地的苏木在矿产资源开发过程中，需要承担的生态成本主要有环境污染和水资源下降。

（1）环境污染

H 苏木地处草原和荒漠化的过渡带，草原生态环境系统具有脆弱和敏感的特征。矿产资源的开发给当地带来的环境污染不容忽视。资源开发企业不仅要占用大量的草场，其行政用房、配套设施，以及废矿渣、废料堆放等，都需要占用草场。尤其是铜矿在露天开采中需要剥除矿体表面土壤，从而破坏了地表植被，加剧了水土流失和土地沙化，极有可能导致原本脆弱的草地生态系统永远恢复不到初始状态。另外，在金属矿产资源开发中，最大的问题是选矿废水、尾矿、废石等矿山排泄物对草原的污染。当地一位牧民对笔者这样介绍：

> 铜矿开采以来，我家的草场上开了 90 多处矿井，开一个井给 1500 元补贴，一个井差不多占 300 多平方米，占草场的一亩地给 2.75 元的补贴。开矿前已经说好开完会恢复草场，但是开完后未做任何措施。冬天下雪之后，如果牲畜掉进洞里，则难逃一死，矿里的狗还咬牲畜，给牧民带来了很多意想不到的灾难。如果造成此类后果一般会给 200 到 300 元简单了事。这些年铜矿的灰尘也多，家里放的羊有消化不良的，还有得牙病的。

据笔者了解，企业在取得土地的过程中，往往以极低的价格取得，而治理这些污染却需要很长的时间和成本，苏木与牧民需要为此承担相应的损失。

（2）水资源下降

对于"逐水草而居"的牧业生计来说，水资源是人们生产生活的核心资源。H 苏木地处内陆水系区，年均降雨量仅为 138.5 毫米，地表水和地下水资源都很缺乏，但资源型企业需要使用大量的地表用水。为了满足企业每年生产所需的 120 万吨水资源，铜矿企业通过建水库、塘坝的方式获取了 11 处水源地，仅在苏木境内最大的季节性河流朱勒格太河上，就建有三处塘坝来截流水源。水资源的截流会使下游的地表植被因根系达不到地下水位而无法汲取营养导致大面积的枯死或生物量下降，另外一个严重的问题是地下水位的下降。当地的一位牧民反映："开矿主要影响牧区的地下水资源，2012年9月10日登报纸说过这件事的，今年地下水面下降8至10米之多。尤其是河下游有些牧民家不得不从铜矿的水坝拉水喝。"

2. 社会成本

此外，现代工业化发展的逻辑之一便是对生产生活方式和文化资源的"抽离"。牧民除了要付出生态成本之外，还要付出社会成本。牧民所付出的社会成本主要包括可持续发展成本和文化变异。

（1）可持续发展成本

矿产资源开发使当地的社会经济结构发生重大变化。虽然矿产资源开发带动了地方经济的发展，但是资源所在地与牧民成为这种经济结构转型成本的主要承担者，大批牧民的生产生活环境发生了根本性的变化。一些因资源开发而导致的失地牧民取得一定数量的补偿金之后，永久性地失去了草场。由于失去了传统生计所依赖的草场，他们面临着结构性转业的重任，需要从第一产业转移到第二、第三产业，可持续生计和再就业问题面临着新的困难。当地一位嘎查书记就对笔者这样说：

> 开矿占草场面积和用水量非常大，所以矿产公司出资对每个牧民进行7200元的补贴，让他们禁牧。对以前收入少的牧民来说是福利。因气候干旱，草场状态也不好，总的来说对牧民来说还是有促进作用的。但与此同时还带来了很多负面影响，牧民进城镇之后文化素质低无法改善生活，无法调整生活。还有因有些牧民抱怨补贴给得少而产生的复杂的纠纷增多。

课题组调研时与苏木的牧民进行了多次座谈，牧民们反映最强烈的是目前的收益难以保证下一代的可持续发展。下一代人靠什么生存，成为他们最不愿意提起的心头之痛。这种源于资源开发而产生的可持续发展成本是无法估计的。

(2) 文化变异

从文化形态学角度来看，蒙古族的生产方式、价值取向和认知体系是其传统文化的重要载体。然而在工矿业开发的强大冲击下，这些文化形态出现了非正常的变异。首先是生产方式的变化。作为一种长期的历史实践活动，传统的牧业生计方式是一种以牧民、家畜和自然三要素构成的特殊生计方式。它不仅仅是牧民生存所需的主观需求，而且是一整套与环境相互适应的生产生活方式及有关的知识和伦理体系。而在发展的话语体系支配下，苏木的部分牧民变成了"移民"进城，搬进了象征现代生活方式的城镇。然而，传统的民族文化和地方性知识是否还能得到有效的传承？基于传统游牧生计下利他互助型主导的伦理模式是否还能延续？在调查中发现结果是不容乐观的。从铜矿移民到赛镇的一位老人就对笔者这样说：

开矿对年老失去劳动能力的人很有好处，给他们补贴让他们生活。对牧民小伙来说，让他们感受无须劳动就能赚钱的意识，对他们的身心发展不好，现在有些年轻人好吃懒做，放牧的那些东西根本就不会，原本勤劳的牧民一下子闲下来，没事干，精神疲惫。我们赛乌素镇一到发补偿款的时候有两个地方是最热闹的，一个是赌博机的游戏厅，另外一个就是办离婚的地方。这些年人与人变得也互相不信任了，以前我们在牧区的时候如果陌生人半夜敲门求助，我会让我老婆起来给他们弄吃的，吃饱喝足再让他们走，现在哪里敢？人杂得很。有一个牧民家里的儿子就被一个开矿老板骗走了50000元，报案后发现此开矿老板用了假身份证，到今为止还没找到。

(四) 结论

1. 苏木和牧民获得经济收益比例较低

　　按照中国现行的行政管理体制，乡（嘎查）镇（苏木）是政府体系中最基层的政权，村（嘎查）是村民自治组织，不具备政府的功能。嘎查级单位一般都难通过政府的渠道从资源开发的收益中取得收入，它主要依靠嘎查委会发挥功能，通过与资源开发企业的谈判等获得一定的收益，但其收益极不稳定。苏木作为最基本的政府组织，虽然能够从政府在资源开发中取得的税费中分享一部分利益，但这个比重很低。以 H 苏木为例，作为重要的资源聚集区，铜矿企业每年上缴的税接近 2 亿元，通过财政体制分成，该苏木最后分配得到的可用财力只有 200 万元，只有财政总收入的 1%，其余的 1.98 亿元都被中央、自治区、市、旗财政拿走了。

　　除了财政拨款之外，苏木和牧民共享收益的另一个重要渠道是企业的捐赠。截至 2013 年年底，铜矿企业累计捐助各类非企生产经营性民生工程158557637.1 元，见表 2.10。

表 2.10　铜矿企业捐赠受益情况分析表（2007—2013 年）

捐赠受益主体	金额（元）	表现形式	所占捐赠总额比	占企业营业额比
乌拉特后旗政府	95628479	搬迁赞助、公益捐赠、公路修建	60.3%	1.5%
H 苏木	6679999	办公宿舍楼、赞助费、帮扶资金	4.2%	0.1%
牧民	56249159.1	草场占用补偿、水源补偿、安置费	35.5%	0.9%
合计	158557637.1		100%	2.5%

资料来源：铜矿企业社会责任报告。

　　从表 2.10 可以看出，在近些年西部铜矿的捐赠金额分配中，旗政府无疑是最主要的获益者，占捐赠总额的 60.3%。当地苏木仅占 4.2%，尤其是进入资源开发平稳期后，铜矿已经通过征地、解决水源问题等，妥善地协调了与苏木的关系。在这期间，苏木直接从企业中获得共享收益的主要来源，就只有捐赠这一主要途径。由于捐赠的决定权在企业，因此，苏木在这一阶段，取得的收益是很不稳定的。虽然苏木的牧民占了企业捐赠的 35.5%，但是，其占企业开发资源所获利益的比例不到 1%。

2. 牧民的边际收益逐步递减

从调研情况看，牧民尽管都能在资源开发中取得一定的收益，但深入分析这些收益的周期就会发现，作为牧民受益主体的补偿性收入主要体现在铜矿开发的建设期间，一旦进入开采的成熟期，受益的边际效益会随着铜矿开采所带来的外部性逐渐递减。首先，源于收益周期的不均衡。在铜矿开始建设期间，苏木的牧民会一次性获得较大额的赔偿性收入（草场补偿费、粉尘影响补偿费、禁牧补偿费），但是收益的渠道越来越窄，对于当地牧民来说，当前稳定的收益也只有每年一次的水源补偿费。因为多数人原来从事牧业，再加上铜矿在招工中一般都愿意招外地工人，苏木牧民在铜矿中就业的机会寥寥无几，所以能获得稳定的劳务性收益的人很少。其次，牧民所付出的成本逐渐增加。资源开发后，苏木外来人口增加，物价上涨，部分牧民移民后生活成本提高，使得苏木牧民出现收不抵支或净收入增长速度下降的问题。这些都使得牧民从铜矿开发获得的边际收益越来越小。

3. 苏木与牧民的"总体亏损"

由于苏木和苏木牧民在资源开发的利益分配机制中缺乏必要的参与权，因此，受益渠道过窄且很不稳定。但对一些尚未纳入财政部"基本公共产品"范畴内的社会成本，如生态移民的再就业能力建设、生态污染、环境恢复成本等，在现有的财政政策框架下，旗、镇级财政却无法安排足够的财力予以解决，从而造成苏木的生态环境和社会发展成本的亏损。

就苏木牧民而言，他们虽然享受到了资源开发后给他们带来的直接、间接收益，使收入水平有了一定程度的提高。但是与铜矿开发给他们带来的可计算性的、预期的、周期性的收益相比，自然和文化资源的损失却是不可计算的、不可预知和长期的，这些都是无法用金钱来衡量的。随着铜矿开发的深入，他们面临着物价上涨和环境破坏后生活成本及医疗成本的提高，以及失去原来生存条件后再就业能力的下降等。因此，资源所在地苏木牧民的实际情况是：他们一方面享受着因资源开发带来的基本公共产品增加后新增的社会福利和因此新增的收入；另一方面承受着环境、生态恶化后导致的可持续发展能力下降、生活生产能力下降的后果。在"得"与"失"的权衡中，大量苏木牧民走出矿区寻找新的发展机会。这种"用脚投票"的结果，反映的是苏木"总体亏损"下当地牧民无奈的选择。

第三章

牧民生计的脆弱性分析

在可持续生计框架中，脆弱性环境是人们不得不面对的生计背景。在脆弱性背景下，牧民可以使用一定的资本，同时这种环境也影响着牧民的生计策略即资本配置与使用的方式，以实现预期的成果并满足他们的生计目标。也就是说，在制度和政策等因素造就的脆弱性环境中，作为生计核心的资本的性质和状况决定了采用生计策略的类型，从而导致某种生计结果，生计结果又反作用于资产。本章将在厘清脆弱性定义及其分析框架的基础上，从牧民面临的自然风险、工矿业开发带来的社会风险来说明当地牧民面临的生计脆弱性环境。

第一节　脆弱性及其分析框架

一、脆弱性的定义

从词源学上看，"脆弱性"一词的意思是无力保护自己免受伤害。当社会没有适当的防护措施来对付把它推入变化的社会势力，就是脆弱（德尼·古莱，2008）。Timmerman（1981）第一次提出了脆弱性的定义，他认为脆弱性是系统对抗灾害事件的程度，此反应的程度与特质由系统的弹性（系统能吸收与事件中恢复的承载力）所决定。Bogard（1989）认为脆弱性在操作上可定义为无法采取有效的措施以对抗损失。当应用在个体时，脆弱性即是个体无法或不可能有效减灾的结果，是能力的函数。Chambers（1989）认为脆弱性是指暴露在压力与偶然事件中，且不具备处理能力。因此脆弱性有两个面向：外部面向，指个体或家户所面对的风险、冲击与压力；内部面向，指系统的无抵抗性（Defenselessness），缺乏处理的方法。Blaikie（1994）认为脆弱性指一个人或社群的特质，可以预测、处理、对抗及从自然灾害冲击中恢复的承载力。包含了一连串因素的组合，决定哪一些人的生命、维生方式、财产或其他资产将会置于不连贯的自然或社会事件下的风险程度。Turner & Kasperson（2003）从灾害学的角度认为脆弱性是暴露于风险、扰动或压力下的系统（子系统、系统组分）可能遭受的损害程度。2005 年在日本神户召开的世界减灾大会上通过的《2005—2015 年兵库行动框架：提高国家和社区的抗灾力》中指出，脆弱性是系统的内在属性，产生于自然、社会、经济和环境因素及过程共同决定的系统对各种胁迫的易损性。面临压力和冲击时，系统组织建立起恢复力和适应性管理至关重要，适应能力也是社会可持续性的关键因素。Adger（2006）从社会学角度出发，认为脆弱是暴露于环境或社会变化中，因系统缺乏适应能力而对变化造成的损害敏感的状态和程度。Cardona（2012）认为脆弱性指暴露元素在经历灾害负面效应时的特质与倾向。在其风险模型中，灾害与暴露性被用以测量外部面向，脆弱性则用以描绘内部面向。

尽管脆弱性在定义上有很多争议，但是我们看出脆弱性多被放置在人与环境互动关系的范畴下进行讨论，其中尤以人文地理学或人文生态学为甚。因此，脆弱性在学界的使用源于地理学和自然灾害的研究。地理学者 White（1945）开始在灾害研究领域中探讨人类行为与活动的影响，并在芝加哥大学地理系（1946—1970）及科罗拉多大学（1970—2006）期间建立起芝加哥学派的自然灾害研究取径。1942 年 Gilbert F. White 在其博士论文中提倡要降低洪患的损失不仅需要降低人们在灾害下的暴露性，更需要提升人们预期或处理洪患的能力（White，1945），这是近代地理学灾害研究中首次将人的主体性带进灾害研究与管理的领域，也将人类的能动性（Agent）从灾害的被动者角色中释放出来。20世纪90年代中期以后，实证主义之灾害地理学者Cutter（1996）进一步将脆弱性研究区分为三个主题：第一类视脆弱性为风险与灾害的暴露状态，第二类视脆弱性为社会状态，第三类则整合暴露与社会状态以分析地方脆弱性。脆弱性研究之后扩展到其他领域，包括生态学、公共健康、贫困与发展、生计保障与饥荒、可持续性、土地变化、气候影响和适应（Füssel，2007）。因为脆弱性与人类的生计、贫穷程度和保护自己的能力或者居住地的安全有天然的联系，所以，降低脆弱性也是发展不可或缺的部分。

二、脆弱性的分析框架

脆弱性的分析框架经历了四个阶段，第一个阶段是自然脆弱性。这一观点源于20世纪30年代美国工程队对自然灾害的研究（Ford，2002）。Hewitt（1971）和Burton（1978）等学者认为人类在危险环境下的暴露程度和危险源（致灾因子）的特性共同决定脆弱性，所以它偏重于从自然因素的角度分析脆弱性。这一观点聚焦于环境变异与环境特质在决定人类脆弱性的程度与形态上最基本的角色，包含时间、持续时程、频率与强度等。这一观点最初只关注生物、物理等自然条件脆弱性或退化，并估计这些变化直接或间接对人类景观所产生的冲击（Liverman 1990）。人类社会在此取径中不具有主体性，因此人类系统是否具有能力处理灾害事件，并影响灾害结果是不受重视的。也由于忽略了社会、经济与政治等因素在构成环境威胁的暴露性与冲击这些最精巧的部分（Dow，1992），致使此取径的研究观点较为狭隘，也无法处理个体或集体行动者在制造脆弱性中所扮演的角色。第二个阶段是社会脆弱性。20世纪80年代以来，随着全球灾难次数增加、边缘性社会的不断形成以及第三世界国家经历的各式环境与政治经济因素纠结的问题，一些学者利用马克思主义的社会—自然关系理论来解释灾难与人类之间的关系，认为灾难是资本主义社会结构下再生产与剥削的结果，不仅来自自然的弱点，更包含了社会的脆弱性（Peet & Watts，1996）。如 Blaikie 在其著作《发展中国家土壤侵蚀的政治经济学》（*The Political Economy of Soil Erosion in Developing Countries*）中对第三世界国家土壤侵蚀研究时发现，造成土壤侵蚀的主体并非物理条件，而是当地的农民。在生产的地方关系与市场经济的交换关系中，农民不断被市场抽取剩余，迫使他们也不断向环境抽取剩余，并随着时间的积累，造成环境退化（Blaikie 1985）。他进一步论述了政治经济过程与自然过程间的关系，认为土壤退化是社会边缘化的原因与结果，两者相互强化（Blaikie & Brookfield，1987）。之后越来越多的研究者开始探讨社会结构乃至社会系统对脆弱性的影响，并且逐渐形成了社会脆弱性学派。脆弱性是存在于对象内部且独立于外部致灾因子的固有特征，它具体表现为放大或是减轻灾害损失的能力。当承灾体是人类社会系统时，这种内部特征用"社会脆弱性"来表达（Adger etal.，1999）。在上述认识的基础上，研究者趋向于分析导致脆弱性的根本原因，这种分析可以是多尺度的，如地区、国家、全球；而且，脆弱性包括人文范畴内的各项因子，主要是社会、经济、政治、文化和制度五大类。

第三个阶段是综合论。Kasperson（1995）认为自然脆弱性和社会脆弱性同等重要，必须将二者结合起来进行综合分析。受到这一观点的启发，Cutter（1996）提出了综合研究系统和外界压力的"脆弱性的地区致灾模型"。这一模型的特点是将脆弱性分成受灾度、敏感性和适应力三个维度考虑，其中，受灾度指一个地区或群体蒙受灾难或危险的程度；敏感性是一个系统对冲击或压力的反应程度；适应力是一个系统面临冲击或压力时通过应付或适应避免损害的程度（Martha G. Roberts、杨国安，2003）。根据这一分析框架，脆弱性需考虑的面向是某单元或系统在压力与灾害下的暴露性程度、在此暴露性下此单元或系统受到影响的程度（敏感性），以及单元或系统在其受影响与敏感的程度下，具备多少处理、回应与调适的能力（McCarthy et al. 2001）。

第四个阶段是动态性分析。脆弱性研究发展到一定阶段也注意到了脆弱性的动态性，即脆弱性不是固定的和静态的，它具有历时性的特征。因此这一阶段把时间维度纳入脆弱性分析中，即把静态的分析拓展为动态的时间序列过程分析。Obrien & Liechenko（2000）等人认为，脆弱性的动态变化有三种形式：一是来自人类的自觉行为；二是来自环境、政治、社会和经济因素的综合作用力，它们使适应力在一段时间内出现连续的变化；三是灾难事件的发生导致适应力水平的突变。

2000 年之后 IPCC（Intergovernmental Panel on Climate Change）在第三次评估报告中指出脆弱性为气候变迁研究的重要领域的学术里程碑。它不仅确认脆弱性研究是理解气候变迁冲击的核心概念，而且使"脆弱性"一词成为国际气候变迁与可持续发展的重要议题。在可持续框架中，脆弱性被定义为对给定打击受损失的不同敏感性，是指面临危险、冲击、变动和压力时表现出的抵御能力缺乏、受灾影响的程度，是贫困的重要特征（Kasperson，2001）。脆弱性环境是一组存在于人们当中可能影响他们对贫困（来源）敏感性的因素。它是由趋势（如人口趋势、资源趋势）、冲击（如人类、牲畜或者作物健康冲击、自然灾害、经济冲击、国内或者国际战争形势的冲击）和季节性（如价格的季节性、产品或者雇佣机会）等构成的（Heidhues，2006）。导致脆弱性的风险主要有自然灾害、环境危机、经济波动、政策改变、种族冲突、疾病、失业、突发事故等（韩峥，2004）。脆弱性的关键属性是人们的生计机会以及他们的资产组成和收入，取决于更广泛的政治和经济进程。因此，必须把脆弱性放在更广泛的社会背景下来考察。脆弱性的关键属性是，它们不易受到当地人民自己的控制，至少在中短期是这样。脆弱性背景是生计的外部环境，在可持续生计框架中是农户难以控制的部分。不同的是，有别于之前批判学者直接论述脆弱性如何在阶级化的社会结构与商品化的环境中被生产的观点，可持续生计框架在整体的理论架构中将脆弱性解释为对生计造成威胁与破坏的风险因素（Chambers & Conway，1992；DFID，2001）。学者们针对农户所面临的脆弱性背景区分出了三种典型的风险来源，分别是冲击（Shocks）、趋势性（Trends）变化以及季节性（Seasonality）或周期性变迁，用以指导分析研究对象通常所面临的脆弱性风险及脆弱性程度。

结合脆弱性分析框架的演进脉络和可持续生计框架下脆弱性的内涵，笔者认为，乌拉特后旗工矿业开发区的牧民生计面临着自然风险、社会风险和技术风险等多重脆弱性。自然风险是指由于气候不规则变化产生的现象所导致危害牧业经济活动或生命安全的风险，如旱灾、雪灾、风灾、鼠灾、蝗灾等；社会风险是指个人或群体的不当行为对牧业生产及牧民生活造成的风险，在当地表现为过度放牧、草场退化、滥垦滥挖等；技术风险是指由于工矿业开发所导致的威胁牧民生计的风险。

第二节　牧业生计的脆弱性：自然风险、社会风险与技术风险

一、自然风险

气候是造成内蒙古地区牧业脆弱性的主要原因。内蒙古牧区由于地域广袤，所处纬度较高，高原面积大，距离海洋较远，边沿有山脉阻隔，所以气候以温带大陆性季风气候为主，以降水量少而不均、风大、寒暑变化剧烈为主要特点。总的来说，内蒙古牧区春季时气温骤升，多大风天气，夏季短促而炎热，降水集中，秋季气温剧降，霜冻往往早来，冬季漫长严寒，多寒潮天气。内蒙古牧区的气温年际变化显著，部分地区的气温极差普遍为65～85℃，气温日较差为13～16℃，为中国气温极差与日较差全国最大的地区。牧区年总降水量为50~450毫米，东北降水多，向西部递减。呼伦贝尔草原地处内蒙古高原东部，降水相对充沛，西部草原地区降水稀少，年降水量不足100毫米，阿拉善高原年降水量少于50毫米，额济纳旗为37毫米，干旱是牧业发展的主要限制因素。从1470—1970年的旱涝史料分析结果看，内蒙古自治区发生干旱的年份约占70%～75%，相当于三年中约有两年为干旱年，七年

左右出现一次全区性的大旱年。500 年间，内蒙古西部地区历史上曾出现过八次特大连年旱灾，即 1480—1484 年、1518—1524 年、1628—1633 年、1679—1683 年、1836—1840 年、1875—1879 年、1891—1892 年、1926—1929 年，其中七次是连续干旱达四年以上（内蒙古自治区志编纂委员会，2000）。

因为气候极不稳定，牧区冬天经常发生白灾、黑灾，夏天也发生旱灾、虫灾和水灾等，这对早期抗衡自然灾害能力还很低的畜牧业经济来说是危害比较大的，其结果必然是导致畜牧业经济的不稳定性和脆弱性。农业经济的灾害一般发生在春、夏、秋三季，主要灾害有旱灾、水灾、冰雹灾、蝗虫灾等。而在牧业经济中，不仅有农业三季的这些灾害，也有冬季的白灾（雪灾）和黑灾（无雪且无饮水）等自然灾害。此外还有传染病害、狼害、火灾等。有学者统计，战国至秦汉时期内蒙古地区各类灾害总计为 80 次，魏晋南北朝时期为 146 次，隋唐五代时期为 64 次，宋辽金元时期为 336 次，明代时期为 179 次，清朝为 235 次（乌峰、包庆德，2009），见表 3.1。

表 3.1 内蒙古牧区历史灾害统计

灾名 次数 朝代	秦汉	魏晋 南北朝	隋唐 五代	宋辽金	元	明	清	中华 民国	合计
霜		14	4	12	14	5	20	6	75
雹	6	1		6	28	20	15	12	88
虫	3	7	3	9	7	14	13	5	61
震	11	20	7	10	16	20	3	6	94
疫	3	2	3		1	8	4	8	29
其他		3	4	2	4	1		4	18
合计	75	146	64	170	166	179	235	93	1133

资料来源：《内蒙古历代自然灾害史料》

乌拉特后旗处于草原和荒漠化的过渡带，是一个典型的高寒荒漠区，为典型的高原大陆性气候。东西走向的阴山横在旗境南部，阻断了暖湿气流的北入，所以降水量甚少，是一个"十年九旱"的极度荒漠之地。对此历史上曾多有记载。如《新元史》记载，"元定宗三年（1248年），漠北大旱水涸，野草自焚，牛马死七八，人不聊生"；《清史稿》记载，"清圣祖五四年（1715年）乌拉特部歉收，以呼坦河溯储粟赈之"；《清代边政通考》记载，"清高宗乾隆十一年（1746年），乌兰察布盟六旗遭旱，蒙古益穷"（乌拉特后期志编纂委员会，2005）。有资料显示，内蒙古中西部地区干旱持续一年的占全部统计年数的50%~60%，干旱持续两年的占20%~30%，干旱持续三年和三年以上的占10%~15%（孙金铸、陈山，1994）。一般而言，自然气候的变化能在较长时间内保持相对稳定。但是到了近现代，社会经济发展以前所未有的速度向前推进，它对气候乃至整个自然界的影响和干扰越来越大，如"温室效应"引发的气候变暖现象让自然界几个世纪才能完成的事情在几十年中成为现实（额尔敦布和，2011）。根据联合国政府间气候变化专门委员会（IPCC）第四次评估报告，就全球而言，自20世纪70年代以来，受干旱影响的面积可能已经扩大，中纬度一些干旱地区的水资源尤其受到气候变化的影响（IPCC，2007）。从历史的视角来看，内蒙古自治区平均气温50年内上升2.0℃左右，线性上升趋势明显；各季气温升高不同，冬季为0.57℃/10年，春季为0.43℃/10年，秋季为0.35℃/10年，夏季为0.30℃/10年。各月的气温变化为二月份的气温50年上升了近4℃，为各月最大，波动也最明显，三、四月份次之。平均年降水量总体减少40.0毫米左右（刘亚南等，2012）。内蒙古荒漠草原年平均气温20世纪90年代显著上升，西部地区2000年后升温2.7℃，二月平均气温升高4℃左右（张超等，2014）。内蒙古东北部和西部变暖趋势更为明显，远远超过我国大陆平均增温水平（尤莉，2002）。进入21世纪以来，内蒙古草原经历了灾害多发的十年，连续多年的干旱、沙尘暴、雪灾和冻灾都普遍发生在草原牧区（张倩，2011）。乌拉特1989—2004年的16年中，只有1994年、1995年、1998年、2003年、2004年降雨比较丰富，

其他年份则为程度不同的干旱年份。其中，1998 年降雨最多，为 188.9 毫米
（北境一带降雨仅为 64 毫米）；降雨最少年份是 1991 年，为 86.3 毫米。从
2006 年至 2017 年，乌拉特后旗一直处于干旱状态，降水量明显偏少（图
3.1）。

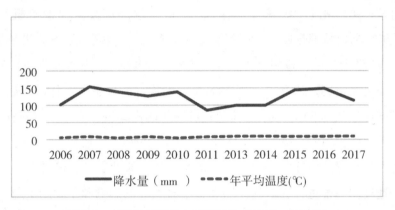

图 3.1　乌拉特后旗降水量及温度（2006—2017 年）

　　中华人民共和国成立后，乌拉特后旗各地开始兴修水利，抗御旱灾，但
始终未摆脱靠天吃饭的被动局面，旱灾仍是困扰本旗畜牧业发展的一大制约
因素。从 1970 年建旗至 1988 年的 19 年中，只有 1975 年、1977 年、1980 年、
1984 年等年份降雨量较丰富，其他年份则为程度不同的干旱年份，其中大旱
年份就有八年。干旱给畜牧业生产造成重大损失。1973 年，夏旱，全年无雨，
成幼畜大量死亡。全旗牲畜总头数由 1972 年的 412643 头（只）降为 299406
头（只），死亡 113237 头（只），损耗率高达 28%。1983 年，通年无雨，加
上 1981 年、1982 年两年连续干旱影响，全旗成幼畜死亡惨重。牲畜总头数由
1982 年的 483138 头（只）锐减至 335769 头（只），损耗率高达 35%。在
2014 年的旱灾中，乌拉特后旗六个苏木镇 38 个嘎查的草场不同程度遭受旱
灾，受灾人口 1670 户 4700 人，受灾牲畜 25 万头（只），受灾草场 1485 万
亩，3000 人饮水困难，饮水困难大牲畜 5700 头（只）、小牲畜羊 15 万只，直
接经济损失 500 万元（北方新报，2014）。乌拉特后旗旱灾频繁，由此可见

一斑。

除了旱灾之外，风灾也经常在乌拉特后旗牧区出现。境内大风持续时间较长，后山干旱牧区年平均大风日97~69天，最多达75~129天。《蒙兀儿史记》记载："元宪宗六年（1256）大风起北方，砂石飞扬，白白晦暝"（乌拉特后期志编纂委员会，2005）。风灾给乌拉特后旗农牧业生产带来严重危害。春季大风刮起表土，埋没和打伤幼苗。夏、秋季节，常使作物倒伏或折断茎秆，使已经成熟而未收割的作物种子撒落。夏末秋初，一场大风过后，都会出现平流辐射混合霜冻，导致作物大面积减产。1965年4月18日，乌拉特后旗巴音宝力格镇狂风骤起，有宽40~50米的黑色风带，由西向东，横卷该镇。风带所到之处，树折、墙倒、电杆摧折、房顶掀飞。风灾对畜牧业危害很大。据资料记载，风灾可以造成羊、驼的繁殖率较正常年份偏低7%~13%，死亡率偏高20%以上。

乌拉特后旗虽然降雪量少，但由于地处高寒地域及气旋活动，冬季均有不同程度的降雪，且多发生在干旱年份的次年冬春。牲畜因头年干旱缺草，膘瘦体弱，次年冬春再遇雪灾，则多有冻饿而死。雪灾给当地畜牧业发展带来极大的影响。据《盟地区1877年以来旱涝灾情》一书中记载："公元1883年（光绪九年）、白火，冬春多风写，严寒，雪把带绊的马如木马一样，冻死在草地，故称木马年。"1929年，境内冬雪深达一米。1935年白灾，冬雪大，盖、埋草场，牧民多移乌拉山。风大、天冷，白天羊上垛，压死不少。1947年，境内冬季多大风雪，造成牲畜大量死亡。又据《气象灾情调查表》记载："1955年，本地天气奇寒，达零下40摄氏度，入冬以来连续降尘、前后五次，深达尺余，牧场三分之二被雪盖凝固，放牧极为困难，追随放牧者冻伤二十余人。"次年春大雪，3月29日下了湿雪，草冻成冰棍，牲畜死亡很多。1961年11月18日至翌年4月8日，乌拉特后旗降雪量达199~267毫米，积雪46~117天，积雪最深超过一米。北部地区受灾较重，牧区公路运输中断，自治区人民政府派飞机空投救灾物资（邢野，2001）。

除了旱灾、雪灾、风灾之外，鼠灾与蝗灾在后旗牧区也时有发生。20世纪90年代以后，山后牧场鼠灾严重（表3.2）。平均有效洞口437个/公顷，最高地域高达1212个/公顷，每年因鼠害损失青干草达一亿公斤，许多梭梭因鼠害而倒伏枯死。2003年，全旗10个苏木镇均有不同程度的蝗灾发生。发生区域主要集中在乌盖苏木、巴音宝力格镇、呼和温都尔镇、那仁宝力格苏木、宝音图苏木、巴音前达门苏木等山地和丘陵草场。发生面积1100多万亩，平均虫口密度30~40头/平方米。

多重自然灾害的不断发生导致当地畜牧业发展很不稳定，长期处于"大灾大减产，小灾小减产，风调雨顺增点产"的循环圈中。尤其是由于旱灾年份多，牧民只能从山前购买草饲料，牲畜饲养成本高，牧民收入微薄，致富困难。

表3.2　乌拉特后旗牧区牲畜受灾损失统计（1999—2017年）

自然灾害 牲畜死亡（只） 年份	旱灾	沙尘暴	雪灾
1991	5 000	/	/
1992	5 600	/	/
1993	8 700	/	/
1994	/	2 400	/
1995	/	2 500	/
1996	/	1 600	/
1997	6 500	/	/
1999	8 884	/	/
2000	18 583	2 000	3 100
2001	15 000	2 150	2 800
2002	11 000	/	650
2006	24 000	/	/

自然灾害 牲畜死亡（只） 年份	旱灾	沙尘暴	雪灾
2009	46 000	/	/
2010	43 800	/	8212
2011	39 000	/	/
2017	/	600	600
2018	68 400	/	/

资料来源：根据《乌拉特后旗年鉴1989—2018年》整理

二、社会风险

乌拉特后旗是亚洲中部荒漠区阿拉善戈壁荒漠的一部分，也是亚洲中部荒漠区东缘和草原区西界的一个关键性地带。但是，由于受狼山山地的影响，欧亚蒙古草原区向荒漠区延伸，从而形成了山地草原向荒漠演变的过渡，生态体系十分脆弱。乌拉特后旗东部土壤以淡栗钙土、棕钙土为主，草场以高平原荒漠化草原草场和低山丘丘陵荒漠化草原为主；西部主要是沙丘、沙砾石戈壁，草场大部分属于高平原荒漠草场及部分草原荒漠草场。以阴山为主的山地植被主要有菊科蒿类、禾本科戈壁针茅、碱蓬、杨柳科山杨、青柳、榆科灰榆等植物。中东部的丘陵地的植被主要有菊科蒿类、禾本科戈壁针茅、藜科碱蓬、芨芨草、菊科籽蒿、油蒿等植被。西部的戈壁地区主要有百合科蒙古韭、多根韭、怪柳科红砂、珍珠、蔷薇科断脚绵鸡儿、沙冬青、蒺藜科大白刺、球果白刺、藜科梭梭、列当科肉苁蓉等植被。据当地草监站测算，乌拉特后旗牧区仅有种子植物430种，分属64科、289属（内蒙古自治区植物有2374种、642属115科），只占全自治区植物种的18.11%，其中可饲用植物仅 289 种。干旱区草场的脆弱性主要表现在草原生态系统的结构和功能比较单一，易受外部环境变化的扰动和破坏。一旦受到破坏，则很难恢复到原始的群落状态（达林太，2000）。

由于草原植物种群的贫乏以及草原植物的科、属、种链条的先天不足，加之气候干旱化、降水量减少、风沙天气多、蒸发量大等自然地理环境的原因，造就了乌拉特后旗牧区生态系统脆弱、敏感的独有特征。近代以来，滥垦、过牧、滥挖、滥采等人为原因也不断加剧着牧区生态系统的脆弱性。从历史上看，乌拉特后旗在清朝中叶同驻哈达玛尔"共牧地"，属民"逐水草而居"，游牧于乌拉山南北。清朝同治、光绪年间，山前牧场被大量垦殖，牧业被迫屡屡北移。1912 年"中华民国"成立不久后制定了《垦辟蒙荒奖励办法》等规定，对积极报垦和领垦者予以奖励。从此，内蒙古西部地区开始大兴蒙垦。一些军阀在抢占地盘的过程中把蒙垦作为其发横财的途径。当地一些王公和汉族地商相互勾结，竭力肥私，广大民众深受其害。绥远省政府成立后，继续实行"移民实边""开发蒙荒"，扩大垦务。到了 20 世纪中叶，山前的最后一批蒙古族牧民也全部迁到乌拉特后旗山后牧区。中华人民共和国成立初期，由于人少畜少，放牧仍然可以"逐水草而居"，进入 20 世纪 60 年代，随着人口的增长和畜群的增多，牧民可流动空间日益缩小，多年来一直处于人、畜、草三者的矛盾之中，矛盾日益尖锐，生态日益恶化，限制了畜牧业的发展，影响了人们的正常生存。

中华人民共和国成立前，乌拉特后旗境内的牲畜不足十万头（只）。中华人民共和国成立后，牲畜头数逐年增长。到 1970 年乌拉特后旗成立时，牲畜已达到 33 万头（只），见表 3.3。1973 年，全旗实有牲畜 19.26 万头（只），折合 23 万个羊单位，当年理论载畜量 23.6 万个羊单位不超载。其后的几十年间，当地牧区发展的指导思想始终未能走出追求牲畜个体头数增长的误区。尤其是 20 世纪 90 年代之后，羊绒价格飙升，更刺激了牧民发展山羊的诉求。牲畜头数在 1998 年达到了巅峰的 65.01 万头（实测 85 万头）。当年理论载畜量 42.02 万个羊单位，超载 23 万个羊单位。1999 年全旗实有牲畜 60.01 万头（只），当年理论载畜量 42.02 万个羊单位，超载 23.33 万个羊单位。如果从相对静态角度去对比：1999 年载畜量比 1973 年增加了 3.3 倍，也就是说在不到 30 年的时间，草场在超出负荷 3.3 倍的状态下运转（表 3.4）。

表 3.3　乌拉特后旗部分年份草原养殖动物种类及变化情况（单位：头）

年份	年末总头数	大牲畜	猪	小牲畜		
				总数	绵羊	山羊
1970	335081	40429	890	294589	76033	218556
1975	335640	36843	2739	298797	76148	222649
1980	365466	43895	2773	321607	87851	233756
1985	366088	39757	3448	326331	85120	241211
1990	366888	19635	9716	347253	78267	268986
1994	405166	25174	21105	379992	58597	321395
1995	456587	30854	17439	425733	68164	357569
1999	524512	20342	3055	504170	67743	436427
2001	428571	9610	2087	418961	49255	369706
2004	472136	7353	3013	461770	54416	407354
2007	403142	10309	3227	389606	43192	346414
2010	371597	18865	2124	350608	38680	311928
2015	363066	22856	1168	339042	94510	244532
2016	428334	22597	1031	404706	104112	300594
2018	394403	38879	166	355524	64453	290905

资料来源：根据《乌拉特后旗年鉴 1989—2018 年》整理

表 3.4 乌拉特后旗草场承载力变化及超载情况

时间	亩产干草量（斤）	单位羊需草场面积（亩）	理论载畜量（万头）	实有牲畜（万头）	超载量（万头）	超载率（%）
1973	150.10	33.20	23.60	23.00	0	0
1999	18.40	86.60	42.02	65.35	23.33	55.52
2005	18.00	88.52	29.00	64.06	35.06	120.90

资料来源：根据《乌拉特后旗年鉴 1989—2004 年》及《乌拉特后旗统计年鉴 2006》整理

　　随着牲畜头数的增多，畜均草场占有量逐年减少，牧场载畜量超负荷，大部分牧场受到不同程度过度放牧的影响。牧草生长缓慢，植被覆盖度降低，草场产草量和载畜量下降，地表植被和土壤结构遭到破坏。同时也因为人口的增加，使居民点逐年扩大并增多，人、畜生存无回旋余地，从而进一步造成草原的沙漠化。这些使本来就脆弱敏感的草场更加不堪重负，草场退化严重。包玉山（2002）认为，退化草场一般呈现以下特征：第一，植被的草层结构简单化，草群变矮，种类成分改变，原来的优势种逐渐衰退或消失，大量的一年生及各种杂草相继侵入，甚至有毒有害植物大量增加；第二，草群中可食优良牧草的生长发育减弱，数量减少，产量降低，而不可食草类数量、产量增多。乌拉特后旗牧区的植被表现稀疏化、种类贫乏、盖度降低 30%～80%，高度降低 25%～70%（1998 年年末测算盖度降低 70%～90%，高度降低 55%～85%），植株日趋矮化，多年生可食性牧草下降，产量低，平均下降 45%～70%，质量更差。更为严重的是，牧区出现了以生物物种的逆向演进情形为代表的草场恶化，见表 3.5。草原恶化是在草原生态系统演化过程中，其结构特征和能流与物质循环等功能过程的恶化，即生物群落（植物、动物、微生物群落）及其赖以生存环境的恶化，既包括"草"的恶化，也包括"地"的恶化。不仅反映在构成草原生态系统的非生物因素上，也反映在生产者、消费者、分解者三种生物组成上，因而草原恶化是整个草原生态系统的恶化。这种恶化不仅影响了人类的生存环境，还将产生一系列的生态、经济和社会问题（张利华，2016）。

表3.5 乌拉特后旗1973—2015年草场退化及生物逆向演进情况

分区	植被	建群种、优势种变化	盖度	高度
山地草场区	荒漠化草原	多年生牧草10种/平方米下降到3种/平方米。骆驼蓬等由0增加到9种/平方米	20%下降到9%	15厘米下降到6~8厘米
草原荒漠草场区	灌木、禾草	灌木产草量下降50%，多年生丛生禾草由19种下降到10种，低级一年生植物由2种增加到12~15种	12%~15%下降到2%	7~9厘米下降到2015年的5厘米
荒漠草场区	荒漠类型	梭梭草场下降50%，产量由1400斤/亩下降到300斤/亩	54%下降到20%左右	——

资料来源：根据《乌拉特后旗年鉴1989—2015年》整理

山地草场是乌拉特后旗退化最严重的草场。植被以荒漠化草原为主，包括荒漠化草原和典型草原，主要分布于中、低山区。正常草场的建群种和优势种主要由密丛型小禾草的戈壁针茅、小半灌木的芪状亚菊等组成。2004年，建群种和优势种发生了十分显著的变化。在这个变化中，多年生牧草从每平方米10种减少为3种，而骆驼蓬和一年生栉叶蒿从无到有，增加到八九种。盖度从20%降到9%。高度从15厘米降到6~8厘米。一些榆树多被山羊啃死，一些有害植物则大量滋生，如异变黄芪。

草原荒漠草场区主要分布在倾斜平原和坡状高原上。在正常牧放条件下、建群种和优势种主要由红砂、珍珠、戈壁针茅、灌木亚菊、蒙古葱、无芒隐子草等组成。2004年后，随着牧放程度的加重，草群的成分发生了很大的变化。灌木高度和密度明显降低，产草量下降50%，一般优良可食灌木在草群中的比例减少，多年生丛生禾草也减少，植物由以前的19种减少到2004年的10种。而低级的一年生植物则由2种增加到2004年的12~15种。草群高度从7~9厘米下降到2015年的5厘米，盖度从12%~15%下降到2004年的 2%。

荒漠草场约占全旗牧场的 67%。植被为荒漠类型，主要的建群种和优势种有梭梭、唐古特白刺、红砂，草木以一年生植物为主。此类草场的退化也非常严重，主要表现在梭梭林上。20 世纪 50 年代初，在乌拉特后旗荒漠草场上有 12 万公顷梭梭林，但是在 20 世纪 80 年代减少到 6.1 万公顷，到了 2016 年，则仅剩 1.2 万公顷，60 年间减少了 90%，而且梭梭林的产草量由正常期的 1400 斤/亩降为 2015 年的 300 斤/亩，草场盖度也由正常期的 54% 降为 20%。

除了过牧之外，滥挖也是造成当地脆弱性加剧的社会因素之一。据记载 20 世纪 50 年代末，由本巴图、海里、巴音查干三片沙漠组成的地势由南向北降低的巴音温都尔沙漠，境内梭梭林面积 180 多万亩，且高大稠密。1964 年的时候有 150 多万亩梭梭林。梭梭在当时是牧民的主要燃料，随着牧区人口的增长，采薪量也逐年增多。由于贫困总伴随着落后的生产方式，使人们缺少必要的财力、物力和科技手段来应付在脆弱生态环境下自然灾害所带来的冲击，贫困地区能源和燃料的缺乏，在人口不断增长的压力下也会带来严重的生态灾害，在传统生物性燃料的年再生产量无法满足时，就出现了对存量的消耗（盖志毅，2011）。

自 20 世纪 70 年代初年潮格旗正式设立后，人口开始聚集在赛乌素镇，从 50 年代末统计的山后整体居民约 4000 人一下子增长到仅赛乌素镇就有 1.6 万人口，由于短时间内人口猛增，地处偏远，运输条件不佳且当时比较贫困落后，许多人家没有条件购买煤炭，每到冬天，旗里的单位就会给每户职工拉一汽车梭梭作为过冬燃料，单位本身所用的燃料也是从牧区拉来的梭梭，每拉一车梭梭连砍伐带碾压就会损害 2~3 亩梭梭林，甚至为了方便和求近不去捡已经枯了的干梭梭，而是直接砍伐还在生长的湿梭梭。长此以往，到了 80 年代后期已经烧掉了全旗 50% 的梭梭林。再加上牧民的采薪，全旗每年损失梭梭 23000~26000 千克，折合草场面积 4.5 万~6 万亩。到 21 世纪初，全旗梭梭林只剩 90 万亩左右，且植株矮化，盖度稀疏，其分布范围向北退缩了近 70 公里。天然梭梭林的退化，削弱了其固沙保护作用，加剧了区域生态环境的退化，使该地区的生存环境变得恶劣。

除了对梭梭林的滥挖之外，滥采苁蓉和发菜也使草原受损严重。有"沙漠人参"之誉的肉苁蓉（蒙语查干高要）是一种名贵的中药材，一般寄生在梭梭林的根部。在 20 世纪每年的 5 月上旬，乌拉特后旗境内梭梭林内到处都是采挖的车辆与骆驼。为了获取更多的苁蓉，人们疯狂采挖，甚至连苁蓉和寄生的梭梭林一并挖去。采挖现场千疮百孔、一片狼藉。这种无序过滥的苁蓉采挖给梭梭林带来了极大的生态灾难。发菜是乌拉特后旗草原特有的一种野生藻类，状如人发，故名发菜，因其谐音"发财"，所以被人视为馈赠亲友的佳品。《乌拉特后旗草场资源专题调查报告》记载，每年都有大批宁夏的农民和当地一些城镇无业居民来到乌拉特后旗，7~8 个人雇一辆三轮小车，日出而作，日落而息，一年四季在草场上扒搂。他们用一种自制的叫"刮地穷"的 1~2 尺宽的细齿耙子，在草场上一字排开，连发菜带牧草，一搂殆尽，只搂得草根裸露，土壤松散。每年有 10 万~15 万亩牧场受损。当地一位老牧民向笔者这样介绍：

搂发菜，这个怎么开始的呢？当地人也有，但是当地人是有限度的，再搂也不会挖自己的草根，就把表面上的用镊子手拿起，不会伤害草，80 年代以后甘肃、宁夏的人大量涌入，我记得 1990 年冬天来了一千多个人，后来没办法阿盟和巴盟的武警部队，动用部队力量抵挡这些人，当地那个时候总共戈壁苏木常住的人也就是一千人，宁夏来的外地人就超过一千人了，而且造成社会不稳定，造成边疆不安定，那些人一方面挺可怜的，另一方面也挺可恨的，他们穷了也不能来破坏人家的生态吧。这些人每年都来，后来阿盟和巴盟联合起来驱赶了好几次，后来可能这些人来得也少，那几年正好好像是宁夏连续几年干旱，庄稼没有收入，所以他们就大量地来这里搂发菜。再一个就是苁蓉，80 年代以后就大量地挖。以前也挖，但是都是有组织的，集体经济那会儿都是集体行为，尤其是改革开放以后，人员流动比较自由以后，外地人来得多，当地人因为人少，居住得比较分散，形成不了合力，对抗不了外地人的这种违法行为。

当地政府为了遏止对梭梭林的人为砍伐和伤害接连出台了多项强制性的法律法规，如 1999 年的《乌拉特后旗梭梭林资源保护管理办法》、2000 年的《关于禁止采集发菜的通知》、2001 年的《乌拉特后旗人民政府关于禁止采挖苁蓉的通知》等。2000 年以后针对天然梭梭林大面积减少、沙化严重等环境问题，当地政府积极采取了围封天然梭梭、封沙育林草等措施，恢复沙漠天然植被，同时在有条件能满足植物生长需求的地段实施飞播造林，主要有梭梭、花棒、沙蒿等。从 2000 年到 2016 年，集中连片实施飞播、封育 176 万亩以上，播区内灌木苗生长分布较为均匀，梭梭林在一定程度上得到了恢复。

三、技术风险：工矿业开发之下的脆弱性

Cherrington（2008）指出，传统社区的牧民与其土地间关系密切，他们开展的放牧活动等主要从生计考虑出发，这是他们从数千年前就一直在从事的生产活动，在这一生产过程中他们所积累的知识和经验能够让他们存活至今。但另一方面，这种密切关系也意味着自然环境的变化会对他们产生更多的影响（David Cherrington & Gibb Dyer，2008）。因为受制于自然条件的剧烈波动，草原放牧业中的许多事物都有一个共同的特点，年际变化非常大。加上社会转型、市场机制和发展政策，生活在草原的牧民与其他人群相比处于更加剧烈变动的环境之中。因此，从牧民生计面临的技术风险而言，应对其加以长时段的纵贯研究才能有真正的了解。本部分使用的资料来源于笔者 2013—2015 年每年暑期在乌拉特后旗某铜矿开发区进行的实地调查。

B 嘎查平均海拔在 1200 米以上，气候特征为风大、沙多、降水量少、无霜期短，年均降水量不足 80 毫米，是典型的荒漠草原（乌拉特后旗志编纂委员会，2005）。截至 2014 年年底，B 嘎查有 34 户，152 人，蒙古族为 124 人，

占总人口的 81.6%，人均年收入 9200 元，拥有草场 149200 亩。国内资源储量第六位的大型铜矿位于 B 嘎查境内，铜矿企业现有员工 300 余人，年产铜矿石 200 万吨，2014 年企业营业收入额为 91579 万元，净利润 14698 万元。

（一）工矿业开发对牧户生计的影响

在了解当地实际情况、访谈基础上，结合已有对牧户类型划分的研究（魏雯、徐柱、师尚礼，2011；宝音都仍、阿如罕，2015），本研究根据牧户的谋生方式、草场利用状况、家庭劳动力分工等划分标准，将调查牧户生计类型分为传统型、兼业型和抽离型三种类型，见表3.6。传统型生计牧户只从事传统畜牧业；兼业型生计牧户除了从事畜牧业之外，家庭还有成员在铜矿周边工作或外出打工；抽离型①生计牧户则是指草场完全被铜矿征用，主要依靠补偿款及在铜矿工作和外出打工从事生计的牧户。

表3.6 三种类型牧户基本情况表

生计类型	户数	户均草场数（亩）	距铜矿距离（千米）
传统型	9	5152	4~9
兼业型	13	3811	1.5~5
抽离型	12	0	1.5

1. 传统型生计

B 嘎查原先是一个纯牧业嘎查，主要经营山羊、绵羊、骆驼、牛等牲畜。受矿产开发的影响，在该嘎查从事纯牧业生计的牧户为九户。据我们了解，传统型牧户收入由牧业收入和补偿收入组成。补偿收入分为企业补偿和政府补贴，其中以政府补贴为主。政府补贴是因为 B 嘎查是生态脆弱地区，对严格执行 27 亩草场养一只羊的草蓄平衡户给予每年 1.18 元/亩的补贴。此外，政府还给牧户每年 500 元的燃油补贴费用。因为传统型牧户基本距离铜矿较远，不涉及企业占地或是临时占用草场，因此只能享受到因铜矿开发所造成的水资源下降的补偿费用。B 嘎查的地表水和地下水资源都很缺乏，但企业

---

① 吉登斯认为，现代工业化发展的逻辑之一便是对生产生活方式和文化资源的"抽离"。

生产需要使用大量的地表用水。为了满足企业每年生产所需的 120 万吨水资源，企业通过建水库、塘坝的方式获取了 11 处水源地，补偿标准为 3600 元/（人·年）。

敖仁其（2004）认为，天然草原是由种类不同、高低不等的植物群落组成的，由于不同家畜对牧草采食的方法不同、偏好不同，在一个相对大的草场内，牛、马、羊交替利用草场，其牧草使用率要比单一种畜利用率高。在市场的推动下，牧区的生产结构更加简单，多数牧民只饲养羊，因为羊是市场上最需要的产品，传统的牛、马都被羊替代了（王晓毅，2009）。值得一提的是，B 嘎查的特色地方良种二狼山白绒山羊还曾获得国际羊绒金奖，因此经营山羊便成了当地牧民的不二选择。传统型生计牧户的大部分收入来自经营山羊，按照 2014 年的收购价格，羊绒为 160~180 元/斤，羊皮为 40 元/张，羔羊皮为 180 元/张，按照一斤 20 元的收购标准，一只成年山羊可以卖到 600~900元。根据调查组对九户牧户的调查，得出他们的收入情况如表 3.7 所示。

表 3.7　传统型生计收入情况表

收入项目	2013 年		2014 年		2015 年	
	金额（元）	占比（%）	金额（元）	占比（%）	金额（元）	占比（%）
牧业收入	94320	80.52	93252	80.34	91366	80.02
补偿收入	22815	19.48	22815	19.66	22815	19.98
户均收入	117135	100	116067	100	114181	100

从表 3.7 可以看出，2013—2015 年，补偿收入约占传统型生计牧户总收入的 20%，但是牧户总收入呈现逐年下降的趋势。在补偿性收入保持不变的情况下，收入下降主要体现在牧业收入的减少。造成牧业收入下降的原因主要是铜矿开发给牲畜所带来的意外风险。

首先是牲畜的意外死亡情况增多。据牧民反映，"修路三年的时间有多少牲畜死不知道。如果换成油路就好了。国家二线路（砂石路），2004 年开始修2006年完工。路通后上面走大型车，有时撞死人家的骆驼。我们不能一天24小时跟着它们放牧吧，晚上也不能带进家里睡觉是吧，然后指责我们没看好自家牲畜。那样把罪名戴在我们头上"；"冬天下雪之后，如果牲畜掉进矿山随便挖的洞里，就难逃一死，矿里的狗还咬牲畜，给我们带来了很多意想不到的损失"。其次是牲畜由于各种污染导致疾病增多。牧民们说："这些年铜矿的灰尘也多，家里放的羊有消化不良的，还有得长牙病的，收羊的一见牙长的羊就把价格压得很低，或者根本不要。"

从表3-8可以看出，传统型生计牧户在三年间的支出总体呈现逐年上涨之势。生产支出所占的比例最高，分别为67.17%、66.53%、64.83%。牧区的市场化进程使地处半干旱半荒漠化的B嘎查牧户可以通过购买饲草和通过倒场（租用其他牧户的草场）来扩大生产和克服自然灾害。但是由于近些年铜矿的露天开采导致的粉尘污染增多，一些牧户的草场受到污染而退化，因此干草料的使用量一直居高不下。除了高昂的草料费用，生产支出中的油料费和防疫费也一直在增长。油料费的增长与矿产开发导致的水均衡破坏不无关系。矿产在开采过程中，井坑需要疏干排水，致使矿区地下水位下降，打破了整个地表水、地下水的均衡系统（王关区、陈晓燕，2011）。这使得缺水地区的B嘎查供水更为紧张，当地的牧民不得不开车去较远的塘坝拉水，无形中增加了油料费用。虽然嘎查对每户牧民提供一些免费的防疫制剂，但是近些年来牲畜的疾病的增多也使得防疫费用不断增长。

表3.8　传统型生计支出情况表（单位：元）

支出项目		2013 年		2014 年		2015 年	
		金额（元）	占比（%）	金额（元）	占比（%）	金额（元）	占比（%）
生产支出	饲草费	46725	58.66	47528	57.29	45246	54.49
	油料费	5721	7.18	6425	7.74	7124	8.58
	防疫费	1057	1.33	1248	1.50	1463	1.76

支出项目		2013 年		2014 年		2015 年	
		金额（元）	占比（%）	金额（元）	占比（%）	金额（元）	占比（%）
生活支出	食品支出	9628	12.09	10141	12.22	11324	13.64
	服装支出	3276	4.11	3984	4.80	4285	5.16
	燃料支出	2503	3.14	2412	2.91	2428	2.92
	医疗支出	1383	1.74	1432	1.73	1236	1.49
	教育支出	6214	7.80	6537	7.88	6476	7.80
	其他	3142	3.94	3256	3.92	3447	4.15
合计		79649	100	82963	100	83029	100

从具体的支出项目来看，食品支出、教育支出、服装支出分列前三位。衣食支出的不断增加意味着牧户生活成本的逐渐增加。矿产开发不仅加速了地处偏远的 B 嘎查从一个传统的封闭社区向开放社区的转变，也汲取了当地本不丰裕的大部分生活资源，这都导致了铜矿周边的物价上涨。一些牧民也认为："铜矿开发后，我们苏木的外来人口增加了不少，光矿山上就有近千人，平时还有探亲的、跑运输的，这些人都要吃喝，物价能不上涨吗？"教育支出在生活支出中也占有一定的比例，近些年来由于内蒙古农牧区学校布局调整，地处偏远的 B 嘎查牧民不得不把孩子送到远离嘎查 70 公里之外的旗中心所在地中小学去上学，父母亲戚陪读、租房等费用都给牧民带来额外的支出。另外，一些牧民孩子考取了大中专院校，这也使教育支出不断增加。

2. 兼业型生计

兼业型生计的牧户在 B 嘎查为 13 户。兼业型生计的牧户的家庭成员除了放牧之外，还从事在铜矿打工、在铜矿周边从事服务业和外出打工等生计。兼业型生计牧户收入如表 3.9 所示。

表 3.9　兼业型生计牧户收入情况表

收入项目	2013 年		2014 年		2015 年	
	金额（元）	占比（%）	金额（元）	占比（%）	金额（元）	占比（%）
牧业收入	32487	43.01	32518	44.24	30841	43.29
补偿收入	16174	21.41	15846	21.56	16225	22.77
工资收入	26873	35.58	25139	34.20	24176	33.94
合计	75534	100	73503	100	71242	100

　　从表 3.9 可以得知，兼业型牧户的收入来源是牧业收入、工资收入和补偿收入。牧业收入在兼业型牧户中仍然占有将近一半的比例，但是牧业收入较传统型生计牧户相比却有着较大差距。首要原因是铜矿开发对草场的占用使得部分兼业型牧户草场面积不断缩小。在草原畜牧业"草原—牲畜—牧民"的结构中，草的供给成为牧户经营最敏感的问题，草场的微妙变动都会产生很大的影响，尤其是在市场化、定居化的条件下，牧民的收入和拥有草场的数量成正比。铜矿的开发不仅要占用大量的草场，其行政用房、配套设施，以及废矿渣、废料堆放等，都需要占用草场，因此牧民的生计空间不断缩小，牧业收入也明显下降；其次是因为兼业型牧户的草场基本都毗邻或接近铜矿核心区域，现有草场被破坏和污染严重。铜矿在露天开采中需要剥除矿体表面土壤，从而破坏了地表植被，加剧了水土流失和土地沙化。相关研究认为，草场退化受危害的不仅是退化的草场本身的那一块，它将以辐射状扩展，殃及大片草场（盖志毅，2006）。有牧民据此抱怨，"铜矿开发的时候破坏了很多草场，说是要恢复，但是到现在还没有做，这几年草场越来越不行了"。铜矿带来的污染也是草场的大敌。金属矿产开采污染最突出的问题是选矿废水、尾矿、废石等矿山排泄物对水环境的污染及放射性污染（达林太、郑易生，2011）。铜矿的尾矿库有两处，均设在离铜矿三公里之外草原的洼地上，当尾矿水蒸发和渗入地下之后，铜绿色的废矿渣固化成壳，呈现出与周边环境格

格不入的斑驳景象。污染使得兼业型牧户深受其害，最直接的影响是牧业产品的价格下降，羊贩子故意把一些毗邻铜矿牧户家的羊价格压低，认为这里的羊肉和羊绒品质不好。牧民也诉苦道："从我们这不到五公里的地方有排污废水的地方，再从那往东走的话，有放铜矿废弃物海绵铜和硫酸的地方，懂的人也不买那里的羊，要是不懂就买了，我们也便宜卖了。还有靠近铜矿这边的粉尘大，羊绒的价钱也不好。"在补偿收入方面，兼业型牧户的补偿比传统型牧户少，最主要的原因是草场面积较小，因此政府补贴也少。企业补偿则和传统型牧户一样享有 3600 元/（人·年）的水资源补偿，虽然一些牧户还因为企业临时租用草场可以领取 1.75 元/平方米的草场临时占用补贴，但是由于种种原因，很少有牧户能够及时领取。一些牧民投诉道："以前铜矿在草场上有安电线杆的，工作完了之后都走了没人可找了。最近又在安铁架子，我们几户去闹了，阻止他们干活，然后每户又得了 2000~3000 元，但是一直这么老实坐着肯定啥也不给。"

牧业生计面临的窘境使兼业型牧户的家庭成员不得不外出另谋生计，据嘎查书记介绍，"现在牧民出去找不到工作，一是语言不通，二是年纪大了，还有就是牧民在放牧时自由惯了，现在每天按时按点上班也不习惯"。因此，"靠矿吃矿"成了技能和学历都有所欠缺的牧民们的最好选择。《中华人民共和国民族区域自治法》第二十三条规定："民族自治地方的企业、事业单位依照国家规定招收人员时，优先招收少数民族人员，并且可以从农村和牧区少数民族人口中招收。"但是铜矿以各种理由将还有草场的牧民拒之门外。大部分兼业型牧户生计的牧民只能在铜矿职工生活福利区从事餐饮、运输、物业等服务行业。而近些年来国内外金属价格市场的不景气也使铜矿周边用工量持续减少，继而使牧民的打工收入逐年下降。

在兼业型生计牧户的支出方面，生产支出依然占有将近一半的比例。铜矿开发导致兼业型牧户的草场面积缩小，现有草场载畜能力增加，牧草生长期缩短，冬储饲草短缺，导致饲草费用居高不下。尤其是毗邻铜矿核心区，兼业型牧户的水源、草场都受到了较为严重的污染，牧民不得不自掏腰包购买一些额外的防疫产品，这无形中增加了生产性支出。如果把近三年的牧业收入和生产支出相比较，就会发现兼业型生计牧户在牧业上的纯收入很少甚至为负值，在高成本和低收入的压力下，牧业已经成为兼业型生计牧户的"鸡肋"。牧民抱怨："我们这边因为草场都小，补贴也少，这些年草场也退化得厉害，除去一年的防疫、饲料、油费等花费，一年下来也没啥收入了。"

从表 3.10 中的生活支出来看，位居前三位的分别是食品、教育、其他费用。兼业型生计牧户也需要承受近些年铜矿周边生活费用的不断飞涨。此外，部分牧户由于污染严重，甚至不敢吃自家的羊肉，出现了"养羊买羊肉吃"的怪象，这无形中增加了食品支出。牧民们认为："现在污染太厉害，在那附近的，知道的都不吃那的牲口肉，自家养的羊吃肉都困难了，没肉饭都下不了肚呢，只好去其他地方买羊肉。"其他费用的增长主要是因为交通费用和通信费用的增加。近些年来由于铜矿规模的不断扩大导致围栏越来越多，带来的交通阻碍造成了经常外出牧民的出行不便，这都增加了牧民的交通开支。此外，手机已成为外出打工的牧民所购买的必需品，社会交往的增多以及牧区通信信号不好、资费高等一系列情况也一定程度上增加了通信费用。

表 3.10　兼业型生计支出情况表

支出项目		2013 年		2014 年		2015 年	
		金额（元）	占比（%）	金额（元）	占比（%）	金额（元）	占比（%）
生产支出	饲草费	24819	42.80	23273	39.76	25335	41.04
	油料费	4484	7.73	4922	8.41	5019	8.13
	防疫费	924	1.59	958	1.64	1017	1.65

支出项目		2013 年		2014 年		2015 年	
		金额（元）	占比（%）	金额（元）	占比（%）	金额（元）	占比（%）
生活支出	食品支出	10618	18.31	11718	20.02	12419	20.12
	服装支出	3320	5.73	3552	6.07	3854	6.24
	燃料支出	2172	3.75	2146	3.67	2098	3.40
	医疗支出	1474	2.54	1456	2.49	1435	2.32
	教育支出	5943	10.25	6022	10.29	6114	9.90
	其他	4236	7.30	4485	7.65	4447	7.20
合计		57990	100	58532	100	61738	100

3. 抽离型生计

铜矿自开发以来已经占用了 B 嘎查 47000 亩草场，处于铜矿核心区的 12 户牧民不得不成为"企业移民"，在铜矿和苏木的帮助下搬迁进了铜矿为他们修建的"移民村"，失去了牧业收入的牧民们只能靠补偿收入和打工收入维持生计，其收入情况见表 3.11。

表 3.11　抽离型生计牧户收入情况表（单位：元）

收入项目	2013 年		2014 年		2015 年	
	金额（元）	占比（%）	金额（元）	占比（%）	金额（元）	占比（%）
补偿收入	54230	68.67	54274	70.60	54815	72.17
打工收入	24738	31.33	22604	29.40	21139	27.83
合计	78968	100	76878	100	75954	100

可以看出，与其他两种生计类型牧户的收入结构比较，抽离型生计的牧民的收入以补偿收入为主。补偿收入主要分为国家的禁牧补贴及企业发放的

退牧还草补贴、草场占用补贴①和水源补贴等。其中禁牧补贴为 4.74 元/（亩·年），退牧还草补贴为 7200 元/（人·年），草场占用补贴为 2.53 元/平方米，水资源补贴为 7200 元/（人·年）。由于企业补贴在抽离型牧户的补偿收入中占有较大比例，而且每年可以定时领取，尤其是草场占用补贴是一次性发放，这些牧户被视为铜矿开发的受益者。嘎查长也认为："工矿业带来的影响有好处也有坏处。好处的话，对于征了地的牧民，一年什么也不用干就有收入，而且还不低。"但是由于失去了传统生计所依赖的草场，他们面临着结构性转业的重任，可持续生计和再就业问题面临着新的困难。铜矿曾承诺在就业岗位上优先考虑安排草场被完全征用的牧民。但是据了解，由于铜矿开发企业采用了业内盛行的"总部经济模式"，企业的劳动力多从外地招募，加之工种限制和用工习惯，这些牧民很难参与到工资较高的企业基本工种中（如采掘、加工等），而且因为牧民自身的语言沟通能力和文化素质等问题，企业很不愿意吸收他们参加工作。目前在铜矿工作的 B 嘎查牧民只有 17 名，基本从事保安、库管等后勤工种，月薪都在 2000 元左右。除了参加铜矿的工作外，一些牧民在铜矿周边或者去附近的镇上通过打工来补贴收入，但是多数牧民由于没有什么一技之长，加之自身语言文化的限制，他们的打工收入较少而且不稳定。

　　从抽离型牧户的支出情况来看（表 3.12），虽然没有了生产支出，但是生活支出的费用却是三种类型牧户中最高的，几乎所有类别的生活支出都比其他两种类型的牧户多。占据前三位的分别是食品、其他和教育支出。食品支出增加的重要原因是这些牧户已经基本脱离了牧业生计体系，所有的食品必须从市场购买，铜矿周边高昂的物价不必多说，更重要的是由于没有了牲畜，他们不得不自己购买肉食，这使食品开支不断攀升。另外，一些抽离型牧户的家庭成员外出打工谋生，"分锅吃饭"无疑也增加了食品支出。其他的支出增多则多是与抽离型牧户不稳定的生计方式相关，每年定时发放的补偿费用带来了大量金钱收入的"错觉"以及牧民闲暇时间增多，一些额外的支

---

① 企业的草场占用补贴为一次性发放。为研究方便，本研究将其调整为年收入，计算标准：草场占用补贴÷18（铜矿服务年限）＝年均草场占用补贴。

出费用如交通、通信、应酬等接踵而来，还有个别牧民沉迷于赌博、酗酒。尽管抽离型牧户由于拿着貌似较高的补偿收入被视为工矿业开发的受益者，但是由于脱离了牧业生计体系，无所事事和混日子逐渐成了生活的常态，加之相对高昂的生活费用，以及目睹工矿业发展的种种弊端，他们对未来的发展充满了迷惘。一位牧民就对笔者这样说："如果条件允许，我还回去放羊，因为放羊收入还行，而且待着也不慌。"

表 3.12 抽离型生计支出情况表（单位：元）

支出项目		2013 年		2014 年		2015 年	
		金额（元）	占比（％）	金额（元）	占比（％）	金额（元）	占比（％）
生活支出	食品支出	17281	39.10	18358	39.21	19224	39.22
	服装支出	4216	9.54	4492	9.59	4506	9.19
	燃料支出	3092	7.00	2857	6.10	2946	6.01
	医疗支出	3637	8.23	3855	8.23	3973	8.10
	教育支出	5743	12.99	5684	12.14	5736	11.70
	其他	10225	23.14	11574	24.72	12636	25.78
合计		44194	100	46820	100	49021	100

结合上述分析，我们可以看出当一个以"发展"为名的工矿业项目降临草原时给不同生计类型的牧户带来的脆弱性影响。虽然工矿业开发增强了当地的经济实力，并给牧民带来了一定的补偿收入。但是这种将牧民排斥在发展进程之外的补偿以分割草原整体资源和剥离牧户与草原的共生关系为代价，而工矿业开发的负外部性如环境污染等使牧户的生产和生活成本不断攀升并加剧了传统牧业生计的风险和脆弱性，使牧户的未来充满了不确定性。具体而言，传统型牧户面临的风险不断加剧，兼业型牧户的生计空间不断缩小，而脱离了草场的抽离型牧户则彻底失去了生计的自主性和独立性，沦为发展的"边缘人"。

第四章

牧户生计资本测量与分析

对牧户生计资本的实证研究首先涉及较为复杂而系统的生计资本指标体系建构及其测量问题。在前文工矿业开发—可持续生计框架的指导下，本章测量了牧户各项生计的一级指标包括六个维度，即人力资本、物质资本、金融资本、自然资本、文化资本、社会资本，每一个一级指标被操作化为相应的二级或三级可以测量的指标。在对指标的标准化处理方面，本研究主要采用了熵权法进行处理。

第一节　生计资本的描述性统计

一、数据来源

在对牧户生计资本的测量方面，本研究以 2016—2018 年的调研为基础。为了减少对牧民可持续生计评估的偏误，研究地点选择了乌拉特后旗牧区部分工矿业开发地 H 苏木和 B 苏木周边作为田野考察点。本研究在调研区域选定方面具有一定的科学性与合理性。首先，这两个苏木的矿产点星罗棋布，储量较丰，已探明的矿藏包括金、银、铜、铁、钼、硅石、水晶、玛瑙、萤石等，其中铜矿、钼矿、玛瑙的储量位居全国前列。其次，苏木里面有规模较大的矿产开发企业进行开采，周边的牧民受矿产开发的影响较大，可以较为全面地展现工矿业开发地区的居民可持续生计状况。因为牧民居住较为分散，且受到时间、经费的限制无法进行抽样调查，所以本次调查运用非概率抽样的立意抽样方法来发放问卷。立意抽样的目的是挑选信息丰富的案例，对这些案例的研究尽可能地阐明问题（大卫·A.欧兰德森等，2007）。本研究将矿产开发地周边的牧户纳入调查范围，通过入户调查的方式发放问卷241份，其中有效问卷206份，有效率为85.48%。调查地点及问卷发放具体情况见表4.1。

表 4.1　调研地点及问卷发放情况

调研苏木	嘎查	户数	草场面积（万亩）	矿产资源	问卷发放数目	有效问卷数目
H苏木	毕力嘎查	129	72.9	铜矿	44	40
	萨如嘎查	99	35.3	铜矿、铁矿	43	34
	乌吉嘎查	69	6.3	铜矿、钼矿	39	32
B苏木	高勒嘎查	105	60.4	铜金矿	48	40
	巴音嘎查	121	88.5	铜金矿	37	34
	哈拉嘎查	78	58.2	铁矿	30	26

二、牧民资本的描述性统计

（一）自然资本

自然资本是描述自然资源存量的术语，泛指生计的资源流及相关服务。自然资本可分为无形的公共资本（如大气、生物多样性）、有形可分的直接用于生产的资本（如土地、水、树木）以及它们提供的生态服务（苏芳，2009）。从可持续发展的角度而言，维持自然资本的基本恒定是维持可持续发展的基本基础（林娅、孙文营，2008）。草原放牧业是一个极为特殊的领域，它对自然生态系统的依赖程度要比农业、工业和其他行业大得多（韩念勇，2018）。水和草便是牧业生计赖以维系的核心资源，牧草的数量和品质，不仅影响和制约着牲畜的数量和质量，而且还影响着畜牧业产品的数量和质量，最终会影响牧民的生产和生活。因此。本研究牧户的自然资本分解为草场面积、草场质量主观评价及水源质量主观评价三个指标。

如表 4.2 所示，调查点户均草场面积为 5152 亩。其中 3000 亩以下的为 26 户，占比 12.6%，3001~6000 亩的为 84 户，占 40.8%；6001~9000 亩的为 73 户，占 35.4%；9000 亩以上的有 23 户，占 11.2%。当地苏木提供的资料显示，H 苏木共有 769 户，草场总面积为 830 万亩，户均草场面积 1.08 万亩；B 苏木共有 749 户，草场总面积为 852 万亩，户均草场面积 1.14 万亩。如果和这两个苏木的户均平均草场来对比，调研牧户的平均草场面积仅是苏木平均草场面积的一半。

表 4.2 牧户草场统计

指标	户数	有效百分比（%）
0~3000 亩	26	12.6
3001~6000 亩	84	40.8
600~9000 亩	73	35.4
9000 亩以上	23	11.2
合计	206	100

在牧户对草场质量的评价方面，回答"一般"和"不好"的牧户分别占 11.7% 和 46.1%，见表 4.3。在水源质量方面，仅有 23 户牧户认为水源质量为非常好及良好，有 158 户共 76.7% 的牧户认为该地区的水源质量不好或非常差，见表 4.4。

表 4.3　草场质量评价

评价	户数	有效百分比（%）
非常好	5	2.4
良好	12	5.8
一般	24	11.7
不好	95	46.1
非常差	70	34.0
合计	206	100

表 4.4　水源质量评价

评价	户数	有效百分比（%）
非常好	3	1.5
良好	20	9.7
一般	25	12.1
不好	65	31.6
非常差	93	45.1
合计	206	100

（二）文化资本

"文化资本"（Capital Culture）的概念由布迪厄提出，他把资本分为经济资本、文化资本和社会资本三种形态，认为文化资本是指一种标志行动者的社会身份的，被视为正统的文化趣味、消费方式、文化能力和教育资历等的价值形式（布迪厄，1997）。布迪厄进而认为，文化资本在某些特定条件下可以转换成经济资本。在此基础上，大卫·索罗斯比（David Throsby）提出了"文化资本即作为贡献文化价值的资产"的论断，认为文化资本是存在于一种财产中的文化价值存量，这种存量反过来可能形成一定时间内拥有文化价值和经济价值的物品、服务或商品（David Throsby，1993）。A. Skjerven（2016）

认为，文化资本是人类社会所拥有的与自然环境打交道的手段和适应性，如世界观、宇宙观、环境哲学和伦理、宗教、传统生态知识、文化多样性等。文化资本作为文化资源的资本形式，就像经济资本可以是自然资源（土地、矿山、河流等）的形式一样能够支持经济的可持续发展。历史已经证明，草原牧民所拥有的文化既保证了其所依赖的资源——草场的永续利用，又取得了人与自然双赢的最佳效果。齐木德道尔吉（2010）认为，只要文化存在，草原就能够得到保存，生态屏障就可以存在。因此，牧民所拥有的文化资本对牧民可持续生计有着重要的作用。本研究将牧民文化资本操作化为二个指标：民族文化标志性产物认知和放牧知识。

人类学家卡西尔（1985）曾经指出："人不可能过着他的生活而不表达他的生活。这种不同的表达形式构成了一个新的领域。"主要从事畜牧业的蒙古族不仅有其表达生活的物质文化符号，也有其表达生活的精神文化符号。在民族文化标志产物方面，本研究设计了一些蒙古族的文化产物，根据被调查者回答对它们的了解程度来借此测量被试者对本民族文化的认知状况。文化产物包括成吉思汗、那达慕、《蒙古秘史》、蒙古长调、萨满、勒勒车、乌力格尔共计七个。根据表4.5，被调查者对本民族文化标志性产物有着较为详细和清晰的认知。

表4.5 文化产物了解情况表

文化产物	指标	户数	有效百分比（%）
成吉思汗	非常熟悉	158	76.7
	了解一些	33	16.0
	仅听说过	15	7.3
	不知道	0	0
那达慕	非常熟悉	178	86.4
	了解一些	19	9.2
	仅听说过	9	4.4
	不知道	0	0

续表

文化产物	指标	户数	有效百分比（%）
《蒙古秘史》	非常熟悉	77	37.4
	了解一些	65	31.6
	仅听说过	53	25.7
	不知道	11	5.3
蒙古长调	非常熟悉	69	33.5
	了解一些	68	33.0
	仅听说过	35	17.0
	不知道	34	16.5
萨满	非常熟悉	32	15.5
	了解一些	53	25.7
	仅听说过	64	31.1
	不知道	57	27.7
勒勒车	非常熟悉	42	20.4
	了解一些	47	22.8
	仅听说过	78	37.9
	不知道	39	18.9
乌力格尔	非常熟悉	38	18.4
	了解一些	69	33.5
	仅听说过	47	22.8
	不知道	52	25.2

霍奇逊（2008）认为，人类的生产过程极大依赖于分散的、未编入法律的、隐含的知识，而且生产还要受到外部世界的干扰，大多数这类知识的复杂性和难以获得性意味着，没有工人或者管理者完全知道正在发生什么。放牧是一项非常复杂的技术，牧民不仅要"上知天文、下知地理"，即对气候、地理、牧草等因素的掌握，而且要熟悉牲畜的习性、迁徙路线等。英国著名学者阿诺德汤曾概括游牧的生产特征：游牧民"设法依靠他自己不能食用的

粗草来维持生活，把粗草变成了他所驯化了的动物的乳品和肉类"。他进一步认为："驯化动物显然是一种比驯化植物高明得多的艺术。因为在这里表现了人类的智慧和意志力对于一种更难控制对象的胜利。牧人与农人相比，牧人是更高的专家。"（汤因比，1985）放牧技术作为一种地方知识，对牧户的生计有着至关重要的影响。因此本研究把放牧知识作为牧户的文化资本指标来测量。有71.3%的牧户表示对放牧知识有一定程度的了解和非常熟悉，见表4.6。

表4.6　牧户对放牧知识的了解情况

程度	户数	有效百分比（%）
非常熟悉	68	33.0
了解一些	79	38.3
仅听说过	29	14.1
不知道	30	14.6
合计	206	100

（三）物质资本

物质资本是直接或间接用于生产性或投资性生计活动的物品、工具或其他有形财富，是家庭赖以生存与发展的基础性资产。本研究把牧户所拥有的典型物质资本分为牲畜数量、生产生活资料以及住房三个维度进行测量。

牲畜作为牧民的命根子，为家庭提供各种饮食原料、燃料和交通工具。除了作为生活资料之外，马克思指出了牲畜的交换功能。他认为："游牧民族用来同他们的邻人交换的主要物品是牲畜，牲畜变成了一切商品都用来估价并且到处乐意交换的商品，一句话，牲畜获得了货币的职能，在这个阶段已经当货币用了。"（马克思，2006）在高度市场化的时代，牲畜不仅是牧民的生活资本，更重要的是作为商品来与外界交换，牲畜的数量决定着牧户的生活质量。虽然放养五畜（山羊、绵羊、骆驼、牛、马）在牧民的生计里有重要的互补性和文化地位，如后藤十三雄（1990）认为："蒙古人的经济建立在畜群结构的均衡上面，这与附属于农业的畜牧业不同……只饲养一种类型的家畜,蒙古人的生活便不能维持。"有研究也表明,以羊包括绵羊和山羊为主的单一畜群结构会对抵御市场和自然灾害风险造成非常不利的后果,同时也会影响草地生态系统的演替(达林太、郑易生,2010)。但是当地的白绒山羊占当地牲畜总数的90%。一个原因是其他牲畜缺少市场需求,更为重要的原因是当地的白绒山羊是一个古老的地方良种,以体大、绒多、绒质好而闻名于世①,曾连续三年获得了意大利柴格那国际羊绒金奖。个别牧户还放养骆驼、马等牲畜。值得一提的是,当地的戈壁红驼是适应戈壁荒漠滩地生存发展的特有畜种,其绒纤维长,绒丝细,产量高,曾于1988年荣获美国"安美桥"第二届国际驼绒奖。调查户拥有的牲畜见表4.7。

表4.7 牧户拥有牲畜统计表

资本类型	指标	户数	有效百分比(%)
牲畜数量	无	53	25.7
	1~200只	63	30.6
	200~400只	53	25.7
	400只以上	37	18.0

注:牛和马按5个羊单位换算,骆驼以8个羊单位换算

据表4.8得知,调查点牧户的户均牲畜为122.7只,低于当地苏木户均148只的数量②。因为牲畜数量和草场面积基本成正比,所以调查地的牲畜数量少很大程度上受到了矿产开发企业占地因素的影响。值得关注的是有53户没有牲畜,有一些牧户是因为草场完全被企业占用,也有一些牧户是因为部分草场被占,而在草畜平衡政策下只能放养少量牲畜,在投入和产出的权衡下,这些牧户索性放弃了牧业生计。

---

① 二狼山白绒山羊成畜体重为28公斤左右,体高、体长、胸围、管围分别为58、61、71、8厘米。羊绒细度为14.21微米,伸直长度为75.55毫米,强度为4.7克,伸度为43%,平均产绒量为336克。

② 苏木办公室提供的资料显示,截至2018年,当地苏木牧业人口为769户2873人,牲畜为11.4万头(只)。

张军等（2004）认为物质资本包括一切人们在生产生活中直接使用的资料。因此，本书选取当地牧民是否拥有砖瓦房、牧民所拥有的生活资料［电视机、洗衣机、冰箱（柜）、手机、汽车、摩托车、自来水］和生产资料（棚圈、打草机、剪毛机）两方面继续测量物质资本的存量。在游牧时代，多数牧民没有固定的住址，当然也没有住房。在定居化的政策下，住房被认为可以提高牧区牧民抵御自然灾害和自我发展的能力，更被视为一项改善了牧区生产生活条件的重要指标。以"十个全覆盖"① "兴边富民行动"为契机，政府给当地牧户提供 3 万元/户的住房补贴，一些牧户的住房条件得到了一定程度的改善。有 82.0% 的被调查户住进了砖瓦房（见图 4.1）。

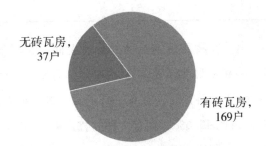

图 4.1　牧户有无砖瓦房情况

经济的发展促进了牧民生活水平的提高，时代的大潮不断冲击着牧民的生活方式。如表 4.8 所示，在牧户的生活资料方面，拥有电视机、冰箱（柜）、洗衣机等财产性电器的牧户比例最高，分别占比 76.2%、68.9% 和 52.9%。还有一些牧户家庭购置了电脑，占比 15.0%。由此可见，牧户拥有在维持基本生存所需的物质资本上比例较高，诸如电脑等发展型的物质资本上比例较少。在生产资料方面，有 56.8% 的牧户拥有摩托车，接下来为棚圈（47.6%）、汽车（43.2%）和剪毛机（16.9%）。

---

① 2014 年内蒙古自治区农牧区工作会议上提出，内蒙古将按照"生产发展、生活宽裕、乡风文明、村容整洁、管理民主"要求，扎实推进新农村新牧区建设，计划利用 3 年时间实施农村牧区"十个全覆盖"工程，以提高公共服务水平。"十个全覆盖"的第一项便是危房改造。

表4.8 牧户生产资料与生活资料统计表

资本类型	指标	户数	有效百分比（%）
生产生活资料	电视机	157	76.2
	洗衣机	109	52.9
	冰箱（柜）	142	68.9
	电脑	31	15.0
	汽车	89	43.2
	摩托车	117	56.8
	棚圈	98	47.6
	剪毛机	35	17.0

从表4.9可以看出，在物质资本具体的分布上面，大部分牧户拥有1~2种生活资料，拥有3种和4种生活资料的牧户分别有98户和57户，分别占47.6%和27.7%。在生产资料方面，有69.9%的牧户有一种生产资料；拥有2种的受访户有94户，占比45.6%；拥有3种的牧户有75户，占比36.4%；4种都有的牧户最少，只占调研户总数的14.1%。

表4.9 牧户生产生活资料拥有量

指标	拥有量	户数	占总数百分比（%）
电视机、洗衣机冰箱（柜）、电脑	1 种	198	96.1
	2 种	164	79.6
	3 种	98	47.6
	4 种	57	27.7
汽车、摩托车、棚圈、剪毛机	1 种	144	69.9
	2 种	94	45.6
	3 种	75	36.4
	4 种	29	14.1

（四）金融资本

金融资本是指用于积累性、生产性或投资性活动的货币流动量。金融资本的转换性最强，通常直接转换为生计结果，在牧民实现可持续生计过程中扮演着极为重要的角色。

本研究拟从两个维度来测量牧户的金融资本：第一是收入情况，第二是牧户通过正式渠道或非正式渠道获得贷款的能力。已有研究证明，在牧区能获得贷款的能力对维持牧户生计有着极其重要的作用，这在很大程度上能够反映出牧户的金融资本水平，其中正式渠道包括能否从银行取得贷款，非正式渠道则包括从亲友等社会网络关系获得贷款。

在收入方面，当地牧户的年平均收入为 57482 元。收入在 30000～59999 元区间牧户的最多，为 89 户，占比 43.2%，其次为 60000～89999 元的区间，有 52 户，占比 25.2%。收入早主要收入来源是有畜产品收入、补贴收入、打工收入和工资性收入。其中畜产品收入是牧户的主要收入来源。按 2018 年的市场价计算，一只成年羊可以卖到 1500-2000 元，母羊带一只小羔子为 2000 元左右，羊绒为 150 元一斤。在补贴收入方面，调查牧户可以享受到草畜平衡补贴、禁牧补贴和矿产开发企业的占地补贴、水源补贴。个别牧户还可以进入铜矿打工或是在苏木工作，因而有工资性收入。

表 4.10　牧户年收入情况

资本类型	指标	户数	占总数百分比（%）
收入	0～29999	39	18.9
	30000～59999	89	43.2
	60000～89999	52	25.2
	90000～119999	19	9.2
	120000 以上	7	3.4

从表 4.11 可知，在是否从银行取得贷款方面，回答很容易的有 7 户，仅

占 3.4%，而认为贷款很不容易或不太容易的牧户共计 154 户，占比 74.7%。说明受访者向银行贷款是一件普遍偏难的事情。在获得私人借贷的能力方面，有超过一半的牧户（141 户）表示从私人手里获得贷款也是一件不容易的事情。

表 4.11　牧户借贷能力情况

指标	程度	户数	占总数百分比（%）
获得银行贷款的容易程度	非常容易	7	3.4
	比较容易	17	8.3
	一般	28	13.6
	不太容易	70	34.0
	很不容易	84	40.7
获得私人借贷的能力	非常容易	11	5.3
	比较容易	12	5.8
	一般	42	20.4
	不太容易	62	30.1
	很不容易	79	38.4

（五）社会资本

在可持续生计分析框架中，社会资本意味着人们在追求生计目标的过程中依托关系网络所利用的社会资源，如社会关系网和社会组织。米切尔（1969）在其对社会关系网络的经典定义中认为，社会关系网络的实质是某一群体中个人之间特定的关系，其整体的结构，可以称为该群体中个人的社会行动。普特南（1993）在对意大利公民协会的研究中认为，人们通过参与社会组织而发展社会资本，参与率较高的地区政府更有效率，对市民的要求更加敏感，其辖区的经济更有活力。本研究把社会关系网络划分为两个维度。第一是邻里关系。蒙古族历来有着"有福同享、有难同当"、和睦相处、互相帮助的传统。受自然生活环境的影响，牧户之间居住的地理位置比较远，彼此间相互照顾、经常交流也就成为自然而然的事情,而脆弱的生态环境对牧民之间的互相合作提出了更高的要求。只有形成众多的牧户之间的联合、分工合作、互助,才能管理好大规模的畜群和共同抵御自然灾害(敖仁其,2004)。牧民在他们的"互助互惠""无偿帮助"思想的基础上展开为生存所需要的生活活动,即共同经营土地、草牧场,如果有哪一户人家春秋季工作繁多,缺少劳力,邻近的牧民一定会伸出援手,自愿帮助。所以牧区的传统和谐关系是毋庸置疑的美德。因此,在互助基础之上的和睦邻里关系对牧户而言至关重要。第二是是否参加社会组织。社会组织是牧业生计作为整体性社会事实的重要表现,蒙古民族的先民创造性地发明了独具特色的合作经济组织——"古列延"(Kuriyen)和"阿寅勒"(Aler),而合作组到人民公社的牧区制度变迁在一定意义上来说也是牧民传统合作互助的延续和发展(达林太,2010),但是以家庭为核心和草场承包责任制使传统的互助合作组织解体。在新古典经济学的研究视域内,合作社被视为"农场的延伸"、独立企业模式或农场主集体行动的联盟。Ward 等人(2004)发现农民通过合作社可以实现纵向协调,有利于农民实现规模生产、获得技术、增加融资、降低风险和提高质量,进而带来生产成本的节约。孟惠君(2008)认为发展牧区新型合作组织可以以联营的方式让牧民发展合作经济,有利于草原大面积划区轮牧,合理利用牧区水资源、共用草场网围栏联户,最终改善草原生态建设的质量与效益。为了降低牧民交易成本、提高牧民抵御自然灾害和市场风险的能力,新型的牧户合作组织在牧区发展中至关重要。除此之外,Azevedo & Gitaby(2010)还认为合作化运动、合作社网络以自我管理、教育和技术创新为基础,既有内外团结也有日常民主实践,并且在经济活动中表现出与资本主义企业追求利润相反的社会、伦理和生态价值追求。本研究将采用邻里关系、参与社会组织情况和在家庭或亲属是否有干部三个指标来测量牧民的社会资本。

在图 4.2 中,回答邻里关系"非常好"或"较好"的牧户有 131 户,占比 63.6%。这说明邻里之间互惠合作的关系在牧区仍然是主流。但是回答不

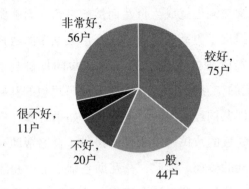

图 4.2　牧户邻里关系情况

好或很不好的牧户有 31 户，占比 15.0%。多数牧户之间的邻里关系不好的重要原因是草场纠纷。

在经济市场化进程的影响下，以牧业专业合作化为代表的多样化牧民合作组织开始兴起。在社会组织方面，从不参加牧民经济合作组织的为 96 户，占比 46.6%，只有 11.2% 的牧户经常参加牧民经济合作社，见表 4.12。

表 4.12　牧户参加社会组织情况

资本类型	指标	户数	有效百分比（%）
社会组织	从不参加	96	46.6
	偶尔参加	87	42.2
	经常参加	23	11.2

在家庭或亲属是否有干部（含政府工作人员）方面，只有 15.5% 的牧户回答有，84.5% 的牧户回答没有，见图 4.3。

（六）人力资本

"人力资本之父"舒尔茨（1962）认为，人力资本是体现于人身上的知识、能力和健康，他明确指出相比于物质资本和劳动力的投入，对人的知识、能力、健康等方面的投资更能促进经济的增长。贝克尔（1975）指出人力资本是通过人力投资形成的资本，人力资本不仅包含知识、才干和技能，而且

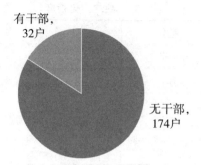

图 4.3　牧户家庭拥有干部情况

包含健康、时间和寿命。因此，劳动力和受教育程度是人力资本的核心指标。在可持续发展中，因为其他各类资本的效能发挥水平在很大程度上取决于人力资本状况，所以人力资本是所有生计资本中最重要的资本类型（高攻敬，2018）。本研究将人力资本划分为文化程度、家庭劳动力、家庭成员健康程度三个维度去测量牧户的人力资本。

1. 文化程度

牧户的文化程度由家庭成员的受教育水平来确定，主要包括两个指标：受访者的受教育年限和受访者家庭成员的最高文化程度。因为在发放问卷时，多数情况下牧户家庭中仅有受访者，因此凭受访者的文化程度不能解释牧户家庭的整体文化程度，为了弥补这一缺陷，本研究用受访者家庭成员的最高文化程度来解决这一问题。从表 4.13 可知，在受教育程度方面，206 位受访者中受教育程度为文盲的有 17 人，占比 8.2%；受教育程度为小学的有 27 人，占比 13.1%；受教育程度为初中的有 85 人，占总户数的 41.3%；受教育程度为高中或中专的有 63 人，占总户数的 30.6%；受教育程度为大专及以上的有 14 人，占比 6.8%。在家庭成员最高文化程度方面，文盲有 11 人，占比 5.3%；受教育程度为小学有 35 人，占比 17.0%；受教育程度为初中的有 68 人，占总人数的 33.0%；受教育程度为高中或中专的有 65 人，占总人口的 31.6%；户主受教育程度为大专及以上的有 27 人，占比 13.1%。可以看出，当地牧户的受教育程度主要集中在初中和高中。

表 4.13　牧户文化程度

指标	程度	户数	占总数百分比（%）
受访者 文化程度	文盲	17	8.2
	小学	27	13.1
	初中	85	41.3
	高中/中专	63	30.6
	大专及以上	14	6.8
家庭成员最高 文化程度	文盲	11	5.3
	小学	35	17.0
	初中	68	33.0
	高中/中专	65	31.6
	大专及以上	27	13.1

2. 劳动力

由于畜牧业劳动时间的相对均衡性和劳动对象的特殊性，具有一定能够参加畜牧业劳动人数的劳动力在牧户生计中具有十分重要的作用。本研究主要运用家庭劳动力成员数这一指标来测量牧户家庭劳动力水平。由表 4.14 可知，受访牧户家庭劳动力为 0 的有 16 户，占比 7.8%；1 人的有 29 户，占比 14.1%；2 人的有 57 户，占比 27.7%；3 人的有 53 户，占比 25.7%；4 人的有 36 户，占比 17.5%；5 人（含以上）的有 15 户，占比 7.3%。

表 4.14　牧户家庭劳动力情况

维度	指标	户数	占总数百分比（%）
家庭劳动力 成员数	0 人	16	7.8
	1 人	29	14.1
	2 人	57	27.7
	3 人	53	25.7
	4 人	36	17.5
	5 人（含以上）	15	7.3

3. 健康程度

从表 4.15 可知，在家庭成员健康方面，回答健康的有 36 户，占比 17.5%；回答偶尔患病的有 67 户，占比 32.5%；有经常患病者 56 户，占比 27.2%，有长期患病者（含残疾人）47 户，占比 22.8%。将健康程度进行赋值；健康赋值为 1；偶尔患病赋值为 0.67；有经常患病者赋值为 0.33；有长期患病者（含残疾人）赋值为 0.33。由于牧业生计的繁重以及当地恶劣的自然环境，牧民所患疾病多为大骨节病、克山病、氟中毒、粗脖子病等牧区地方病。

表 4.15　牧户家庭成员健康程度

维度	指标	户数	占总数百分比（%）
家庭成员健康程度	健康	36	17.5
	偶尔患病	67	32.5
	有经常患病者	56	27.2
	有长期患病者（含残疾人）	47	22.8

第二节　牧户生计资本赋值及量化

一、牧户生计资本赋值

根据可持续生计框架对生计资本指标的设定，并结合牧区实际和调研情况，本研究将六大生计资本的测量指标进行赋值，见表 4.16。由于牧户可持续生计评价指标中二级指标数据单位的变异程度不同，为了消除变量自身变异大小和数值大小的影响，本研究对问卷数据通过线性比例变换法进行标准化处理，最后使处理结果落到 [0，1] 区间，便于比较和分析。具体情况见表 4.16。

表 4.16 牧户生计资本评估指标体系及量化

资本类型	指标	解释	符号	赋值
人力资本（H）	家庭劳动力	劳动力人数	H_1	0 人赋值为 0;1 人赋值为 0.2;2 人赋值为 0.4;3 人赋值为 0.6;4 人赋值为 0.8;5 人（含以上）赋值为 1
	家庭成员文化程度	学历	H_2	（受访者文化程度+家庭成员最高文化程度）/2 文盲赋值为 0;小学赋值为 0.25;中学赋值为 0.5;高中/中专赋值为 0.75;大学（含以上）赋值为 1
	家庭成员健康程度	是否患病	H_3	健康赋值为 1;偶尔患病赋值为 0.67;经常患病赋值为 0.33;长期患病（含残疾人）赋值为 0
自然资本（N）	草场面积	承包草场面积	N_1	3000 亩以下赋值为 0.25;3001~6000 亩赋值为 0.5;6001~9000 亩赋值为 0.75;9000 亩以上赋值为 1
	草场质量	牧户对草场质量的主观评价	N_2	非常好,赋值 1;良好,赋值 0.8;一般,赋值 0.6;较差,赋值 0.4;非常差,赋值 0.2
	水源质量	牧户对水源质量的主观评价	N_3	非常好,赋值 1;良好,赋值 0.8;一般,赋值 0.6;较差,赋值 0.4;非常差,赋值 0.2

续表

资本类型	指标	解释	符号	赋值
物质资本（P）	牲畜资本	牲畜头数	P_1	无牲畜赋值为 0；1～200 只赋值为 0.33；200～400 只赋值为 0.67；400 只以上赋值为 1
	住房资本	牧户是否住砖瓦房	P_2	二分变量，拥有赋值为 1，否则赋值为 0
	生产与生活资本	牧户拥有的生产与生活资料	P_3	二分变量，拥有赋值为 1，否则赋值为 0；$P3=$ 拥有的生产资本数量/所有资本数量
金融资本（E）	家庭收入	含牧业收入、草畜平衡和禁牧补贴、工矿业补偿、打工、经商或其他收入	E_1	30000 元以下赋值为 0.2；30000～59999 元赋值为 0.4；60000～89999 元赋值为 0.6；90000～119999 元赋值为 0.8；120000 元以上赋值为 1
	借款能力	是否可以获得亲朋好友的借款	E_2	非常容易赋值为 1；比较容易赋值为 0.75；一般赋值为 0.5；不太容易赋值为 0.25；很不容易赋值为 0
	贷款能力	是否可以从银行或者信用社获得信贷	E_3	非常容易赋值为 1；比较容易赋值为 0.75；一般赋值为 0.5；不太容易赋值为 0.25；很不容易赋值为 0

续表

资本类型	指标	解释	符号	赋值
社会资本（S）	家庭是否有干部	表示家庭获得部资本的能力	S_1	二分变量,拥有赋值为1,否则赋值为0
	社区组织参与情况	参加的频繁程度	S_2	经常参加赋值为1;偶尔参加赋值为0.5;从不参加赋值为0
	邻里关系	来往的频繁程度	S_3	非常好赋值为1;较好赋值为0.75;一般赋值为0.5;不好赋值为0.25;非常不好赋值为0
文化资本（C）	是否熟练运用放牧技术	放牧的能力	C_2	非常熟悉赋值为1;了解一些赋值为0.67;仅听说过赋值为0.33;不知道赋值为0
	是否熟知民族文化产物	本民族文化产物的认知	C_3	非常熟悉赋值为1;了解一些赋值为0.67;仅听说过赋值为0.33;不知道赋值为0 C_3=各分项指标总得分/7

在指标权重方面，本研究在参考周斌（2012）、徐菲菲（2005）等学者研究的基础上，运用熵权法计算六种生计资本中的各指标权重。熵①权法是把评价中各个待评价单元的信息进行量化与综合后的方法，其基本思路是根据指标变异性的大小来确定客观权重。如果某个指标的熵值越小，说明其指标值的变异程度越大，提供的信息量越多，在综合评价中该指标起的作用越大，其权重应该越大。作为一种客观赋值法，采用熵权法对各因子赋权，可以简化评价过程，且具备精度及客观性。本研究指标熵值法的计算过程如下：

第一，设有 m 个牧户，n 项评价指标，计算指标原始矩阵。

$$A = \begin{bmatrix} X_{11} & \cdots & X_{1m} \\ \vdots & \vdots & \vdots \\ X_{n1} & \cdots & X_{nm} \end{bmatrix}_{n \times m}$$

第二，为了避免求熵值时对数的无意义，需要进行数据平移，其中 X_{ij} 为第 i 个牧户第 j 个指标的数值。

$$Z_{ij} = X_{ij} + 5$$

第三，计算第 j 项指标下第 i 个牧户占该指标的比重，其中 m 为样本数。

$$P_{ij} = \frac{X_{ij}}{\sum_{i=1}^{m} X_{ij}} \quad (j = 1, 2, \cdots, m)$$

第四，计算第 j 项指标的熵值，其中常数 k 与样本数 m 有关。

$$e_j = -k * \sum_{i=1}^{n} P_{ij} \log(P_{ij}) \quad k = \frac{1}{ln\text{m}}$$

第五，计算第 j 项指标的差异系数。对于第 j 项指标，指标值 X_{ij} 的差异越大，对方案评价的作用越大，熵值就越小，g_j 越大指标越重要。

$$g_j = 1 - e_j$$

第六，求权数。

---

① "熵"是一个物理学概念，用以描绘热力学系统的混乱程度，后经学者们的改良用以评价可持续发展情况，而后广泛运用于社会经济科学领域的研究。

$$W_j = \frac{g_j}{\sum\limits_{j=1}^{m} g_j} \quad (j = 1, 2\cdots, m)$$

生计资本的计算公式如下：

$$S_i = \sum_{j=1}^{m} W_j * P_{ij}(i = 1, 2, \cdots, n)$$

二、牧户生计资本量化结果

从上述公式可以计算出，牲畜数量（0.096）、家庭收入（0.089）、社区干部（0.086）、草场面积（0.071）、家庭成员健康程度（0.062）位列前五，而民族文化认知（0.027）、参与社会组织（0.034）和砖瓦房（0.034）等生计资本指标较为不重要，这与调研中牧户所反映的实际情况相符。对表4.17各变量的基础权重进行分析可以得出：第一，牲畜数量在物质资本的分量指标中所占的基础权重最大，这表明物质资本更多的是以牲畜等生产资料来反映的，当地居民拥有的牲畜越多，其物质资本越大；第二，家庭成员的健康程度在人力资本的分量指标中所占基础权重最大，这表明在当地较为恶劣的自然环境中，提升牧民本身的健康水平对于提高人力资本具有重要作用；第三，牧户的家庭收入在金融资本的三个分项指标中的基础权重最大，这表明对于当地牧户来说，现金收入仍然是居民最看重的部分，也是金融资本中最重要的组成部分；第四，家里是否有村干部在社会资本的分量指标中所占基础权重最大，这符合主要以人际关系为体现的社会资本的本质属性，但也应看到，当地牧户的社会资本是非常匮乏的；第五，在自然资本中，草场面积的基础权重在自然资本分量指标中最大，这充分证明了草场面积直接与牧户的生计好坏相联系，也决定了牧户的收入水平；第六，在文化资本中，放牧能力的基础权重在文化资本中的各项指标中最大，这说明放牧水平等地方知识对于牧户的生计也是至关重要的。

表 4.17 牧户生计资本量化结果

资本类型	指标	符号	权重	指标均值	资本均值
人力资本	劳动力	H_1	0.059	0.506	0.089
	文化程度	H_2	0.053	0.556	
	家庭成员健康程度	H_3	0.062	0.482	
自然资本	草场面积	N_1	0.071	0.478	0.056
	草场质量	N_2	0.058	0.242	
	水源质量	N_3	0.036	0.227	
物质资本	牲畜数量	P_1	0.096	0.453	0.098
	砖瓦房	P_2	0.034	0.820	
	生产与生活资本	P_3	0.056	0.480	
金融资本	家庭收入	E_1	0.089	0.445	0.066
	借款能力	E_2	0.048	0.249	
	贷款能力	E_3	0.054	0.274	
社会资本	社区干部	S_1	0.086	0.155	0.052
	参与社区组织	S_2	0.034	0.323	
	邻里关系	S_3	0.041	0.676	
文化资本	放牧能力	C_2	0.077	0.633	0.078
	民族文化认知	C_3	0.046	0.645	

第三节　牧户生计资本分析

对根据上述方法测算得到的生计资本各项变量和生计资本权重的加权结果进行描述性统计，结果如图 4.4 所示。在工矿业开发的背景下，当地牧户的生计资本呈现出结构失衡、脆弱性较强等特征。

牧户生计资本六边形

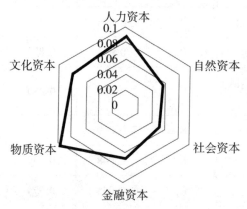

图 4.4　牧户生计资本现状

就六大资本系统的构成而言，整体上呈现出结构失衡的特征。图 4.4 是根据熵权法处理得出的牧户生计资本六边形，从中可以看出，物质资本（0.098）成为调查点牧户得分最高的生计资本，其次为人力资本（0.089）、文化资本（0.078）、金融资本（0.066），而自然资本（0.056）和社会资本（0.052）的得分位居倒数后两位。物质资本较高则与内蒙古农牧区"十个全覆盖"的推进和当地政府财力增加、矿产开发企业对当地的基础设施建设有关。在"矿业兴旗"的发展路径下，当地政府的财政收入不断增加，从而提高了牧区基础设施水平和为牧民提供公共服务的能力。以"十个全覆盖"为契机，乌拉特后旗共投资 16336.8 万元，实施农村牧区危房改造工程，涉及嘎查（村）88 个，完成危房改造 2269 户，其中 H 苏木和 B 苏木共有 37 户牧民享受到这一项目的建设成果。在饮水安全方面，政府实施农村牧区安全饮水工程，共投资 264 万元，涉及嘎查（村）12 个，受益人口 1428 人。在通电和通广播电视方面，政府实施了村村通电和村村通广播电视电网工程等项目，共计投资 9243.87 万元，新增无电户通电 1756 户，新能源通电升级改造 2333 户，完成村村通广播电视工程 10500 户。调查点的危房改造、安全饮水、通电等问题得到了很大改善。除此之外，H 苏木附近的铜矿企业为安置当地牧户修建了平均面积为 80 平方米共计 30 套水电暖齐全的砖瓦结构平房，还为附近牧户提供了免费用电。B 苏木的铅锌矿在 2016 年出资 15 万元帮助周边嘎查加强基础设施建设。在人力资本方面，虽然调查户家庭成员的文化水平集中在初中水平（M = 0.556），家庭成员健康程度得分也不高（M = 0.482），但是人力资本高则说明了牧户家庭有着较为充裕的劳动力，这和牧业生计的特点有关。文化资本（0.082）得分为第三，其中民族能力（M = 0.748）、放牧能力（M = 0.633）和民族文化认知（M = 0.645）等二层指标的得分较高，体现出了牧民较高的民族文化认知能力和放牧能力。

金融资本（0.066）的得分不高，其中家庭收入这一指标的得分为 0.045。调查户的户均收入为 53482 元，如按户均人口 3.96 人计算，人均收入为 1.35 万元。统计资料显示，2017 年乌拉特后旗农牧民人均纯收入为 13776 元。二者相比较，调查地的牧民的人均收入略少于后者，这说明工矿业开发对当地牧户收入增长影响有限。在银行借款方面，当前牧户的借款保证方式主要包括信用抵押和担保等，其中采用财产抵押的较为普遍。但是由于牧户的财产主要有房产和一些生产资料，牧区的房产变现难，牧户生产资料种类繁多，这些生产资料面临着价值难以评估、没有抵押登记部门等问题，就不能作为抵押物进行抵押，牧户的生产资料不能成为被银行接受的抵押品，使得牧户难以从商业银行获得贷款。调查点牧户普遍反映向银行借款是一件很难的事情。"向银行贷款要你的抵押，一般是房本，我们牧民哪有什么房本？只好找

效益不高。据红驼协会的负责人介绍，牧户只要把母骆驼放在协会的养殖场内寄养，每年就可以获得至少2000元的收入。但是这样的收入对牧户的吸引力不大，"放在那是圈养，牲畜容易生病，生病了他们又不管，养骆驼周期太长，这样算来根本不划算"。最后，社会组织自身经营也存在较多困难。骆驼协会的主任向笔者这样介绍：

> 有的牧民也正是通过参加合作协会来解决资金缺少的问题。因为牧民通常不具备担保机制而不能申请到贷款，所以急需资金的牧民被迫借高利贷。而参加合作协会就可以以新的担保形式申请贷款。但目前协会仍有很大的资金缺口，难以解决。而且因为市场信息不及时而影响增收。特别是及时获得畜产品价格信息很难，因而影响畜产品收益。也缺乏较大规模的畜产品交易市场，畜产品流通受阻，因而损害了牧民应得的利润。除此之外，还存在不容易办理各种注册认证等问题。

虽然家庭中有干部会提高牧民对社会信息的接收速度，会使牧民对政策的理解力和对发展机会把握有所增强，有助于提高生计水平，但是这一指标在所有的二级指标中得分最低（0.052），这反映了牧户社会资本在家庭层面的严重不足，这也会直接影响家庭的生计水平。

第五章

牧户生计资本与生计策略

生计策略是指人们为了达到某种生计产出，选择对所拥有的生计资产进行利用、优化和经营活动的组合。生计策略已成为发展研究和实践的核心概念之一（Douglas R. Brown，2006）。根据调研发现，调研地牧户的生计策略的类型并不是一成不变的，它会随着牧户面临的内外部条件的变化而变化，且在不同的生计资本状况下，牧户所依赖的资本类型也是不同的。根据上述思路，本章将在上文对牧户生计资本进行测量和分析的基础上，对牧户生计策略进行类型学的探讨，并运用无序多分类回归分析方法探讨牧户生计资本对生计策略的影响，并澄清工矿业开发背景下牧户进行生计转型的障碍因素。

第一节　牧民生计策略

在矿产开发的冲击下，牧户的生计方式和生计资本都发生了一定程度的变化，如何运用合理的生计策略并将现有的生计资本转化为生计成果，是牧户实现可持续生计的关键环节。

一、牧户生计策略类型

Scoones（1998）基于可持续分析框架，对生计策略的类型进行了分类：一是单一依靠农业生产的纯农型生计策略，这类生计策略依赖于耕作面积和耕作面积的质量，以及农业生产能力的高低；二是生计多样化，表现为非农产业，如经商、外出务工、服务业等。一般认为生计策略的种类越多，收入来源越多样化，越有利于减少生计风险，实现可持续生计。刘易斯（1962）也认为，经济增长的好处不在于财富增加幸福，而在于它扩大了人们选择的范围。生计活动是生计策略的具体化，是指牧户为谋求家庭可持续生计，凭借其生计资本，在脆弱性环境以及政策、文化等环境之下所从事的多样化的生产活动，包括畜牧业生产活动、牧业生产活动及非农活动等（史俊宏，2014）。可以看出，在市场化和工矿业开发的大背景下，调查点牧户家庭现有生计活动呈现出较为多样化的特点。笔者将生计活动分为牧业、政府补偿、企业补偿、本地打工、经商、运输、工资性收入、外出打工八种类型，在此基础上，笔者根据前面的研究，将牧户上述的生计活动归类为牧业型、兼业型和抽离型等三种类型生计策略，见表5.1。

表 5.1　牧户生计策略分析

生计策略	生计活动	户数	百分比
牧业型	牧业、政府补偿、企业补偿	37	17.96%
兼业型	牧业、政府补偿、企业补偿、本地打工、经商、运输、工资性收入	122	59.22%
抽离型	政府补偿、企业补偿、工资性收入、本地打工、经商、运输、外出打工	47	22.82%

表5.2显示了三种类型的牧户在主要生计指标均值方面的情况。在人力资本方面，兼业型生计牧户在劳动力和文化水平两方面稍稍占优。在草场面积这一自然资本指标中，牧业型生计牧户所拥有的草场面积均值远超其他两种类型的牧户，与之关联的是在牲畜数量、生产和生活资本、家庭收入、放

牧能力等指标上，牧业型生计牧户均占优。这充分说明了草场面积仍然在当地牧户的生计中起支配作用。在社区资本方面，兼业型生计在社区干部这一指标均值上独占鳌头，而牧业型生计牧户在参与社区组织方面体现出了优势。值得注意的是，除了文化水平、社区干部等个别指标外，抽离型牧户在主要生计指标的比较中均位列最后。

表 5.2 不同生计策略牧户主要生计指标均值对比

资本类型	指标	单位	牧业型	兼业型	抽离型
人力资本	劳动力（H_1）	人	3.67	3.88	3.69
	文化水平（H_2）	标准化计分	0.496	0.585	0.512
自然资本	草场面积（N_1）	亩	7452	4385	0
物质资本	牲畜数量（P_1）	只	242	106	29
	生产与生活资本（P_3）	标准化计分	0.596	0.573	0.478
金融资本	家庭收入（E_1）	元	75739	61662	43681
社会资本	社区干部（S_1）	标准化计分	0.136	0.212	0.144
	参与社区组织（S_2）	标准化计分	0.426	0.374	0.116
文化资本	放牧能力（C_2）	标准化计分	0.740	0.558	0.447

二、牧业型生计策略

采用牧业型生计策略的牧户有 37 户，占样本的 17.96%。该类牧户的户均收入为 75739 元，家庭的生计来源较为单一，主要包括牧业收入和补偿收入。在牧业收入方面，此类牧户主要经营山羊、绵羊、牛、马、骆驼等牲畜，户均牲畜数量为 242 只，除满足自身日常的消耗外，部分进行出售，例如各种牲畜、肉类、皮、毛、绒等，使其转化为生计成果，即现金收入；政府补偿主要是指牧民从国家针对草原实施的生态奖补政策中得到的补助，包括国家发放的 2.5 元/（亩·年）的草蓄平衡补贴，地方政府发放的牧户 500 元/（户·年）的燃油补贴费。企业补偿是指当地工矿业开发企业对占用牧户草场、水源所给的补偿款，但是这类补偿受到地域限制，通行的做法是毗邻企业附近5公里范围内的牧户才有水源补偿，标准为3600元/（人·年）。除此之外，个别企业还给所属嘎查的牧户考上大学的子女提供大学本科4000元、专科2000元的一次性补助，在此也算入企业补偿。

案例一　牧业型生计户吉某

我今年40岁，蒙古族，萨嘎查人。家离铜矿12公里、铁矿4公里。草场有5000亩，草畜平衡户，现有300多只羊。按照草场面积，政府规定只可以养不到200只羊，可以有几个羔子。因为超载放牧，去年来检查10多次，今年来了几次，每次罚款3000元左右。雨水不好的时候，最迟在10月之前，倒到山前，套内黄河边，到那边的农村租草场，比山上强一点，旱的时候用的草料较多，每年花7万多元，油费1万多元，羊疫情花费1000~2000元。孩子在上高中，孩子上学不要学费，只要吃住的钱，一年花1万元左右，穿衣、手机费等也得花1万多元。照顾老人花费不多，一年也在5000元左右。在萨嘎查到外旗倒场的也有4~5户，去前山倒场的挺多，倒在本县的也很多。在附近嘎查内倒场的也有十几户，就是租那些已经禁牧的草场放牧，很多就在东升庙附近倒场。铜矿用我们嘎查的水，雨水差的时候，水位降得明显，估计有1~2米。听说铜矿打一种炮，为了不让下雨。有一天我正走着，从铜矿那儿飞过来一个东西，可能是鞭炮那样的东西，就在我前头。至于污染嘛，在没有修公路之前，因为车辆多，粉尘比较严重，所以羊毛会变黑。现在路边撞羊撞牛的现象挺多。

我从小就放羊，如果可以再放十来年羊，身体可以就行，估计我们这一代人是放羊的最后一代了，孩子都在牧区坐不住，往外跑，去年我从东升庙买了房子，首付10万元，剩下的分期了。要是生活没负担的话移民了好，要是有负担还是不移民的好，现在政府也是睁一只眼闭一只眼，可以多放一些羊，以前是只禁养羊，不禁大畜，现在是一头牛顶六只羊。

三、兼业型生计策略

兼业型生计牧户在本次调研中的数量最多，共有 122 户，占调研牧户总数的 59.22%。较之牧业型牧户，兼业型牧户的生计来源方式显得更为多样化。我们将其分为牧业收入、补偿收入和其他收入三类。在牧业收入方面，此类牧户的草场面积与牧业型生计牧户相比较小，户均为 4385 亩。受制于较小的草场面积，兼业型牧户的牧业收入和补偿收入均少于牧业生计牧户，其家庭收入平均为 61662 元。尽管部分牧户还享有企业 1.75 元/平方米的草场临时占用补贴，但是发放非常不及时。除了从事牧业之外，兼业型牧户还从事铜矿周边打工、经商、运送矿石、在苏木工作等生计方式。

案例二　兼业型生计牧户呼某

我今年 46 岁，有三口人，女儿已经成家，来萨茹拉嘎查已经 20 多年了，以前是东升庙的。2006 年禁牧的时候我没走，怕走了找不到活干，当时有 300 多只羊，现在是草畜平衡户，有 200 只羊，草场有 3149 亩，草场补贴是 1.18 元一亩，不够 5000 亩的按 5000 亩算。离铁矿有 15 公里，因为离得远，矿产企业没有给任何补贴。近几年来干旱的时候水不够用了，今年打深井的有 11 户，打口井今年比去年大概降了 1~2 米，是今年开始明显下降的。今年雨水还行。每年买草料花费 4 万多元。因为在路边粉尘污染大，影响羊绒价格。因为家在路边，我们夏天偶尔办家庭接待，40 多斤的羊应该是 1500~1600 元，我们要 3000 元，挣一半，去年招待了 13 个，前年 17 个，今年 8 个，凉菜和酒都是自己带，都是熟人介绍过来的，主要是在 7、8 月份。还有就是来往的车撞死牲畜，前年我家最贵的种羊给轧死了。水污染没什么感觉，因为水向好，没受什么影响，我们萨茹拉嘎查别的污染不严重，他们的水都不能喝，我们这儿的水质好。以后也是暂时放牧，还有七八年吧，不能放一辈子羊吧，存不下钱也饿不死。

四、抽离型生计策略

采用抽离生计策略的牧户共有47户。因为草场被企业完全征用，他们的生计来源主要是补偿款及非牧业生计，家庭平均收入为43681元。补偿费用包括政府发放的4.74元/（亩·年）的禁牧补贴，7200元/（人·年）的退牧还草补贴，企业发放的2.53元/平方米草场占用补贴及水源补贴。此类牧户的非牧业生计方式与兼业型牧户类似。值得一提的是，企业为此类牧户提供了一些诸如保安、库管等后勤岗位，因此这类牧户的家庭成员可以进入企业工作。另外，一些牧户的家庭成员还在附近的镇上打工。个别牧户还从事卖奇石、苁蓉等生意。

案例三 抽离型生计户柴某

我今年51岁，汉族，萨茹拉嘎查人，是2006年的企业移民，也就是在退牧还草的第二年。想找份工作，但是没找到，因为上了年纪，也不懂技术，所以难找工作。因为同时西矿开采萨茹拉嘎查的地下水，所以给我们每年每人7200元的水源补贴。企业移民是从2006年开始的，第一年是38户，第二批是在2007年，因为企业运行好了，再移了下一批，移了16户。2011年合同到期，出台了草原奖补机制，4.74元每亩，低于5000亩的按5000亩算，高于15000亩的按15000亩算，按5年一次性付清，禁牧补贴是国家给的。在2011年就有些人想回来放牧了，但是那年又同时出了草原奖补机制，所以也有些因此而没回去。当时是双方同意，以当时的生活条件，跟给的补贴差不多，所以我们先提交申请，通过西部矿业，牧户同意后，才开始移民的。因为2000年后的那几年，沙尘暴严重，草场退化严重，又不下雨，牧民太多，超载过牧的，而且我们嘎查草场小，5050亩已经是我们萨茹拉嘎查的第二大草场。而当初我们移民的时候，合同上承诺，我们移民后对我们的草场严加看管，保护好我们的棚圈设施，他们做到没有？他们（指的是铜矿）整天在草原上挖就不害草片儿了？我们多放几只羊就天天说是害草，要罚款。最初不愿意走的多。当时说的是，由西往东，离铜矿由近到远，由老往小，优先移民，是有限制的。我们这边都是二等草场，17亩一只羊。2006年羊也不贵，200多元一只羊，死亡率也高，饲料托运费都贵。保羔率低。要是回去的话收入也还是可以的，捡苁蓉、石头等也能挣钱。不能光靠企业和国家，这事儿自己也需要负一半责任。2016年合同到期时，要回去的牧户可能要达60%，其他地方可能要达90%。2003年以前企业规模小，以前抽几小时的水，两个管道，危害也小。我们萨茹拉嘎查水质好，乌宝力格和毕力其尔嘎查的都是工业水。铜矿以北都是工业用水，有污染，萨茹拉嘎查在铜矿东南，南边地势高，水向从南往北。水坝离我们草场有22公里，两个泵，地下管道两个，一个直径60厘米，另一个直径12厘米。现在的工牧矛盾主要是遗留的问题，安地下管道时破坏草场，修管道时也破坏草场，修路都没钱。在乌宝力格嘎查铜金矿（与西部铜矿往西有35公里）水洗不加药，直接洗，所以污染肯定严重，灰尘也很严重。铜金矿自己打井，从我们嘎查的三户牧民的草场里抽水，他们都没有补贴。这些人没有水源补贴，这些年上访的都是这些人。

第二节 牧户生计资本与生计策略的关系

在当地工矿业开发的背景下，由于牧户拥有的生计资本不同，因此三种类型牧户的生计活动方式存在较大差异。对牧户的生计资本状况和由此决定的资产配置方式即生计策略及二者之间的关系进行研究，对牧户生计策略的选择具有重要的意义。

一、计算方法

本研究以牧户拥有的物质资本、文化资本、自然资本、社会资本、人力资本、金融资本六大生计资本为自变量，以牧户生计策略即牧业型、兼业型和抽离型为因变量，运用无序多分类 logistic 回归分析方法来揭示牧户生计资本与生计策略的关系。Logistic 是一种概率型非线性回归模型，它是研究变量为二分变量或多项分类观察指标与一些影响因素之间关系的一种多变量分析方法（柳青，2013）。Logistic 回归分析的最大优势是把自变量的系数直接与权重挂钩，可以解释为自变量对目标变量的预测价值大小。由于这一优点，Logistic 回归从 20 世纪 70 年代开始广泛地用于医学领域的流行病调查研究数据，逐渐成为这一方面应用的主要统计方法。在日常统计分析中，Logistic 回归分析主要包括三种形式，分别是二项 Logistic 回归、无序多分类 logistic 回归和有序多分类 logistic 回归。本研究即采用了无序多分类 Logistic 回归方式。无序多分类 Logistic 回归方式的因变量的水平数大于 2，且水平之间不存在等级递增或递减关系的资料为无序多分类资料，对这种资料所进行的 Logistic 回归与一般的 Logistic 回归方法不同，是通过拟合一种叫作广义 Logit 模型（Generalized Logistic Model）来实现的（刘仁权，2007）。

若因变量有 k 个无序分类，则将其中一个分类设为对照，其他分类与之比较，拟合 $k-1$ 个广义 *Logit* 模型。例如有 m 个自变量，因变量 Y 是取值为 a、b、c 三个无序分类的变量，以 a 为对照，可以得到如下两个 Logit 模型：

$$logitP_b = \ln\left[\frac{P(Y=b\,|\,x)}{P(Y=a\,|\,x)}\right] = \beta_{10} + \beta_{11}X_1 + \cdots + \beta_{1m}X_m$$

$$logitP_c = \ln\left[\frac{P(Y=c\,|\,x)}{P(Y=a\,|\,x)}\right] = \beta_{10} + \beta_{21}X_1 + \cdots + \beta_{2m}X_m$$

本研究将牧户生计模式的牧业型、兼业型和抽离型三种类型作为分类变量，这三类变量无顺序之分。基于可持续生计分析框架，生计资本是影响牧户生计模式转型的内在变量。在探讨生计资本对牧户生计策略的影响时，应将六种生计资本都纳入回归模型。令 $a=$ 非牧业型，$b=$ 混合型、$c=$ 牧业型，其中 a 为参照组，且 $P_a + P_b + P_c = 1$，则有以下 Logistic 回归模型：

$$logitP_a = \ln\left[\frac{Pa}{Pa}\right] = \ln 1 = 0$$

$$logitP_b = \ln\left[\frac{P(Y=b)}{P(Y=a)}\right] = \alpha_b + \beta_{11}X_1 + \cdots + \beta_{1m}X_m$$

$$logitP_c = \ln\left[\frac{P(Y=c)}{P(Y=a)}\right] = \alpha_c + \beta_{21}X_1 + \cdots + \beta_{2m}X_m$$

本研究运用 SPSS19.0 软件来计算待估系数，变量经过模拟拟合和似然比检验，结果显示数据与回归方程的拟合程度较好，自变量能够在很大程度上影响因变量。

二、生计资本与生计策略的回归分析

从表5.3可以看出，相对于抽离型生计，自然资本对牧业型生计和兼业型生计有显著影响，即自然资本较高的牧户采用牧业型生计（B＝6.465）或兼业型生计（B＝1.177）的概率也较高，这说明草场面积、水源质量等自然资本是牧业型生计或兼业型生计牧户考虑的重要因素。文化资本也对牧业型生计和兼业型生计有显著的影响，即拥有较多文化资本的牧户从事牧业型（B＝1.446）或兼业型（B＝6.142）生计策略的概率也较高，可见传统的民族文化与地方性生计知识等文化资本仍然在牧民的生计策略中扮演重要角色。物质资本则对牧业型生计有显著影响，物质资本越高的牧户越倾向从事牧业型生计（B＝3.208），这也说明牲畜头数、生产生活资料等物质资本在工矿业开发背景下仍然是牧户从事牧业的重要因素。相对于兼业型生计策略，人力资本对抽离型牧户有显著影响，即人力资本越丰富，牧户选择抽离型生计策略（B＝-4.174）的概率越高，这说明劳动力、家庭成员文化水平对牧户生计转型起着重要作用。金融资本也对兼业牧户有显著影响，即金融资本的多寡与牧户采用抽离型生计策略（B＝-1.216）的概率成正比。这说明牧户家庭收入、金融借贷能力等金融资本也在牧户生计转型中占有重要地位。而社会资本对牧户的三种生计策略均无影响。

表 5.3 生计策略与生计资本的多分类回归分析

生计策略[a]		B	标准误	Wald	df	显著水平
混合型	截距	-4.262	11.483	2.642	1	.037
	文化资本	6.142	0.768	1.831	1	.042
	物质资本	3.208	12.417	2.566	1	.096
	社会资本	-4.115	2.315	1.158	1	.282
	人力资本	-4.174	3.638	2.196	1	.017
	自然资本	1.177	3.035	2.434	1	.011
	金融资本	-1.216	12.622	.033	1	.013
牧业型	截距	-2.118	4.571	4.786	1	.009
	文化资本	1.446	14.025	1.428	1	.032
	物质资本	3.208	1.049	3.760	1	.046
	社会资本	-1.634	7.268	3.462	1	.069
	人力资本	4.305	3.880	1.265	1	.657
	自然资本	6.465	4.673	2.184	1	.009
	金融资本	2.459	1.315	1.069	1	.117

a. 参考类别是：抽离型。

第三节 牧户生计方式调整意愿与制约因素

一、生计方式调整原因

根据可持续生计框架，当生计脆弱性增加或是生计受到威胁时，人们将理性地对生计进行调整。当地的矿产开发无疑已对牧户的生计造成了扰动与侵蚀，并增加了生计的脆弱性。调查地中有 170 户，共计 82.52%的受访牧户有调整现有生计方式的意愿，具体情况见表 5.4。

表 5.4　牧户生计调整意愿

现有生计策略	无调整意愿		有调整意愿	
	户数	该类型户数比（%）	户数	该类型户数比（%）
牧业型	13	35.14	24	64.86
兼业型	17	13.93	105	86.07
抽离型	6	12.77	41	87.23

从表 5.4 可以看出，在调查地的 37 户牧业型生计牧户中，有 24 户有生计调整意愿，占该类型户数比的 64.86%。在 122 户兼业型生计牧户中，有 105 户有生计调整意愿，占该类型户数比的 86.07%。在 47 户抽离型生计牧户中，有 41 户有生计调整意愿，占该类型户数比的 87.23%。可以认为，从事抽离型和兼业型两种生计策略的牧户生计调整意愿较高。

在牧户为什么要调整生计的具体原因中，笔者借鉴扎根理论中对质性数据的编码规则对牧户访谈中关于生计调整的原因进行分析。编码过程包含了初级编码和聚焦编码两部分。初级编码是对于所访谈语句或语段的概括和凝

167

练，在此过程中遵循本意、遵循事实。聚焦编码是对所进行的初级编码在原意之上进行聚焦归类处理。本研究的案例资料编码过程经过了以下三个步骤。第一，创建一级编码。本研究为了了解访谈对象在工矿业开发下的生计状况，需要在 15 万字的原始访谈材料中筛选出生计状况相关内容。分析相关材料并进行筛选，得到 127 个分析单元（原始语句）。由于分析单元数量较多且在内容上存在一定程度的交叉，将其整合后形成了 56 个一级编码。第二，整合一级编码，将其汇总到某个大类别中，形成二级编码。在这一步骤中，笔者试图将不同的一级编码进行分类，将描述内容相近的一级编码整合形成二级编码。例如，一级编码中的"草经常被车轧""草上有灰""水不能喂牲畜"等可以整合为"环境恶化"。第三，二级编码形成后，需要将从实践中观察到的现象进行一定凝练和提升，即将二级编码归纳到框架中，形成三级编码。

依照上述思路，通过凝练和总结，本书将牧民生计调整意愿的因素进行归类分析，主要分为四部分内容，收入降低包含 72 条初级编码、环境恶化相关初级编码为 61 条、消费构成相关（牲畜减少）初级编码为 31 条、社会资源相关（无所事事）初级编码为 27 条。所呈现编码表具体可见（表 5.5）。

表 5.5　编码提炼过程

初级编码	聚焦编码	所属主题	初级编码数量
羊毛灰尘大，羊不好卖	牲畜价格下降	收入降低	72
草场差，需要额外购买草料	生产成本增加		
牲畜经常得病	生产成本增加		
补偿还不如以前放羊	补偿太低		
草不行了	草场污染	环境恶化	61
用水不能喝，需要拉水	水污染		
工厂的水坝截流水源	水位下降		

初级编码	聚焦编码	所属主题	初级编码数量
企业占地多	草场面积少	牲畜减少	31
地全占了，给补偿款，不让放羊了	失去草场		
放羊不挣钱，不如干点别的	牧业被挤占		
有补偿款，天天待着没事干	脱离原有生计	无所事事	27
待在家里没事做	找不到工作		
找工作没人要	找不到工作		

如果按照牧户生计策略将生计调整意愿进行分类，则得出表5.6。从表5.6中可以看出，在有调整意愿的24户牧业型生计牧户中，有15户调整的原因是收入降低，9户表示原因是环境恶化。在收入降低的具体原因中，"草场差，需要额外购买草""牲畜经常得病"等生产成本上升导致收入降低的初级编码占了29条。

表5.6　牧户生计调整原因

生计策略	生计调整原因		
牧业型	收入降低（15）	环境恶化（9）	
兼业型	收入降低（72）	环境恶化（18）	牲畜减少（15）
抽离型	收入降低（31）	无所事事（10）	

案例一　牧业型牧户刘某

我家有12000亩草场，四口人。现在国家的政策挺好的，我们在草场上放牧，给我们每亩地2.5元的补贴，每年大约3万元的补贴。我们家有羊，现在是600多只，去年卖羊加上卖羊绒的钱大概收入是20万元，除去草料、油料等费用，也就剩8万元左右的收入。前几年因为旱情，贷了10多万元的高利贷，现在还没有还完。现在我们嘎查西边有钼矿，南边还有铁矿，污染基本上没有，这里的水也不错，牲畜直接能喝，人喝也没有什么问题。最大的问题是开矿后来修路，在人家的草场上把路修通后不洒水喷水，造成草地污染。还有修路直接把草场刨开取沙石，我们家门口西边的那个沟就是修路刨开的。还有一些人觉得是在他们自己的草场上修路，因此只管要在他们草场上修路的钱，但是修路造成的污染会影响到别家的草地，但那些人不管，只要自己能向修路的人要到损失的钱，别人的草场牛羊都不管。他们拿到钱后还会说："我们已经拿到钱了，你们没权在这里说话。"他们的那些邻居受损也不管了。我们这边旱，草被车轧之后根本就不长了，光秃秃的一片。有的草被污染后牛羊吃了就拉稀，牲畜一生病，一是要花钱，二是冬天不好过，死亡率也比以前高，冬天的时候饲料就得多买。反正我感觉现在放羊的收入跟以前比是不行了，雨水好的时候还行，雨水不好的时候就得借钱买饲料了。我也想做点别的，但是一是没钱，二是家里没劳动力了，两个孩子都在后旗上学，只有我和我老婆在家里干活。

除了收入下降之外，牧业型生计策略的牧户调整的另一个因素是环境恶化。在环境恶化的具体原因中，"水位下降""用水不能喝，需要拉水"等生产成本上升导致收入降低的初级编码占了9条。

案例二　牧业型牧户陈某

我家有7400亩草场，五口人。最近几年我们这里风沙越来越大，以前没见过黑压压的像山一样的沙尘暴刮过来，去年春天的时候我们就见过一次。雨水也越来越少了，2000年以后雨水就慢慢变少，以前每年三四场，或者两三场雨，现在可能有些地方都不下雨了，我觉得主要是大气层被污染了，还有原因就是矿山那边打云，因为是露天矿，说是下雨进矿坑不好，所以一看见矿山那边要下雨了，就开始打云炮。我们这里现在还好，因为地势高，离矿山也远，所以水源没有受到污染，以后怎么样就不知道了。因为雨水太少，现在我们嘎查每家每户都挖深井，记得90年代舅舅家打过井，二三十米下面就有水，但是现在不行了，打井100米或是80米才出水。现在打井可贵了，一般一口井要3万元。有的井打出来的水人还不能直接喝，还要买净化器，一套就好几千元。听说靠近铁矿那边的嘎查井水牲口都不能喝，喝了就得病。有的牧户就每天从我们这里拉水给牲口喝，一趟大概20多公里，来回每次最少30元钱油钱吧。水要是不行了，这草场也就完了，牲畜跟着也就少了。去年大旱的时候没办法，我只好把家里的羊卖掉了200多只，剩了100多只，收入是一年不如一年，根本就不够生活。如果有机会，我想把草场租出去，我和老婆去临河打工。

在三种类型的牧户中，生计调整意愿最多的为兼业型牧户，共计105户。笔者在调查中也感觉到这部分牧户的抱怨最多。兼业型牧户的调整原因为收入降低、环境恶化、牲畜减少，其中在收入降低的具体原因中，"草场差，需要额外购买草""牲畜经常得病"等生产成本上升导致收入降低的初级编码占了72条。在环境恶化方面，"草不行了""用水不能喝，需要拉水""工厂的水坝截留水源"等初级编码占了18条。在牲畜减少方面，"企业占地多""地全占了，给补偿款，不让放羊了""放羊不挣钱，不如干点别的"等初级编码占了15条。

案例三 兼业型牧户陈某

我家有5000亩草场，四口人，现在有200只羊，我和我父亲在放，我老婆在矿里的小卖店打工，每月1500元，孩子在东升庙上小学。我们嘎查不仅有铜矿，还有铁矿、铅矿，啥都有。你看前面那座山，离我家三公里，就是铁矿。至于放羊的成本嘛，每年不一样。如果有草，草场好的话，买草料就少。如果按100只羊算的话，一只羊一斤羊毛，一斤羊毛一百二三十元，反正这都得是买草料了。这些牲畜的崽子能支撑我们的生活，一年少说得一万元，这个羊毛挣的钱都买草料了，一年花四五万元来买草料。一只羊50斤料，把100斤草的钱补偿回来就行了。50斤料，一斤一元钱，50块钱啊。草也是七八毛钱，100斤草，一只羊就是370元，那100只羊就是37000元。但是有些意外你得考虑进去，现在矿上人也多，生活垃圾有的时候到处乱扔，羊吃了得病。有的时候不知道羊吃了啥，回来就吐血，得长牙病的也有。给牲畜治病就得花钱，每年光买兽药就得多花几千元。当然还有被矿山流浪狗咬伤的羊，反正每年都有意外损失。去年我们放羊的收入和支出基本上是持平的，前年大旱的时候光买饲料就花了8万多元，现在放羊根本就不挣钱，草场面积大点还好说，但那都是离矿远的地方，那边污染也少。我们要攒钱给孩子上学，男孩嘛，以后还得买房娶媳妇，放羊在我们这里是不行了。我琢磨着要不我陪孩子在东升庙待着，顺便打打工，让我父亲自己放羊。我们的邻居都生活在牧区，苏木政府是怎么看这个矿产的我们也不知道，反正我们牧民是不想让它继续开发。在牧区开发矿产是很不好的，在20世纪90年代就开始有了污染，畜牧也死的死，我们很多年都没断过争吵。现在有的把水还回来了，有的呢，还是继续开发，用不了几年这个矿产的污染就会扩大，受损失的还是我们牧民。用我们家附近的井水有25户人家，最初水利局给挖的井。但是草场划分有问题，我们嘎查有块地以前是公共牧场，1998年分地的时候就没给我们分这块地，不知道是不是苏木、嘎查做主直接分给矿产企业开发了。就这样，让我们牧民受到了损失。我看这矿产是会继续开发很多年的，虽说每年也会给个一万元的赔偿，但最终还是我们牧民受到损失，挖完了里面的东西他们就直接走了，我们到死也是在这儿，所以我很担心。多年以后我们的子孙怎么生活也是个很大的问题。我们住的这25户人家也多次上诉过，但就是没给解决。到底是苏木的问题还是旗县的问题我们这些牧民就不知道了，我们也理解不了。

案例四　兼业型牧户阿某

我家有 2740 亩草场，两口人，现在有 80 多只羊，女儿早就结婚了，现在在鄂尔多斯。家里的羊是老婆在照看，我现在在苏木里面当保安，每个月收入 2500 元。现在放羊是赔钱的活了，去年加上草料、油料和兽药，大概支出 3 万元，卖羊也就是卖个 2 万多元。我们家羊绒不好卖，因为灰尘大有杂质，收的时候一般半价就卖了，谁让我们家就在铜矿跟前。现在我们这个地方不比以前，垃圾特别多，矿上每天的生活垃圾还有生产垃圾往路边的草场上一倒就完事了。关键是水，矿里生产过的黑乎乎的水每天在流。因为我们那个地方是山地，我们家的畜牧是没法圈起来的，所以羊就会去喝那个污水，我们邻居都知道这个问题。现在我们这里每家每户要是喂牲口，得开车去西边到别的嘎查拉水，每天一趟。这里的水人根本不能喝，我们也都是喝拉来的水，不放心的话还得买个净化器，有条件的人就从矿上福利区买纯净水喝。要是人家给我们适当的赔偿的话我们也无话可说，但关键是没有。他们就负责挖里面的东西，苏木、嘎查给了地，受益的也就是他们，我们能受什么益呢？我们也多次跟矿产的人谈过，他们就会说不是每年给你们一万元的污染费吗？现在的一万元能撑多久？还是一年。我想，要是他们继续开发的话要么就涨污染费，要么就拿些别的能接受的办法来处理这个问题。还不知道他们有没有得到许可，我们认为他们是没有得到许可就来挖我们的地。除了污染，铜矿现在还在抽水。现在铜矿的渗水管那些都是埋在草场的地下的，那个就造成了很大的损失，没有水了，草也长不出来了，一天就能抽 200 多吨水。以前说是给我们补偿，每人是 7000 多元，今年出台了一个文件又说不补了，说我们距离太远，补的范围就是沿着矿山周围的一圈，也就是方圆一公里的位置。这哪行啊？水又不是他们的，渗水管埋在地里，水都流走了，井也没有水了。让我们写申请，我们今天就写了个申请，不知道把渗水管挖出来草场还能不能恢复。草场因为没水，一年不如一年了。今年雨水还行，地看着上面还有点绿色，前几年草场上基本是光秃秃的，啥都没有，我觉得跟他们抽水有很大关系。

在 47 户抽离型策略牧户中，有 87.23% 的牧户共 41 户想调整自己的生计意愿，在具体的调整原因中，依次为收入降低、无所事事。在收入降低方面，"补偿还不如以前放羊"等因为补偿太少导致收入降低的初级编码占了 31 条。在无所事事方面，"待在家里没事做""找工作没人要"等初级编码占了 10 条。

案例五　抽离型牧户柴某

我今年 50 岁，汉族，一家四口，一个小孩在念高中，一个成家了。原先有草场 3900 亩，2006 年草场附近的铜金矿开发，临时占了 100 多亩地，一亩地给了 300 元，一年 3 万元。2007 年禁牧了，现在禁牧款是 4.74 元每亩，每年这块收入是 2 万元。我们在东升庙有房子，2012 年按揭贷款买的，房子总价 20 多万元。老婆专门给孩子做饭，没工作也没收入，主要是文化水平低，去了哪儿也没人要。我 2010 年去双利铁矿打工了，管进出车辆，刚开始的时候每月 1500元，现在收入是每月 2000 元，关键是晚上睡不好觉，经常三班倒。一年下来全家也就 8 万元，花销也大，房子按揭和物业暖气算下来一年要将近 2 万元。过去吃肉不花钱，现在一年吃肉就要花不少钱。东升庙那边物价也贵，一年下来根本攒不下钱。我觉得当时铜金矿给的补偿太少了，占地是一块，但是那些污染，主要是灰尘之类的，害得我们不能好好放羊，他们根本就不管了。污染这种事情的影响当时是看不出来的，时间长了就知道了。我们听说现在牧民放的羊经常会吃一些垃圾，吃了之后就生病，有的羊死之前还吐血。这在以前哪里见过？肯定是开矿带来的，但是这种事情没法说啊，你认为这是污染，但是人家就说谁让你的羊吃的？我现在年纪也大了，等孩子上大学了我就不干了。就现在如果条件允许的话，主要是没啥污染了，还回去放羊，因为赶上风调雨顺的时候放羊收入还行，待着也不累。

案例六　抽离牧户达某

我是蒙古族，今年55岁。我们家六口人，我和我老婆，带三个孩子，还有一个老人。最大的姑娘已经成家了，二儿子和三儿子都在包头的技校里面上学。我家原先是5200亩草场。2008年铜矿扩建的时候把我们家的草场征用了，当时说是临时征用，每平方米地按1.18元算的，征了将近700亩，一年给5万多元。征地之后也不能放羊了，离铜矿太近。那边要修条路，国家二线路（沙石路），2010年开始修，2012年完工，人多车也多，路上经常有大车撞牲畜的。我们不能一天24小时跟着它们放牧吧，晚上也不能带进家里睡觉，然后他们反而指责我们没看好自家牲畜，把罪名安在我们头上。2012年我们禁牧了，也有禁牧补贴，一年2万多元。铜矿还有什么水源补贴，我们家里只有3个人能享受到，一年是3600元。我从2013年开始打工，老婆留在家里照顾老人。刚开始我去的是东升庙打工，种树、瓦匠、装修工啥都干，都是苦力活，有活的时候还能挣到钱，没活的时候就在租的房子里面干耗着，一年除去租房、吃饭也挣不了几个钱，也就能攒个一万多元。到2013年的时候我们这边有风电企业了，在我们临近嘎查的山上有200多个风电扇，那边光秃秃的啥也没有，风电厂那么多人搞建设需要物资，于是我就回来给他们送水，一车水刨去油料能挣30元，每天跑好几趟。但是到了 2015 年的时候风电建好，人都走光了，加上我年纪大了，也跑不动了，就在家里一直待着了。每年就是补偿那么多钱，去矿上买蔬菜买肉啥都贵，今年一斤羊肉已经涨到 25 元了。老人还要吃药，平时还要接济孩子。两个儿子以后娶媳妇还要钱。现在想想那个补偿太少了，那个标准也不知道是谁定的。现在想想还是放羊好，我们牧民只会放羊，最起码吃肉不用花钱。

从上述访谈可见，不同类型的牧户生计在工矿业开发下均受到了冲击。对还有草场的牧业型和兼业型两种生计策略牧户而言，工矿业开发带来的草场污染、水资源摄取和草场面积减少均是造成牧业收入减少的直接原因。对多数抽离型策略牧户而言，工矿开发带来的补偿虽然在表面上高于原先的牧业收入，但是由于他们脱离了牧业生计体系，生活成本的上升和意外开销的增多反而造成了相对收入的下降，尤其是无所事事逐渐成了一些牧户生活的常态，个别牧民甚至开始酗酒、赌博，引发了一系列的家庭矛盾和社会问题。在2016 年的调查中，居住在移民安置小区的原嘎查达巴某就对笔者这样介绍：

工矿业带来的影响有好的也有坏的。好的话，以前没有牲畜的家庭，生活懒散、不勤快的牧户，一年什么也不用干就有收入，而且还不低。但是对于以前牲畜多的大家庭来说不好，以前总是奖励牲畜多的牧民，年底还会评选并给奖状，现在不一样了，牲畜多了就犯法了。尤其是我觉得对老人是一件好事，他们可以拿着补偿款来这里养老，毕竟这边生活条件比牧区好很多，冬天不用生炉子，都是暖气，干净又舒服。但是对于年轻人来说不好，年轻人闲下来不好。开矿了就有补偿款，年轻人拿到钱也不想着好好放羊了，有的人直接禁牧了，还有的人把草场租出去。那些租草场的人可不管，租到了就使劲地放羊，那些草场都被弄得不像样了，所以这几年旗里专门出了一个规定，禁止我们这边的草场出租。这些年禁牧的年轻人离婚的特别多，尤其是企业发补偿款的时候。企业是按年发征地款和各种补偿款的。我们这个镇上一到发补偿款的时候两个地方的人最多。一个是镇上的电子游戏室，那里面有赌博机，老板偷偷弄的。那些人拿到钱了就开始赌，一晚上输一万多元的都有，回家了就开始打架。第二个就是民政办离婚的地方，有的人拿到钱了开始胡花，买轿车买摩托车的，天天在家喝酒吃肉的，啥也不干，媳妇看不下去就开始吵架，吵着吵着就离婚了。还有人被人骗的，前几天我们这里有个矿老板说是找到了一个金矿，没钱开发找人集资，月息一分，说得可好了，什么以后按时分红之类的，有几个年轻人就相信了，最多的一个投了 5 万元，结果最后老板跑了，现在人也找不到了。

二、无调整意愿牧户

在无调整意愿的牧户中，牧业型牧户为 13 户，兼业型为 17 户，抽离型为 6 户，分别占各自类型的比例为 35.14%、13.93%、12.77%。可以看出，牧业型牧户不愿意调整生计意愿的比例明显高于兼业型和抽离型两种生计策略的牧户。笔者对无调整意愿的牧户访谈进行归类分析，将其总结为三部分内容，满意现状包含 15 条初级编码、只会放牧的初级编码为 36 条、缺乏资金的初级编码为 20 条。所呈现编码表具体可见表 5.7。

表 5.7　无生计调整意愿牧户编码分析

初级编码	聚焦编码	所属主题	初级编码数量
收入还行	收入较高	满意现状	15
放羊挣钱稳当	收入稳定		
补偿给得还行	满意补偿		
放羊不闷	有寄托感		

续表

初级编码	聚焦编码	所属主题	初级编码数量
只会放羊	生计单一	只会放牧	36
别的也不会干	技能缺失		
没有闲钱干别的	资金紧张	缺乏资金	20
有贷款，只能放羊	资金困难		
没人给你借钱	贷款困难		

　　牧业型牧户不愿意进行生计调整的主要原因依次为满意现状（7户）、缺乏资金（4户）和只会放牧（2户）。在"满意现状"的具体原因中，"收入还行""放羊挣钱稳当""补偿给得还行""放羊不闷"等初级编码占了12条。在"缺乏资金"的具体原因中，"没有闲钱干别的"，"有贷款，只能放羊"和"没人给你借钱"等初级编码占了9条。在"只会放牧"的具体原因中，"只会放羊""别的也不会干"等由于生计单一或技能缺失的初级编码占了4条。可以认为，虽然一些牧户满足于现有的生活状态，但还是有部分牧户由于自身文化水平和家庭经济条件等生计资本的限制，生计意愿无法调整。

案例七　牧业型牧户付某

　　我今年44岁，汉族。我们家三口人，孩子在内蒙古工业大学上学。我们是草畜平衡户，草场补贴1.18元/亩，有7300亩草场，现在有200多只羊，草畜平衡政策之前有300多只羊，8头牛。我们这里草场面积都小，补贴也少，如果不遇到旱情，收入也还行，每年卖羊和卖羊绒大概能有20多万元。嘎查附近的矿修了两个水坝，雨水好的时候有泉水，现在泉水也被拦截了，地下水位下降了不少。水源补贴以前我们是没有的，前几年我们牧民向苏木和企业反映，才有了铜矿发的水源补贴，是3600元/（人·年）。花销方面也大，每年生活费加上孩子上学的费用大概有4万元，买饲料也花6万元，还有因为超载放牧有罚款，一只羊100元，今年就罚了将近1万元。

因为我们家就在公路北面，今年刚好赶上有示范户项目，按他们民政局的要求，自己出10万元，民政局出30万元，正房84.5平方米，凉房70平方米，羊圈600多平方米，是属于新建房。我觉得现在放牧还行，除了水有点受影响，矿上对我们的影响不是太大。我还是继续放牧吧，直到放不动再走吧。现在想走也走不了了，当初禁牧移民是有名额的，现在想禁牧移民也不行了。

案例八 牧业型牧户梁某

我今年53岁，蒙古族。我们家里四口人。孩子们都已经成家了，一个在陕坝，另一个在临河。我家有7000亩草地，是草畜平衡户，一年的补贴不到一万元。没什么别的收入，因为离铜矿远，也没有水源补贴。现在有羊200只，十几头牛。卖牛每年大概是5万元，羊绒和羊加起来能卖个十几万元，加起来一年不到20万元。花销方面主要是饲料和草料钱，一年差不多要5万元左右，生活开支也就是一年3万多元吧。开发铜矿之前我们这里的水质特别好，喝的是井水。铜矿开发以后井水也不能喝了，去别人家拉水回来维持生活。去别人家拉水也很麻烦，每三天就要拉一回，来回跑路还要油钱，不能白喝人家的吧，还得带点东西，所以今年不去了。无奈之下我们在家的西边又打了一口井，花了将近5万元，新打的井水质也不行，勉强能喝吧。我们就在这里待着吧，草地都分配好了，我们能去哪儿啊？啥都不会干，只会放羊，只能在这里生活呀。再说放羊也是个事，我们这些人住在这里也习惯。

兼业型牧户不愿意进行生计调整的主要原因依次为缺乏资金（10户）、只会放牧（5户）、满意现状（2户）。在"缺乏资金"的具体原因中，"没有闲钱干别的""有贷款，只能放羊""没人给你借钱"等初级编码占了18条。在"只会放牧"的具体原因中，"只会放羊""别的也不会干"等初级编码占了 10 条。在"满意现状"的具体原因中，"收入还行""放羊挣钱稳当"等初级编码占了 3 条。可以看出，兼业型牧户与牧业型牧户在不愿意调整生计方面有类似之处，即还是由于自身文化水平和家庭经济条件等生计资本的限制。

案例九　兼业型牧户巴某

　　我今年 39 岁，蒙古族。我们家里有四口人。我和老婆在这里住，孩子在巴盟蒙中上高中，我母亲在那边陪着。我是草畜平衡户，有 4000 多亩地。我们家离矿山远，但是旁边有了太阳能，风机（大型风力发电厂）也有了。一个风机占用多少地你知道吗？一个风机补贴 5000 元。我们家草场上就安了 20 个，一次性补贴了 10 万元。没风机的话至少一个风机占用的地方放两三只羊。我们没受过教育，可能是头脑简单，但我觉得在我们家乡那些东西不来更好。现在的收入主要是养羊收入，100 多只，每年除了买草料之外基本持平，草场面积小，放羊根本不挣钱。但是不放也不行，不放就啥都不会干了。我现在在红驼协会里帮忙照看骆驼，每个月 2000 元，年底了看收入还有几千元的奖金。现在每年存不下钱，收入和支出基本是一样的，孩子上学租房、赡养老人都是钱，前几年旱情严重的时候有点积蓄全搭进去了。2016 年有个朋友想和我合伙买大车给矿里运矿石，说是一家 15 万元平摊。我哪有钱干别的啊，机会就这样没了，现在养个大车每月最少挣 4000 元。

　　在抽离型生计牧户方面，不愿意进行生计调整的主要原因依次为只会放牧（3 户）、缺乏资金（2 户）、满意现状（1 户）。在"缺乏资金"的具体原因中，"没有闲钱干别的""没人借钱给你"等初级编码占了 9 条。在"满意现状"的具体原因中，"收入还行""补偿给得还行"等初级编码占了 3 条。

案例十 抽离型牧户赛某

我今年 42 岁，是萨嘎查牧民，一家四口，一儿一女，孩子都读了汉校，儿子从哈尔滨汽修学院毕业，女儿从呼和浩特市建筑学校毕业，现在还没找工作。原来家里有草场 3600 亩，因为靠近铜矿，车多灰尘多，2006 年就移民了。现在可以领水源补贴和禁牧款，水源补贴是 7200 元每人，禁牧款是 4.74 元每亩。最初我在铜矿上班，然后是企业移民搬到赛镇开了饭馆，我在赛镇开饭馆有七八年了，饭店从 3 月份到 12 月份开，这几年生意挺好，有玛瑙湖开发的以及石油、风电、石头馆、探矿的，流动人口多。今年生意一般，单位招待也少了。生意都不是靠当地牧民的，当地牧民没钱，今年羊肉价格也一直跌。生意主要还是流动人口，流动人口少了就没生意了。去年生意好，建太阳能的人多，夏天人多，一个月能挣 7000 元左右，今年人明显少了，因为太阳能一期工程结束了。这边冬天赛镇街上基本没人，因为太冷了，所以 12 月就回东升庙过年了。现在的生活我觉得还可以，主要开支是两个孩子的生活费。

案例十一 抽离型牧户贺某

我今年 60 岁，一家五口人，跟女儿、儿子、儿媳、孙子一起住。我们 2005 年就搬到赛乌素镇，我们的草场有 4700 亩，草场补贴按 5000 亩计算，每亩 4.74 元，还有水源补贴，每年每人 36000 元，铜矿如果不倒闭这钱就一直有。没有社保，女儿因为残疾有低保，每月 600 元。旗财政有一次给了 200 元补助。移民之后我在赛镇卖奇石。赛镇往西开车两个多小时有个玛瑙湖，曾经有人挖出一块鸡血石，就是那种类似中国图案的，听说卖了一亿元。这边的好多牧民，还有外地人，主要是宁夏过来的，都开车来挖。现在没好石头了，大的都被矿老板挖了，我们就是捡捡小石头，现在好的小石头也没了，去年政府不让挖了，说是要保护生态。赛镇政府专门给我们这些牧民弄了个奇石市场，门面一年3000元，但是这边游客太少，能卖多少就卖多少吧。石头这个东西真的不好卖，冬天基本没人了。像铜矿那样的企业也不要我们，前几年想给儿子弄个出租车在临河开，但是牌照太贵了，我们也没钱。现在儿子在给别人开大车，一个月5000多元，没日没夜地跑。我帮忙看孩子。

三、生计方式调整意愿及制约因素

从表5.8可以看出，在三种生计策略类型共170户需要调整生计方式的牧户中，持有"增加牲畜"或"继续放牧"意愿的牧户共有91户，占有生计调整意愿总户数的53.53%，可以认为，牧业生计方式是三种类型牧户认同的主要生计调整意愿。值得注意的是，在矿产开发企业相对高工资和工作稳定等因素的吸引下，进入矿产开发企业工作也是三种类型牧户所青睐的生计调整策略，持有该意愿的牧户共有45户，占26.47%。而其他生计意愿如本地打工（17户）、经商（12户）、外出打工（5户）也反映了在工矿业开发背景下牧户生计多元化的调整意愿。但是由于当地工矿业开发带来的诸多问题与牧民自身可持有生计资本的限制，使得牧户青睐的调整意愿难以实现，生计收入增长困难。

第一，草场等自然资本限制了"增加牲畜"或"继续放牧"意愿。在草原畜牧业"草原—牲畜—牧民"的生产结构中，草的供给成为牧户经营最敏感的问题，草场的微妙变动都会对牧民生计造成很大的影响，尤其是在市场化、定居化的条件下，牧民的收入和拥有草场的数量成正比。铜矿开发对牧户草场的占用和污染已使毗邻铜矿的牧户生计空间不断缩小，再加上在当地严格执行"禁牧"及"草畜平衡"的政策背景下，无论是"继续放牧"或是"增加牲畜"都会对草场形成很大的压力，从而进一步加剧牧业生计的脆弱性。

表 5.8 牧户生计调整意愿

现有生计策略	生计调整户数	调整意愿（户数）
牧业型	24	增加牲畜（17）、经商（4）、工厂工作（3）
兼业型	105	增加牲畜（55）、工厂工作（27）、本地打工（14）、经商（6）、外出打工（3）
抽离型	41	继续放牧（19）、工厂工作（15）、本地打工（3）、经商（2）、外出打工（2）

案例十二 兼业型牧户

我们一家四口，一儿一女，女儿成家了，儿子还在上学。我们家原来有 5000 亩草场，应该能放 200~300 只羊，草畜平衡规定是 17 亩一只羊。矿产开发占了 1000 多亩。企业当时给了一套移民村的房子，80 平方米的平房，这房子质量不好。去年来嘎查修了房子，里外都修了，花了一万多元。2010 年我来到移民村，想找个工作，但是没找到，因为上了年纪，也不懂技术，所以难找工作。有 5100 亩草场，从 2006 年补贴 7200 元/（人·年），到 2011 年又加了草原奖补机制的禁牧款，是按亩数给的，4.74 元/亩。现在有 40 多只羊，六七头牛，禁牧之前有 300 多只羊。现在用的是自来水，不是井水。现在水质不太好，水也降了 1~2 米，可能被污染了。今年不知道怎么了，没人过来买羊了，想卖也没法卖。经过了这些年，觉得还是放牧好，合同到期就改草畜平衡户。我们有 5100 亩地，今年的支出主要是买饲料花了 15000 元。禁牧户还能养 50~100 只羊，我们当初是自愿禁牧的，但是现在草场上别人的牲畜都比我以前放得多，估计有 200 多只羊在我的草场上，别人的羊在我的草场上我的草场也休息不了啊。我们这儿的人不休牧，我们这儿的人全是草畜平衡户，不休牧的原因还是补贴得少。因为我们后面边上补贴得多，草场大，他们就休牧，一年十几万元就够生活了，但是我们要是休牧，三四万元肯定不够生活。所以这个地方跟政府也有一定关系。如果把我们这个二级草场跟后面这个草场按比例算起来，我们的补贴就要提高，好比他们补五元，我们就要补七元或者八元这样就平衡了。平衡以后休牧也可以，因为能生活了。现在我们每家每户的载畜量都是超载的，因为不超载也不行，少放一点我们就生存不了，所以即使知道要罚款也没办法。这里的人就很愁，不愿移民，因为移民了就生活不了。后面的草片那么大，他们也愿意移民，因为补贴上去了，他们就能生活了。我们主要存在这个问题。

第二，"工厂工作""本地打工""外出打工"等意愿主要受到牧户自身文化水平低等人力资本的限制。根据《中华人民共和国民族区域自治法》第二十三条的规定："民族自治地方的企业、事业单位依照国家规定招收人员时，优先招收少数民族人员，并且可以从农村和牧区少数民族人口中招收。"但是由于语言沟通和文化素质等问题，企业很不情愿招募当地牧民进入企业工作，牧民也不适应企业严格的管理制度，因此能进入企业获得稳定的劳务性收益的牧民极少，而且绝大多数牧民从事的是后勤工种，月薪多在 2500 元左右。一些牧民在铜矿周边或者去附近的镇上通过打工来补贴收入，但是由于没有什么一技之长，他们的打工收入较少而且不稳定。

案例十三

我今年 62 岁。我家有 4500 亩草场，2012 年禁牧了。因为铜矿占了我们家的一块地做尾矿坝，所以把我安排到矿里上班当库管。那里面的工人基本上是从外面招的，哪里的人都有。人家说我们听不懂话，文化水平低。当地的牧民没关系进不去，因为矿里工资高，井里爆破放炸药的，每月一万多元，普通的生产车间最少都是四五千元。库管也就是每月不到 2000 元，就是看设备仓库，每天晚上都不能睡觉，就在那儿盯着。我们牧民平时哪有这样的，受不了啊。干了不到一年我就走了。在现实情况下，待在家里是不行的，没有生活来源，钱不够花。你看我这么大岁数了，还要出去打工挣钱。我打工就在这个镇附近，或者是镇里，或者到牧区，盖车库、盖房子、盖羊圈等一系列，去年还给奇石店里喷过砂，反正就是受苦活儿。我昨天才休息。现在的主要经济来源是每个月 1000 元的社保，还有禁牧款和铜矿水源补偿，一年是 2 万多元。

染。工业化是规模化、标准化的生产，其与资本逻辑的结合，增强了人类征服自然的能力。但这种逻辑以对自然的巨大损害为代价，追求单纯的经济增长，人们把自然仅仅作为提供无偿消费和损耗的对象，对自然尽可能多地开发，对自然资源尽可能多地消费，最大限度地满足当代人的物质贪欲，而不考虑自然界的承受能力，也不考虑生产对自然界和社会带来的长期影响。这种以利润最大化为目标的经济特性不仅蕴含了对自然资源和生态环境无限制损害的极大风险，由此造成的越来越多的环境退化也成为诱发风险社会的重要因素。马克思（2009）认为，人类的生存不仅依赖于土地和森林，而且必须依赖于大量的矿产资源等。但是，劳动生产率的提高是无限的，而矿产资源的藏量是有限的，所以随着劳动生产率的提高，矿产资源的藏量将会日益减少，从而对人类社会的持续发展造成威胁。也就是说，矿产资源是有限的，毫无节制地开发会导致资源"枯竭"。因此，人类要化解人类需求与资源短缺的矛盾，保障人类社会的持续发展，必须放弃传统矿业开发中过时的理念，珍惜、保护和适度开发矿产资源。

如果从二者的发展逻辑来看，似乎牧业与工业相互对立，不可调和。但是如果从短期利益和长远利益辩证分析，工业与牧业既有矛盾，也有相互协调的一面。从短期来看，工业化生产会带来环境的污染和生态的破坏，这就会造成一定的工牧矛盾。如前文分析的工矿业开发带来的水资源摄取、草场污染等加剧了牧业的脆弱性。但从长远来说，治理污染、节约资源、保护牧业乃至牧区生态环境则是保护了工业化发展的根基，是有利于工业化发展或牧区经济发展的，也就是说从长远利益看，工业与牧业是可以协调发展的。

那么，我们应该如何协调工矿业开发与牧业发展？以习近平总书记为代表的党中央对于生态文明建设与工业化发展二者关系的重要论述为我们提供了思路。生态文明同以往的文明形态不同，在人与自然的关系上，它是以把握自然规律尊重和维护自然为前提，以人与自然、人与人、人与社会和谐共生为宗旨，以全球资源环境承载力为基础，以建立可持续的产业结构、产生方式、消费模式以及增强可持续发展能力为核心的文明形态。生态文明是工业文明发展到一定阶段的产物，是实现人与自然和谐发展的新要求。建设生态文明，不是要放弃工业文明，回到原始的生产生活方式，而是要以资源环境承载能力为基础，以自然规律为准则，以可持续发展、人与自然和谐为目标，建设生产发展、生活富裕、生态良好的文明社会。

中国共产党十七大提出了"建设生态文明"的目标任务，要求"把建设资源节约型、环境友好型社会放在工业化、现代化发展战略的突出位置"，即将生态文明的内涵融入工业化建设，把走新型工业化道路与生态文明建设有机结合起来，走出一条以生态文明为导向的新型工业化道路。党的十八大进一步强调要大力推进生态文明建设，"把生态文明建设放在突出地位，融入经济建设、政治建设、文化建设、社会建设各方面和全过程"。这就使生态文明建设在中国特色社会主义事业中的"五位一体"总体布局中占有突出的地位。党的十九大报告进一步指出："我们要建设的现代化是人与自然和谐共生的现代化，既要创造更多物质财富和精神财富以满足人民日益增长的美好生活需要，也要提供更多优质生态产品以满足人民日益增长的优美生态环境需要。必须坚持节约优先、保护优先、自然恢复为主的方针，形成节约资源和保护环境的空间格局、产业结构、生产方式、生活方式，还自然以宁静、和谐、美丽。"[①]

习近平总书记以"金山银山"和"绿水青山"的"两山说"生动形象地阐述了生态文明建设与发展的辩证关系以及对这一问题的认识过程。习近平提出"我们既要绿水青山，也要金山银山，宁要绿水青山，不要金山银山，而且绿水青山就是金山银山"。我国在实践中对绿水青山和金山银山这"两座山"之间关系的认识经历了三个阶段：第一个阶段是用绿水青山去换金山银山，不考虑或者很少考虑环境的承载能力，一味索取资源；第二个阶段是既要金山银山，但是也要保住绿水青山，这时候经济发展和资源匮乏、环境恶化之间的矛盾开始凸显出来，人们意识到环境是我们生存发展的根本，要留

---

① 绿水青山就是金山银山——关于大力推进生态文明建设［N］. 人民日报，2014-07-11.

得青山在，才能有柴烧；第三个阶段是认识到绿水青山可以源源不断地带来金山银山，绿水青山本身就是金山银山，我们种的常青树就是摇钱树，生态优势变成经济优势，形成了浑然一体、和谐统一的关系，这一阶段是一种更高的境界（陈二厚、董峻、王宇等，2015）。需要指出的是，习近平总书记的"两山论"拒绝的是浪费资源、破坏环境的资源开发，并不排斥资源能源的合理开发。他指出："要牢固树立生态红线的观念，优化国土空间开发格局，加大生态环境保护力度，坚决克服把保护生态与发展生产力对立起来的传统思维，下大决心、花大气力改变不合理的产业结构、资源利用方式、能源结构、空间布局、生活方式，决不以牺牲环境、浪费资源为代价换取一时的经济增长，实现经济社会发展与生态环境保护的共赢。"因此，生态文明建设与新型工业化战略的提出以及习近平总书记的"金山银山论"是我党在发展的问题尤其是怎样发展的问题上的理论创新和实践方略，这不仅昭示着牧业与工业二者之间有着内在统一性和协调发展的根据，而且这一系列新思想、新思路蕴含着工业化发展与牧区生态文明建设协同并进的思路。因此，我们应以生态文明建设统领牧区工矿业发展，采取转变发展理念、倡导新型工业化发展道路和严格加强牧区生态保护等措施。我们可以通过新型工业化来建设、改造和优化牧区生态环境，并对工矿业开发给牧区环境造成的破坏予以补偿。

一、树立"生态优先"的牧区工矿业发展理念

2015 年，中共中央、国务院印发的《关于加快推进生态文明建设的意见》中指出："在资源开发与节约中，把节约放在优先位置，以最少的资源消耗支撑经济社会持续发展；在环境保护与发展中，把保护放在优先位置，在发展中保护、在保护中发展。"生态经济学认为，县域生态经济系统是由生态系统与经济系统通过技术系统耦合形成的。无论是发达还是落后的县都是自然生态和社会经济相互依存、相互结合、相互作用的生态经济有机整体。在县域生态经济系统中，生态系统是经济系统的基础，其结构直接影响着县域经济系统的结构，即生态系统是第一位的，起着决定性的作用（胡宝清，

2005）。因此，地方政府应从草原既是生命共同体也是国家的生态屏障这一战略高度出发，保持尊重草原自然规律和保障草原生态的战略定力，贯彻以生态优先的工矿业发展理念。首先，应当树立正确的政绩观，建立体现生态文明建设的牧区经济社会发展综合评价体系，建立健全环境问责制度，使牧区生态环境保护成为硬政绩；试行以"绿色GDP"为主要内容的新的评价体系，把资源、环境、民生等纳入考核内容，使原来主要关心经济增长速度，变为全面关心经济、资源、环境、民生的协调发展。其次，要加快转变经济发展方式，实现牧区工矿业开发由粗放型向集约型、由资源密集型向资金技术密集型的转变，还必须大力推进生态文明建设，为经济发展提供良好的资源环境基础。在保护自然资源、充分合理利用有限资源的条件下促进经济快速发展，同时把资源消耗、环境损害、生态效益纳入经济社会发展评价体系中。最后，要摒弃"人定胜天"的思维方式与做法，以牧区自然条件与资源环境承载能力为基础、以牧区生态规律为准则、以可持续发展为目标进行生产力布局，逐步建成资源节约型、环境友好型社会，实现人与自然、环境与经济、人与社会的和谐共存。

二、设定牧区工矿业开发生态保护红线

2017年，中共中央办公厅、国务院办公厅印发了《关于划定并严守生态保护红线的若干意见》，意见明确指出："生态保护红线是指在生态空间范围内具有特殊重要生态功能、必须强制性严格保护的区域，是保障和维护国家生态安全的底线和生命线，通常包括具有重要水源涵养、生物多样性维护、水土保持、防风固沙、海岸生态稳定等功能的生态功能重要区域，以及水土流失、土地沙化、石漠化、盐渍化等生态环境敏感脆弱区域。"作为内蒙古地区生态的主体，良好的草原生态不仅是维系牧民可持续生计的基本前提，也是确保牧区发展和稳定的重要保障。草牧场是广大牧民赖以生存的最长久、最稳定的生产资料。由于牧民群体在知识、文化、技能等多方面处于市场竞争中的弱势地位，他们一旦失去赖以生存的草牧场，其生存安全就会直接受

到威胁。

在乌拉后旗的工矿业开发实践中我们可以看到，随着全球气候的暖干化和现代工业化进程的加速，矿产开发企业对水资源的摄取、草场的占有以及带来的污染加剧了干旱牧区的脆弱性，当地的草原生态资源已接近利用极限。生态阈值理论认为，任何一个生态系统对外来物质的干扰都有一定的忍耐极限，当外来干扰物质超过此极限时，就会使生态系统失去平衡稳定能力，引起系统的衰退和消亡，系统的结构和功能就会遭到损伤和破坏。如果任由当地的工矿业开发继续扩张，脆弱的草原生态环境很可能会突破生态阈值，造成草场退化、荒漠化乃至失去利用价值。因此应当建立矿山资源开发环境保护监测、预警和监管制度。首先，地方政府应加强牧区矿产资源开发源头管控，应将草原生态环境敏感脆弱区域全部纳入生态红线保护范围并严格落实配套管控措施，对于申请新立、变更的矿山，严格出具环境影响评价并将其作为办理的前置条件，禁止新建严重破坏草原生态环境的矿产开发项目。其次，对造成草场破坏和环境污染的矿产开发企业，要依法查处，责令限期整改。逾期不能达标的，实行限产或者关闭。最后，地方政府应制定出台引导矿业权依法有序退出政策，倒逼产能规模小、技术装备落后和不符合生态优先、绿色发展导向的各类矿山企业退出。

三、推进绿色矿山建设

2010 年，原国土资源部在《关于贯彻落实全国矿产资源规划，推进绿色矿业建设绿色矿山工作的指导意见》中明确提出绿色矿山建设工作是矿产资源开发过程中不容忽视的重要环节。在 2017 年出台的《中共中央国务院关于加快推进生态文明建设的意见》中明确要求建立"源头预防、过程控制、损害赔偿、责任追究"的制度体系，明确提出"开展矿山地质环境恢复和综合治理"任务。2018 年，原国土资源部、财政部等六部委再次出台《关于加快建设绿色矿山的实施意见》，将绿色发展理念贯穿于矿产资源规划、勘查、开发利用与保护的全过程，引领和带动传统矿业转型升级。绿色矿山建设不仅是从实践上落实习近平总书记"两山论"的重要举措，而且对牧区工矿业可持续发展有着重要的意义。绿色矿山的建设应遵循生态矿业工程理论的基本原则。生态矿业工程理论认为，矿产资源开发之前的生态环境本底调查是构建生态矿业工程的基础，应当仔细分析研究矿产资源开发可能诱发的对生态和环境状况的干扰与破坏问题。首先制定从源头上控制干扰和破坏的技术路线与措施，立足于循环经济模式，强化资源综合利用及废料资源化，做到不建尾矿库、不设废石场、无外排不达标废水的无废开采。生态矿业工程理论要求矿业项目在其规划、立项、设计、施工建设、生产、闭坑全过程中，将生态保护和环境治理、生态修复融为项目的有机元素，明确各阶段的资金投入，落实各阶段的社会责任，以法律形式进行明确规定（赵腊平，2019）。可以认为，资源利用、保护环境与社区和谐是绿色矿山建设的核心。对于草原牧区的绿色矿山建设而言，首先是从矿产资源的开采、加工、综合利用到运输全过程，都要贯彻科学发展观和生态环保理念，遵循循环经济的原则，通过调整生产工艺，优化生产布局，开发与应用新技术、新设备等手段，实现矿产资源利用效能的最佳化。其次是加强对矿区水草环境污染防控。尽可能把对矿区及周边环境的扰动控制在环境可控制的范围内，尤其要严格控制对牧区水资源的摄取。最后是实施矿区生态修复。对矿区周围已受到污染的草原及尾矿坝等重点污染区域运用工程技术手段、物理和化学手段进行修复，使被污染物浓度降低到未污染前的状态。绿色矿山的建设在内蒙古已有先例，如以下案例显示的巴彦高勒煤矿绿色矿山建设。

案例十四　巴彦高勒煤矿绿色矿山建设

在内蒙古茫茫毛乌素沙地边缘，巴彦高勒煤矿绿化地的格桑花已一片一片，甚是好看。

既要金山银山，更要绿水青山。既要企业发展，更要矿绿沙退。近年来，山东能源淄矿集团始终把环保工作摆在突出位置，积极落实各项环保措施，采用源头控制、消除煤尘、绿化种植三招，全面治理矿区环境，确保了矿井绿色、健康发展，给沙漠添绿，给天空增蓝，走出了一条生态优先、绿色发展、矿绿沙退的友好型发展之路。

源头控制根源解决，环保走在生产之前。巴彦高勒煤矿以"开采绿色生活"为引领，从生产的源头控制，让环保更加简约高效。他们先后投资 17 万元，对原煤运输系统采取全封闭式优化管理，从根源上杜绝了运输过程中煤块洒落和煤尘外扬的现象。为了消除火车装运和煤仓集装产生的落地煤，他们建成了容量达 11 万吨的储煤仓，商品煤实行全仓储管理。他们还通过实行运煤重车和空车分道行驶来缩小车辆遗煤区域、减少运输扬尘，并定期冲刷运煤专线，真正达到"生产煤却不见煤"的标准。不仅如此，他们还在地面搅拌站建设了砂石堆料储存棚，在煤泥烘干厂建设了湿煤泥棚，把地面粉尘关进"箱子里"。

绿水青山就是金山银山，长期坚持就能沙退绿进。该矿牢固树立"人人有责、爱绿护绿"的环保意识，加大绿化种植，让矿区更加和谐。他们先后组织人员在矿区内外的沙地大量种植乔木绿植，既美化了周边环境，也能防风固沙。在矿区外的运煤路上，经常能看到以前几乎绝迹的野鸭、野兔和野鸡。

第二节　构筑工牧利益共同体

波兰尼在其著作《巨变：当代政治与经济的起源》中对所谓"自律性市场"的考察后认为，将自然的本质转化为商品的机制是"撒旦的磨坊"，这样的机制必然会毁灭人类的自然居所，他就此对经济从社会中脱嵌极度怀疑，并提出了"双重动向论"（Double Movement）。他声称，市场社会包含了两种对立的力量，即自由放任的动向以扩张市场，以及反向而生的保护主义以防止经济脱嵌，将经济从社会中脱嵌的努力必然会遭受反抗（波兰尼，2013）。遵循波兰尼的思路，一方面，我们可以看到工矿业开发通过草场占用与分割、水资源摄取等方式将埋藏在草原之下的自然矿产资源转化为商品的同时，也造成了草原生态经济系统的破坏。牧民不但没有从工矿业开发的利益链条中获益，反而生计遭受到了侵蚀。另一方面，我们认为，作为现代化的重要表征，牧区工矿业开发这一市场行为不能脱嵌于牧区社会发展的整体逻辑。在牧区已进入市场化的背景下，我们应该对牧区工矿业开发这一新生发展动力应用辩证的思维来审视，不能简单地给予肯定或否定。尽管与自然资源开发有关的全球化进程正在不同的时间和地点对土著居民造成损害成为不争的事实，但是我们应该认识到，这是一种慢性病，是逃无可逃的（理查德·迪克，2011）。因此，如何有效整合草原工矿业开发所带来的发展助力，使之嵌入牧区的可持续发展道路中，是关乎工矿业开发背景下牧民实现可持续生计的重要议题，笔者尝试以构筑工牧利益共同体的思路来回答这一问题。

"共同体"一词源于古希腊语 Koinonia，原意指城邦设立的市民共同体。

在古希腊，"共同体"意味着许多千差万别的参与者，他们拥有共同的目的，通过他们自身的"共同活动"的行为来实现"共同利益"和"共同善"而构成的"联合体"。因此，从词源上来看，共同体这一概念并非指一种客观存在的实体，而是一个基于共同利益和共同价值诉求的共同关系模式。滕尼斯对共同体做出了经典性的定义，他认为共同体与社会是人类存在的两种标准的结合类型。一切结合——既把关系看成整体，也把关系作为团体——只要它们是基于直接的相互肯定，即本质意志之上的，就此而言，它们是共同体；而只要这种肯定是理性化了的，也就是说，是由选择意志确立的，就此而言，它们是社会（滕尼斯，2010）。在滕尼斯眼里，共同体是人的自由意志的结果，是符合人的本性的具有亲密感和认同感的组织化形式。然而，随着人类社会逐渐步入"理性的囚笼"，加之市场经济和全球化的发展，个体和社会呈现出一种原子化和碎片化的特征，传统意义上的共同体逐渐解体。吉登斯以"脱域的共同体"概念来描述这一进程。他认为，"现代性的一个特点是远距离发生的事件和行为不断影响我们的生活，这种影响正日益加剧。这就是我所说的脱域（Disembdeding），即从生活形式内'抽出'，通过时空重组，并重构其原来的情境"（吉登斯，2001）。重建共同体则被视为展现人的本质存在，恢复人类生活丰富与多样性的场所与出路。如鲍曼把共同体视为人类规避现代性后果的港湾，他认为共同体是一个我们于其中可以相互依赖的温暖舒适的地方，然而它并不是意指一个我们可以获得和享受的世界，而是一个我们将热切希望栖居和重新拥有的世界（鲍曼，2001）。"共同体主义"的代表人查尔斯·泰勒也认为，共同体并非为了特殊目的而按照某种规则建立的，而是其成员通过相互合作和互惠互利而形成的社会背景，是个体认同的建构者，是一种有机构成的整体而不是原子的聚合（查尔斯·泰勒，2001）。就人类发展而言，传统工业化的高耗能、高污染的发展道路因资源、环境和生态的约束而难以为继，人类需要在共同体、共同目标和共同意念的基础上考虑社会可持续发展问题（丁元竹，2010）。

利益作为社会关系中最现实的要素，最具结成共同体的潜力。马克思认为，"每一既定社会的经济关系首先表现为利益"（2009），但是马克思也认为利益具有盲目性，"利益就其本性来说是盲目的、无节制的、片面的，它具有无视法律的天生本能"。通常情况下，由于存在不同的利益主体，决定了利益必须经过一定的竞争去实现。而竞争结果，或是一方满足了利益，而另一方不能实现。因此，在马克思眼里，"这种共同利益不是仅仅作为一种'普遍的东西'存在于观念之中，而首先是作为彼此有了分工的个人之间的相互依存关系存在于现实之中"。马克思从个体利益和共同利益的辩证关系入手，认为利益共同体首先也是参与社会利益竞争的主体。同时，作为基于共同利益而形成的大范围、多层次的利益共同体，的确是解决了利益个体由于缺少合法的、能够有效表达自身利益的载体，使得其难以实现自身利益的问题。更重要的是，它将基于共同利益追求的个体很好地统一在利益共同体内，并且通过合理的利益分配，达到利益的有效占有，从而使每个利益主体在利益共同体内都能分享利益，能够更好地实现自身的特殊利益（焦娅敏，2013）。

为建立完善一种实现合理、科学的工牧协调发展的机制，就有必要形成一种建立在共同利益基础上的利益共同体。如果工矿业开发的各个主体形成了共同利益，彼此相互依赖，增大共同利益，就会形成良性循环，未来打造利益共同体，将是维系牧民可持续生计乃至推动牧区可持续发展的重要途径。笔者认为，由于草原生态系统不可切割，牧区工矿业开发引发的生态后果不分疆域，生态利益是工业和牧业之间的共同利益。一方面，乌拉特后旗的牧业发展的历史经验与牧民生计的实践逻辑已证明，良好的草原生态是牧业发展与壮大的前提；另一方面，面对信息化和生态化及第三次工业革命的挑战，矿产资源开发利用不仅仅是个体通过投资获取利润回报或获得就业机会的手段，更是一项既能使投资者获益，又能使受损者得到补偿的具有社会意义的活动（K. Brewer，2005）。必须尽量克服传统工业化弊端，实现绿色发展之路和生态文明引领下的工业化道路。因此，牧区工矿业发展的可持续发展也需要良好的草原生态基础，完善当前健全牧区工矿业开发的生态补偿机制、建立牧民参与利益分享机制是构筑工牧利益共同体的必要途径。

一、健全牧区工矿业开发的生态补偿机制

生态补偿是一种使外部成本内部化的环境经济手段。究其定义，国内学界目前有几种代表性的观点。吕忠梅（2002）认为生态补偿可分为狭义和广义两种：狭义上的生态补偿是指对人类造成的生态系统和自然资源的破坏及环境污染的经济补偿、恢复和治理；广义上的生态补偿还包括对矿区居民因环境保护而丧失发展机会的经济、技术、实物上的补偿。王金南（2006）认为生态补偿是一种以保护生态服务功能、促进人与自然和谐相处为目的，根据生态系统服务价值、生态保护成本、发展机会，运用财政、税费、市场等手段，调节生态保护者、受益者和破坏者经济利益的制度安排。宋蕾（2012）认为生态补偿是指对损害环境的行为进行收费，加大该行为的成本以激励损

害行为的主体减少因其行为带来的外部不经济性，或对保护资源的行为予以补偿或奖励从而达到保护环境的目的。结合上述定义，我们可以看出，国内学界认为生态补偿的前提是生态环境遭受破坏，补偿的核心是生态环境的损害价值。

自20世纪90年代以来，随着中国自然资源开发与环境保护的张力凸显，国家相继出台了一些资源生态补偿政策。1996年国务院发布的《国务院关于环境保护若干问题的决定》指出，要建立并完善使用自然资源和恢复生态环境的经济补偿机制。2000年国务院颁布的《生态环境保护纲要》中指出，"坚持谁开发谁保护，谁破坏谁恢复，谁使用谁付费制度。要明确生态环境保护的权、责、利，充分运用法律、经济、行政和技术手段保护生态环境"。2005年8月，《国务院关于全面整顿和规范矿产资源开发秩序的通知》提出，探索建立矿山生态环境恢复机制。2006年11月出台的《中共中央关于构建社会主义和谐社会若干重大问题的决定》指出，"完善有利于环境保护的产业政策、财税政策、价格政策，建立生态环境评价体系和补偿机制，强化企业和全社会节约资源、保护环境的责任"。2008年10月，党的十七大报告提出："实行有利于科学发展观的财税制度，建立健全资源有偿使用制度和生态环境补偿机制。" 2012年11月，党的十八大报告提出，"建立反映市场供求和资源稀缺程度、体现生态价值和代际补偿的资源有偿使用制度和生态补偿制度"。2015年中共中央、国务院印发的《生态文明体制改革总体方案》指出，完善生态补偿机制，探索建立多元化补偿机制，逐步增加对重点生态功能区转移支付，完善生态保护成效与资金分配挂钩的激励约束机制。2016年5月，国务院颁布了《关于健全生态保护补偿机制的意见》，强调"要牢固树立创新、协调、绿色、开放、共享的发展理念，不断完善转移支付制度，探索建立多元化生态保护补偿机制，逐步扩大补偿范围，合理提高补偿标准"。2017年11月，党的十九大报告指出："要建立市场化、多元化生态补偿机制。"上述政策充分反映了我国政府构建资源生态补偿机制的决心。

就目前我国现行的矿产资源开发补偿实践而言，补偿主要是指对矿产资源的所有人、自然生态系统的恢复治理行为以及矿区环境损害的直接受害居民的补偿，包括生态恢复成本和对矿区居民的直接经济赔偿成本。补偿的主要手段是征收资源税、矿山生态环境修复治理基金、土地复垦保证金。从笔者在乌拉特后旗矿产开发区的调研来看，当前的补偿制度存在着以下缺陷。

（一）补偿主体不明确

资源生态环境补偿是多个利益主体（利益相关者）之间的一种权利、义务、责任的平衡过程。实施资源生态补偿首先要明确各利益主体之间的身份和角色，明确其相应的权利、义务和责任内容（张明复，2010）。有学者认为，人类生存对自然资源存在及开发的自然依赖并表现的人口分布与自然分布的依存关系，事实上形成一种空间的权利差序，体现出当地居民在自然资源存在及开发中的优先受惠权，国有自然资源权益关系的内在差异所呈现的近与远、密与疏、内在与外在的关系，就是国民在自然资源存在及开发所形成的利益分享中的先后次序，在这种关系中当地居民优先受惠。优先受惠的依据和基础，是当地居民与所在地资源的自然关系并衍生的资源使用权（王文长，2006）。当前牧区矿产开发的利益主体包括国家、地方政府、矿产开发企业（含股东）、嘎查、牧民等，但是这些利益主体之间存在着权责不明甚至冲突的现象。如《中华人民共和国宪法》和《中华人民共和国矿产资源法》中明确规定，矿产资源属于国家所有。而在矿产资源开发过程中，开发企业把当地嘎查和当地牧民排除在资源开发主体之外。但是《中华人民共和国草原法》规定，草原是以嘎查为单位的集体所有，资源开发企业和当地牧民之间利益矛盾非常尖锐。

（二）补偿忽视了草原的特殊性

草原是一个复杂的自然生态空间，任何一个类似草原牧区这样相对独立的特殊的人与自然组合的地域，都可看作由草原生态系统与经济系统相互复合交织而成的生态经济系统。这一系统的特征包括整体性和复杂性。草地生态系统的整体性是指在一定草地空间范围内生存于其中的所有生物（生物群落）与其环境之间不断进行着物质循环、能量流转和信息传递的综合自然整体。此外，草原空间的组合和互补也非常重要。草原的特点正是多种类型的草原与多种地形同时存在，因此只有组合才能体现出草原的价值。因此，草原及其附属资源的整体性、复杂性更强，其可分割度更低，边界更难清晰化，也很难标准化。现有的补偿制度则是建立在对草原空间均质化的理解基础之上，强调清晰化、简单化、可分割性。这一空间观念不仅忽视了草原的特殊性与复杂性，而且也忽略了牧民实际的草原使用习惯和以此形成的地方社会——文化关系。我们可以看到，由于忽略了草原空间的整体性，现有补偿标准基本上采取"一刀切"和"就近补偿"的政策。矿产开发企业人为地划定补偿区域与范围，在补偿区域之外的残留地和相邻草场受损极易被人忽视。此外，矿产开发企业在运输资源过程中临时占用草原、破坏草原时，当地牧民也没有得到合理的补偿。

（三）现有补偿面过窄且随意性较强

广义的生态补偿是指对生态系统的理论价值进行补偿，除了狭义的生态补偿外，还应包括对因环境保护丧失发展机会的区域内的居民进行的资金、技术、实物上的补偿和政策上的优惠，以及对环境污染损失进行的补偿支出。但是当地牧民在矿产资源开发企业里获得的各种补偿往往是"一次性""临时性"的，面临难以实现可持续发展的问题。调查还发现，当地矿产开发企业的一些补偿尤其是对临时草场占用的补偿随意性很强，补偿额度和标准基本上是与当地牧民博弈的结果。

（四）补偿缺乏长远考虑

可持续发展观认为，某一代人的发展是也仅仅是人类整个发展链条上的一个环节，为了确保人类发展的连续性，在人类追求本代人利益的过程中，必须充分顾及后代人的发展条件，实现最大限度的代际公平。当前矿产资源开发对被征用草场的牧民以一次性货币补偿为主。但是牧民长期从事畜牧业，劳动技能单一和受教育程度偏低，生计转型存在较多困难，如本研究中的多数抽离型牧户面临着长久生计问题。草场是牧民的基本生产资料和最可靠的生活保障，牧民失去草场，也就意味着失去了生活、生产与养老等各种权益。

因此，现行的补偿机制对下一代的发展权益也缺乏考量。

鉴于此，构建基于牧区特殊性的矿产资源生态补偿机制已迫在眉睫。第一，科学确定牧区生态环境补偿标准。生态补偿的根本目的是通过利害关系的交换，保障生态的平衡和各方利益的均衡。生态收益的获取方要在获取的同时，按照合理的标准给予付出方补偿，也就是"谁受益，谁付费"，有效保障付出方应得的各项补偿权益，因此科学制定补偿标准是生态补偿的重中之重。国家应从政策上明确牧区矿区生态环境损毁补偿的责任、义务和补偿标准。首先是推动落实对矿区周边产生的环境污染的监测评价，应根据环境污染影响程度对矿区进行封闭区与缓冲区的划分，细化针对不同矿区的牧民环境污染补偿办法，以此作为生态环境污染补偿的基础。其次是对被征地牧民的间接损失补偿标准（失去了由草场所派生出来的诸如生活、生产与养老等各种权益）做出清晰的界定。再次是按照"政府引导、市场主导、企业化运营"的原则，构建一个多元的市场化矿山环境治理投融资模式。最后是强化矿区生态环境恢复治理监管工作，加强全程动态的地质环境影响评价工作，建立健全生态环境损害责任终身追究制度和企业环境行为信用评价制度。第二，制定契合牧区特性的矿产资源开发生态补偿机制。生态补偿制度必须符合地方生态保护、经济社会发展的需要。牧区的生态脆弱性和牧民生计的特殊性决定了矿产生态补偿制度应侧重以生态修复为主。首先，国家应严格实行牧区生态环境损害赔偿制度。地方政府应组织专业评估团队系统评估矿产资源开发过程对牧区整体生态系统及其环境的损害并纳入矿产资源开发生态补偿范围，明确矿区生态环境损害的赔偿范围、赔偿方式和解决途径。其次，足额征收矿山环境治理恢复基金。我国在2006年下发了《关于逐步建立矿山环境治理和生态恢复责任机制的指导意见》，提出各地根据实际情况在试点的基础上逐步推广保证金制度。2017年起，国家将矿山环境治理恢复保证金调整为矿山环境治理恢复基金，明确矿山企业作为恢复主体，期待达到管理规范、责权统一、使用便利的目的。对牧区矿产开发企业而言，国家应该足额征收矿山环境治理恢复基金，由企业统筹用于开展矿山环境保护和综合治理。

再次，探索代际补偿的资源有偿使用制度。草原及其附属的矿产资源属于自然资源，应属各代牧民共同所有。工矿业开发理应对牧民的后代进行补偿，设立矿产资源代际补偿基金是一种可行的途径。这部分基金主要用于牧民后代的可持续生计，如牧业基础设施建设、教育技能培训、生计转型等所需资金应由代际补偿基金支付。

二、建立牧民参与利益分享机制

党的十九大报告指出："增进民生福祉是发展的根本目的。"习近平总书记指出，"要坚持人民主体地位，顺应人民群众对美好生活的向往，不断实现好、维护好、发展好最广大人民根本利益，做到发展为了人民、发展依靠人民、发展成果由人民共享"[①]。笔者认为，牧区矿产开发的根本宗旨是增进牧民福祉，而参与式发展是达到这一目的必要途径。

1979 年在联合国的一份报告中，"参与"被定义为"人们共同分享发展的好处，积极参与发展，人人能够参与社会任何层面的决策"。自 20 世纪 60 年代末期以来，参与式发展方式开始成为发展领域中一种具有创新性的理论和实践方式。在各个国家的政府、世界银行、联合国机构与非政府组织鼓励的很多发展计划和项目中，公众参与是必不可少的一部分（范达娜·德赛、罗伯特·B.波特，2014）。Jared Bernstein（2008）认为，坚持以人为中心和保证人人能够分享发展成果的公平经济是发展政策的核心。在国外矿产资源开发的实践中，各国政府广泛承认矿区居民在资源开发中的利益，通过立法维护矿区居民的环境权和生存权，建立了矿区居民参与利益分享的合理机制。如 1982 年美国阿拉斯加州议会通过将石油资源开发的租性收入以永久基金的形式实施"全民分红"方案，成为共有资源市场化运作的样板。从国内牧区工矿业开发的实践来看，在"政企共谋"的矿产资源利益分配逻辑下，牧民处于分配链的底端。当前的牧民收益机制存在着收入渠道过窄且获益比例极

---

① 不断实现人民对美好生活的向往. [N] 人民日报，2021-04-01.

低、边际收益率逐步递减等问题。牧民还要直接承担矿产开发时的生态环境损失及可持续发展能力下降等外部负面效益，长远来看将造成牧民的"总体亏损"。在自然资源存在及开发与当地居民的权益关系中，自然关系的约束强于法权关系。自然关系既影响当地居民的生存方式，也影响其生存质量。自然资源法权关系的变化不能动摇人类生存对自然资源存在及开发的自然依赖，同样也不能疏离当地居民与当地资源的自然关系。我们认为，在承认《中华人民共和国矿产资源法》有效的前提下，为保护草地占有者的利益，根据所有权分解理论，应该承认草原所有者对地下资源拥有占有权、使用权、处置权和收益权，即拥有产权。国家开发地下矿产资源，草原的所有者以占有者的身份参与其生产经营，并索取部分收入，这是产权制度所必需的要求（达林太，2014）。因此，在矿产资源开发中需要更充分地体现、落实当地牧民在矿产开发中利益主体地位的权利，这种权利应体现在当地牧民的优先受惠权益。只有确认当地牧民对矿产资源存在及开发的优先受惠权，并在具体的开发决策和利益分配中体现这种权益，才可能真正地调动当地牧民对矿产资源合理开发利用的积极性。我们应把牧民对矿产资源开发的优先受惠权作为利益分配与协调的原则运用于具体的矿产资源开发实践过程，以提高当地牧民在自然资源开发过程的参与度。

（一）调整利益分配格局

妥当地协调各民族利益实现过程发生的关系，关照到各民族的利益需要，保障各民族利益实现及在分享共同利益中的公平正义，是促进民族团结的基本条件。尽管《中华人民共和国民族区域自治法》对民族地区在矿产开发资源中的利益分配渠道做出了宏观规定，但是在一些实施措施和具体标准方面还没有做出详细的设计，导致这些条款无法真正地保证少数民族权益。我们认为，牧区工矿业开发不能只算经济账，还要算政治账和生态账。首先，国家应建立更加合理化的牧区矿产资源开发利润分配体系，应该充分考虑提高牧区地方政府资源税收和资源补偿的分配份额，使地方政府获得足够的利润来提升牧区的发展质量和水平。其次，国家应调整矿产资源所在地民族地区与矿产开发企业总部所在地政府之间的横向转移支付制度,把矿产资源开发中形成的政府收入中的一部分返还给矿产资源输出的少数民族地区。

(二)建立牧民参与收益分配机制

国外的资源开发经验表明,矿区居民可以通过社区组织、社会团体等组织形式,向资源企业和政府表达自己的利益要求。应借鉴国际经验,在牧区矿产开发项目决策过程中广泛吸收社会各基层代表参与决策,在牧区开展探矿、采矿等活动必须开展环境影响评价、社会稳定风险评估,以避免或尽可能减少资源开发对当地社会造成的冲击。另外,可以试行给牧民集体股权方式参与工矿业发展。采取股份制的形式构造开发项目与地方利益相融的权益结构,是协调民族利益关系、促进利益同构、达成互利共享的一种普遍而有效的协调机制。如资源开发涉及的对土地、水、矿产资源等要素的占用,可以采取折成股权的方式来明确各方的利益,使当地生产要素与引进生产要素融为一体,在项目建设的共同利益目标引导下,结成利益共同体,各要素权益一律平等,共担风险、共享利益(王文长,2010)。在国内,一些地方政府的实践也为矿区居民利益分享机制的建立提供了启发性的探索。如 2017 年四川省人民政府发布的《关于矿产资源开发的意见》(川府发〔2017〕30 号)就对矿产开发地的利益分享机制做出了如下规定:

第十五条　在不改变土地所有权、用途和矿产资源开发地农村集体经济组织自愿的前提下,允许依法将资源开发项目区内的集体土地使用权(包括矿区范围内使用的土地及其配套设施用地、矿区道路用地)、林木等作价入股,参与矿产资源开发利益分配。积极开展和谐矿区建设,争取试点农村集体经济组织所有的耕地、林地、草地、未利用地等非建设用地的土地补偿费作为资产入股矿产开发项目。农村集体经济组织入股所得,由资源开发企业按协议约定支付给该集体经济组织,再由集体经济组织村民会议或村民代表会议定村民内部分配方式,确保当地群众在矿产资源开发利用过程中长期受益。同时，积极探索矿产资源开发和矿业权转让过程中利益共享的多种实现形式。

第三节 加强牧户生计能力建设

1995年3月12日联合国大会通过的《哥本哈根社会发展问题宣言》认为，对个人、家庭、社区和社会等不同层次生计能力的提升是消除贫困的关键。生计能力在可持续生计目标实现中起着十分关键的作用。Chambers（2004）认为生计能力是在一定的生存环境中，个体和家庭处理胁迫和应对冲击的能力，以及发现并利用生计机会的能力。阿马蒂亚·森（2012）指出"仅仅减少收入贫困绝不可能是反贫困政策的终极动机。……根本的问题要求我们按照人们能够实际享有的生活和他们实实在在拥有的自由来理解贫困和剥夺。发展人的可行能力直接顺应这些基本要求"。诺曼·厄普霍夫等人（2006）也认为，农村最成功的发展项目应当能够以不同方式和不同程度对农民的生产力、福利以及支配权三个方面做出贡献，这三个方面都与贫困农民的能力发展有关，生产力主要指生产能力，支配权则指能够以受人尊重的方式增加利益的能力。他进一步指出，"福利本身是对个人价值和尊重的肯定，不应简单地归之于纯粹的经济或者物质的概念。而个人价值的重要表现是生计自我改善能力"（诺曼·厄普霍夫，2006：251）。从上述讨论来看，在可持续生计的框架范围内，生计能力的缺失主要来源于经济条件、社会机会和防护性保障等方面。我们认为工矿业开发背景下的牧民生计能力缺失具体表现为生计资本缺失、生计转型能力不足和生计脆弱性较强等方面。本研究将从加强巩固基础牧业、引导牧户生计多样化和增强风险应对能力三个维度来讨论牧户的生计能力建设问题。

一、加强巩固基础牧业

30 年前，林蔚然等学者在谈到中华人民共和国成立后 40 年的畜牧业建设基本经验时认为，"内蒙古自治区的蒙古族及其他少数民族，世世代代都以经营畜牧业作为谋取生存的主要手段。近百年来虽然有一部分蒙古族开始从事种植业生产，但仍然没有放弃畜牧业。所以说，畜牧业经济的兴衰，是关系到蒙古族以及其他少数民族发展经济的大事"（林蔚然、郑广智，1990）。阿拉滕敖其尔（2001）也认为，牧区有着辽阔的草场，这是牧区的基本资源条件，也是牧区的优势。畜牧业是牧区经济的基础，以畜牧业为原料的加工业在牧区经济中占重要地位，畜牧业收入是牧区和牧民收入的重要来源。畜牧业的发展关系到牧区经济的振兴与繁荣。这就决定着牧区经济要以发展畜牧业为主。这是不以人的意志为转移的客观存在。由于乌拉特后旗当地自然条件的限制，加之气候的暖干化趋势和工矿业开发对草场的侵蚀，牧民生计可以依赖的自然资本水平也在不断地降低。草场、牲畜等生计资本仍然是牧户的最大财富和可持续生计的"稳定器"。可持续发展的根基是维持自然资本的基本恒定。自然不是商品，任何试图把自然看作商品和让自然从属于市场规律的做法都是非理性的，都会由于自然赖以生存的必要条件再生产能力的丧失而导致生物圈的严重破坏（福斯特，2006）。在现有国家政策框架内，地方政府必须从可持续发展的视角来支持牧民生计资本的建设。推行多样化的放牧管理制度、加快发展现代草牧业都是巩固基础牧业的重要举措。

（一）推行多样化的放牧管理制度

进入 21 世纪以来，乌拉特后旗陆续实施了"退牧还草""天然草原保护"等重大生态工程和草原生态补助奖励政策，草原生态整体恶化的势头有所减缓，但是乌拉特后旗工矿开发区天然草地退化的现象仍然比较明显，在推进"绿色矿山"建设以及实施严格生态保护红线的基础上，多样化的放牧制度也是保护草原的必要措施。多样化的放牧制度可以帮助牧户在一定程度上缓减自然风险和工矿业开发对牧户的冲击。首先，应在草场退化严重的地区实行围封禁牧。围封禁牧就是在退化草地上禁止放牧，依靠草原自身的修复能力，使草地群落的植被盖度、生产力水平和优质牧草比例逐步恢复。据中国科学院内蒙古草原生态系统定位研究站研究，在轻度（6—9月份的载畜率为3.0羊单位/hm²）和中度（6—9月份的载畜率为6.0羊单位/hm²）放牧强度下，围封禁牧第二年群落的生产力就可以恢复；即使重度放牧区（6—9月份的载畜率为9.0羊单位/hm²），只要羊草和大针茅还存在，通过3年的围封禁牧，其地上净初级生产力也可以得到恢复（Liu Y S et. al, 2011）。其次，应推行季节性休牧。推行季节性休牧是防止草场继续退化的有效途径。在牧草返青期和结实期推行大规模的休牧制度，既给草原植被提供一个休养生息和繁衍种子的机会，又能使牲畜头数降下来，从而减轻草场压力。有研究表明，在锡林郭勒草原实行春季休牧，地上生物量可增加一倍以上，植被盖度也显著提高（赵钢、曹子龙、李青丰，2003）。最后，应实施划区轮牧。划区轮牧是一种与本土文化适宜的天然草地管理与适应性利用技术，强调草地的自然修复，强调当地物种的稳定性和多样性。它是将草原划分为几个轮牧小区，按照一定的次序逐区放牧，轮替利用草原。划区轮牧的优点显而易见，首先，通过轮流放牧使每块草场都有一段恢复生长的时间；其次，划区轮牧减少了家畜的游走，增加了其休息的时间，可以提高家畜的产量（章祖同、许志信、韩国栋，1991）。

（二）加快发展现代草牧业

2015年中央1号文件明确提出要"加快发展草牧业"。草牧业是在传统畜牧业和草业基础上形成的新型生态草畜产业，包含饲草料生产、加工及畜禽养殖（含加工）三个生产过程，其精髓在于"草—畜结合""草—畜协调""草—畜互为依存、不可分割"（方精云，2018）。从调研发现，乌拉特后旗矿区牧民可持续生计面临的最大问题便是由于草场等自然资本的缺失导致的生产成本居高不下。现代草牧业从草产品和畜产品这两个角度为解决这个问题提供了契机。首先应建设集约化人工草地。人工草地所生产的牧草可以增加牲畜可食优质牧草种类和比例，一年四季为牲畜供应新鲜麦草，替代复合饲料。建设集约化人工草地不仅可以有效解决草畜平衡矛盾和草场退化沙化等问题，还可以降低养殖成本。可以在水热、地形、土壤、质地等乌拉特后旗山前地区条件适宜的区域设人工草地，特别是旱作栽培草地，从根本上转变传统的草地畜牧业发展方式，打造"良种牧草种植—加工—收贮"示范带并以科技创新推进转型升级，实现草牧业持续健康发展。其次，创新草牧业发展模式。构建"政府+企业+牧户"三位一体的草牧业发展模式和"公司+基地+牧户"经营模式，推进草地"三权"分置有序实施，逐步扶持打造一批效益高、技术精、示范带动能力强的现代草牧业生产经营主体，优化草、畜、种、机、信息、物流和信贷等生产要素的组合。根据地区优势，实行区域化布局、专业化生产，以市场为导向，以效益为中心，以科技为依托，充分发挥二郎山羊等本地资源优势，创建生态、有机、绿色、安全的品牌战略，探索产业链条完整、现代化程度较高的牧区生产经营方式和草牧业生产模式。

二、引导牧户生计多样化

从当前调查地区牧户的生计的实践来看，牧民现有的策略并不能很好地应对工矿业开发的冲击。在草畜平衡、禁牧等政策背景下，为了继续增加牧户生计产出和维持生计的稳定性，多样化的生计策略就成了牧户的必然选择。因此，加强牧户生计转型能力是实现牧民可持续生计与工矿业开发协调并举的关键。而牧户生计转型能力的提高取决于其生计资源禀赋程度能够依赖于内外条件的充分利用而得到增强。结合本研究我们认为，提升牧户人力资本和加强文化资本的开发将有助于牧户顺利实施生计转型。

（一）提升牧户人力资本

可持续生计框架认为，以人力资产为主导的资产组合可以增加生计资产积累并且可以提高运用资产组合谋求生计的能力。吉登斯（2016）指出："现代性的特征之一，在于外延性和意向性两极之间不断增长的交互关联：一极是全球化的诸多影响，另一极是个人素质的改变。"如前文所述，工矿业开发已成为牧区地方政府的主流发展路径。一方面，这一发展路径由于忽视了牧区人力资源的开发，牧民自我发展能力未能得到根本提升，尤其是在生计转型中障碍重重，其生计脆弱性问题没有大的改变；另一方面，绝大多数牧民没有实质参与到矿产资源开发中。造成这一现状的因素虽然有资源开发企业自身的限制，但是牧民教育、技能的缺失也是不可忽视的重要因素。乌日陶克套胡（2006）认为，蒙古族要使传统经济不断获得生机和活力，就必须顺应时代潮流发展的要求，传承蒙古族传统游牧经济的精髓，学习现代科学理论和现代生产方式，提高本民族的素质技能，积极主动地对本民族的传统生产方式和传统文化不断做出相应的改革和调整，以适应不断更新的现代生产方式的要求。我们认为，牧民的个人心理和能力素质要适应牧区市场化和工业化的变化。因此，加大对牧民的人力资本投资，提升牧民的综合技能，不仅是消除生计转型障碍的必然选择，更是实现牧户可持续生计的重要举措。首先，地方政府应着眼于促进牧民个体或家庭生计能力的提升，完善劳动力培训机制，加强对畜牧业生产技能培训和牧民生计转型方面的专项培训，从而提高牧民的就业技能。其次，工矿开发企业必须严格遵守国家法律和强化企业社会责任，为当地牧民进行有关矿产开发方面的知识和技能培训，并提供相应的就业岗位。

（二）加强文化资本的开发

1998 年，联合国教科文组织在斯德哥尔摩召开会议，认为发展可以最终以文化概念来定义，文化的繁荣是发展的最高目标，文化的创造性是人类进步的源泉，文化多样性是人类最宝贵的财富，对发展是至关重要的。1992 年6 月在巴西里约热内卢召开的联合国环境与发展大会通过的《21 世纪议程》第 26 章"确认和加强土著人民及其社区的作用"中建议要"承认土著人民的价值、传统知识和资源管理方法，以促进无害环境及可持续发展"。牧业不仅仅是一种生产方式，更是一种生存方式，一种文化载体，一种文化符号，其重要性不能仅仅以经济尺度来衡量，所承载的文化价值更应受到关注（葛根高娃，2008）。从调研中可以看出，牧民的放牧知识仍是维系生计的重要手段，而矿产开发地的一些牧户以牧家乐及民族美食吸引游客，不但在优化自

(二) 完善牧区金融制度

在可持续生计框架中，金融资本直接影响牧户生计目标的实现。由于畜牧业生产的不稳定性，加之市场因素和工矿业开发的影响，牧户从畜牧业获得收入的能力比较有限，生计策略的转型也受到影响。除此之外，由于牧区金融市场存在严重的信息不对称现象，正规金融机构尤其是银行通常只向带有抵押或者担保的牧民提供短期贷款，这大大限制了牧民从正规金融机构获得贷款的能力，也是造成牧户金融资本短缺的重要因素。首先，金融机构应开发适合牧区需要的金融产品。以农村信用社为代表的牧区金融机构应不断加强市场应变能力，根据牧业特点和牧民需要，以效益为导向，实施有效的业务创新。如在信贷服务上，应不断简化业务程序和手续，通过对牧民收入、消费、需求偏好等行为特征分析而提供差别化、个性化的服务。根据牧民面临的实际风险，实行贷款市场定价，推行灵活多样的抵押担保方式。当地政府可以采取联合担保或者其他方式与信用社建立一定的关系，确保牧户在遭受风险时获得贷款，从而增加牧户金融资本，提高牧户应对风险的能力。其次，建立牧区资金互助社。资金互助社是一种民间合作性金融形式，它是以成员为基础的资金互助会，是一种具有悠久历史并在发展中国家较为常见的非正规金融组织（Bouman，1995）。互助组织通过资金在团体内的动员和流转，为居民提供了一个低成本融资渠道，并促进居民的消费和投资。在许多发展中国家，正规金融部门发展滞后，居民缺乏低成本和高效率储蓄和贷款的渠道，以资金互助形式存在的非正规金融组织能够在一定程度上弥补正规金融部门的不足。而在一些发达国家如日本，信用金库、劳动金库、农林渔业合作社等资金互助组织在帮助中小零售企业和农牧林渔从业人员融资等方面发挥了重要作用。互助组织具有一定的信息优势、担保优势、交易成本优势，并能够充分利用本地知识，这也是互助组织之所以具有顽强生命力的原因（Biggart，2000）。对于牧区而言，合作性资金组织的理念也与牧区注重互惠、合作文化传统相吻合。

2007 年，中国银监会出台的《农村资金互助社管理暂行规定》（银监发

〔2007〕7 号）将农村资金互助组织界定为新型银行业金融机构，并确定首先在四川、青海、甘肃、内蒙古、吉林、湖北 6 省（区）的农村地区开展试点。这昭示了农村资金互助合作组织在中国正规化发展的前景，也预示着在正规金融制度安排之外产生了真正的、正式的合作金融制度安排。因此，在国家政策背景和牧民提升金融资本的迫切要求下，牧区资金合作社的设立显得尤为迫切。牧区资金合作社的目标要以满足牧户生计需要为基础，应按照合作制原则，以牧民自愿入股联合为主，实行民主管理，为入股牧民提供成本低、手续简便、期限灵活的金融服务。一方面，牧区资金互助社内生于牧业经济，牧民可以以入股的形式把自己多余的、暂时不用的资金存入资金互助社，从而有效保障自己拥有一定的金融资本；另一方面，资金互助社还可以与商业银行、农村信用合作社形成合作，成为它们向牧户提供小额代表的载体，从而提升其他牧户的金融资本。

第七章

结论与讨论

　　本研究以内蒙古牧区矿产开发的典型地区——乌拉特后旗为个案，在历史分析和实证分析的基础上系统剖析当地牧民在工矿业开发背景下的生计现状及存在的突出问题，从而探究实现符合区域资源特点和牧民资本优势的可持续生计发展路径，提出了确保工矿业发展和牧民可持续发展"双赢"的策略，以期为推动牧区实现"又好又快发展"和"美丽与发展双赢"提供一定借鉴。为完成上述目标，本研究查阅了国内外大量的相关文献，系统梳理了可持续发展与可持续生计的概念演进及特点；在借鉴传统可持续生计框架的基础上，结合当地牧民生计实践的实际，创新性地构建了工矿业开发—可持续生计分析框架。遵循可持续生计框架的分析理路，本研究将牧业发展的历史脉络与工矿业发展的利益分配逻辑作为牧民生计的制度性背景进行考量，并从自然风险、社会风险、技术风险三个维度分析了牧民生计的脆弱性。本研究建构了适用于工矿业开发地牧民生计资本特征的测量指标体系，对牧民生计系统进行了严谨、系统的测量。在对数据进行统计分析的基础上，系统剖析了牧民生计资本及生计策略的现实状况及其突出困境。本研究基于可持续生计框架的基本理念和牧区发展实际，澄清了实现牧民可持续生计系统的关键要素，有针对性地提出了工矿业开发背景下实现牧民可持续生计政策建议。本章将简要回顾本研究所获得的基本结论，并对该课题需要进一步深入研究的方向进行反思与探讨。

一、研究发现

（一）构建了工矿业开发—可持续生计分析框架

本研究系统梳理了可持续发展和可持续生计等关键概念的演进，在借鉴传统可持续生计框架的基础上，结合内蒙古牧区独特的民族文化和地方性生计指示以及工矿业开发对牧户生计的影响，构建了工矿业开发—可持续生计分析框架，并以此框架作为本研究的分析框架。该框架与传统可持续分析框架的不同之处在于，传统可持续生计框架的生计资本组合包括物质资本、社会资本、自然资本、金融资本和人力资本五大资本，本框架将文化资本纳入牧民所拥有的多重资产组合中。

（二）牧业制度和工矿业利益分配逻辑是牧民生计面临的重要政策背景

本研究认为，牧业生计系统具有整体性和历史性，不能以简单的传统—现代或牧业—（农业）工业等二元对立思维来解读。有关牧区发展的任何模式和理念应放在牧区整体发展的历史脉络中去分析，这有助于理解牧区发展的复杂性和牧业生计的脆弱性。本研究认为，牧业制度和工矿业开发的分配逻辑是当地牧民生计所面临的最重要的"机构与政策背景"。基于此，本研究首先分析了乌拉特后旗牧业制度的历史变革，认为乌拉特后旗牧业制度经历了游牧制度、牧业土改、合作化运动、人民公社、牲畜承包、草原承包、草原生态保护等变革。这些制度变革使得传统的牧民生计方式和经营观念发生了巨大的变化。虽然草原牧区经济一度呈现出繁荣的景象，牧民的货币收入也有所增长，但是这些制度变革的负面影响已对牧民生计造成了结构性的影响。其次，地方政府主推的"矿业兴旗"发展路径对牧区发展和牧民生计影响深远。一方面，这条发展路径使乌拉特后旗经历了由"贫困旗县"到"中国西部百强县"的嬗变；另一方面，牧民处于工矿业开发利益链条的底端。当前的牧民收益机制存在着收入渠道过窄且获益比例极低、边际收益率逐步递减等问题。牧民还要直接承担矿产开发时的生态环境损失及可持续发展能力下降等外部负面效益，长远来看将造成牧民的"总体亏损"。

（三）牧民生计的脆弱性较强，存在着"多重暴露"现象

本研究采用了脆弱性概念对牧民的生计进行分析，认为当前乌拉特后旗牧民生计的脆弱性主要源于自然风险、社会风险、技术风险三个方面。乌拉特后旗牧区地处荒漠草原地带，生态环境非常脆弱，气候暖干化趋势使牧民生计的脆弱性不断加剧。本研究运用了类型学方法将工矿业开发区的牧户生计分为传统型、抽离型和兼业型并对其进行了纵贯研究，认为牧区工矿业开发使牧户的生产和生活成本不断攀升，传统型牧户面临的风险不断加剧，兼业型牧户的生计空间不断缩小，抽离型牧户则成为发展的边缘人。鉴于此，本研究认为乌拉特后期工矿业开发区的牧户生计处于自然风险、社会风险、技术风险的叠加状态即"多重暴露"之下。

（四）牧户生计资本整体匮乏，生计转型障碍较多

基于本研究构建的工矿业开发—可持续生计分析框架对工矿业开发地的牧户生计资本进行量化和评估，结果显示牧户生计资本的得分排序为物质资本（0.098）、人力资本（0.089）、文化资本（0.082）、金融资本（0.066）、自然资本（0.056）、社会资本（0.052）。较其他资本而言，自然资本和社会资本呈现出相对匮乏的特点。在此基础上，本研究运用了无序多分类 Logistic回归分析方法来测量牧户生计资产与生计策略之间的关系，认为相对于抽离型生计，自然资本、文化资本对牧业型生计和兼业型生计有显著影响，物质资本则对牧业型生计有显著影响。相对于兼业型生计策略，人力资本、金融资本对抽离型牧户有显著影响。牧户进行生计调整的原因主要包括收入降低、环境恶化、牲畜减少、无所事事等。自然资本短缺、文化水平较低和家庭经济条件不足等生计资本的限制制约了牧户生计调整的意愿。

（五）提出了实现牧户可持续生计的具体路径

基于工矿业开发—可持续生计分析框架，本研究在对牧户生计面临的背景、脆弱性、生计资本、生计策略等框架组成部分分析的基础上，提出了以

下政策性建议。第一，以生态文明建设统领牧区工矿业发展。国家和地方政府要树立"生态优先"的牧区工矿业发展理念，设定牧区工矿业开发生态保护红线，企业要推进绿色矿山建设。第二，构筑工牧利益共同体。当前牧区工矿业开发的利益分配机制急需完善，要健全牧区工矿业开发的生态补偿机制，建立牧民参与发展机制。第三，加强牧户生计能力建设。巩固基础牧业、引导牧户生计多样化、增强风险应对能力是牧民生计能力建设的必要举措。

二、讨论

边燕杰（2001）曾经总结了华人社会调查研究所面临的三大问题：语言、心理二重区域、资料比较性。笔者认为，上述问题存在于本研究中。受到笔者语言能力、研究能力、牧区复杂性和调研时间等一些主客观因素的限制，本研究在某些方面还不够深入。首先，研究地点的局限性问题。本书选取的个案是金属矿产富集地，但是内蒙古牧区的很多旗县则以煤矿开发为主。煤矿开发和金属矿产开发可能对牧区生态、牧民生计的影响有所不同，为了深入理解牧区矿产开发对牧户生计的整体影响，今后需要考虑选取典型煤矿开发的牧业旗县来分析牧民的生计问题。其次，可持续生计框架的效度问题。虽然可持续生计框架在研究农户生计方面已被证明是一种有效的研究进路，但是在研究牧户生计方面，该框架的一些具体内容还需进一步完善。如在生计指标的选择和测量方面，由于牧民生计的特殊性和复杂性，一些指标的选择主观性较强。这需要有更多的研究者来开展交流与讨论。另外，出于牧区调研环境及研究时间成本的考虑，本研究无法做到抽样入户调查，这可能会影响到牧户生计资本与生计策略的回归分析问题。如何使牧区研究在方法论上更接近实证研究的标准，也是一个需要学界同人们继续探讨的问题。

参考文献

［1］阿拉坦宝力格．内蒙古自治区工业化进程的社会生态负效应［J］．云南师范大学学报（哲学社会科学版），2013，45（5）：27-33．

［2］阿拉坦宝力格．游牧生态与市场经济［M］．呼和浩特：内蒙古大学出版社，2014：101．

［3］阿拉坦格日乐，恩和．内蒙古牧区资源开发中的"资源诅咒"现象分析［J］．农业展望，2017（5）：40-43．

［4］阿拉腾敖其尔．困境与出路［M］．呼和浩特：内蒙古人民出版社，1991：119．

［5］［印］阿马蒂亚·森．以自由看待发展［M］．任赜，于真，译．北京：中国人民大学出版社，2012：88．

［6］［美］阿图罗·埃斯科瓦尔．遭遇发展：第三世界的形成与瓦解［M］．汪淳玉，吴惠，潘璐，等译．北京：社科文献出版社，2011：14-48．

［7］敖仁其．制度变迁与游牧文明［M］．呼和浩特：内蒙古人民出版社，2004：78．

［8］安东尼·吉登斯．现代性与自我认同［M］．夏璐，译．北京：中国人民大学出版社，2016．

［9］巴特巴桑．自然资源与蒙古国经济增长［D］．长春：吉林大学，2013．

［10］白永利．民族地区矿产资源生态补偿法律问题研究［J］．北方经济，2010（23）：25-27．

[11] 白忠平.乌拉特后旗退牧还草工程研究 [J].新疆农业科学，2010 (S2)：198-203.

[12] 包玉山.内蒙古草原畜牧业的历史与未来 [M].呼和浩特：内蒙古人民出版社，2003：26-73.

[13] 包智明，孟琳琳.生态移民对牧民生产生活方式的影响——以内蒙古正蓝旗敖力克嘎查为例 [J].西北民族研究，2005 (2)：146-163.

[14] 宝希吉日.基于脆弱性分析视角下内蒙古牧户生计可持续性研究 [M].呼和浩特：内蒙古人民出版社，2017：4.

[15] 宝音都仍，阿如罕.兼业牧户的生产要素配置行为——以内蒙古科尔沁左翼后旗为例 [J].干旱区资源与环境，2015 (12)：69-74.

[16] 宝音都仍.内蒙古矿产开发与草原生态服务关系实证分析 [D].呼和浩特：内蒙古大学，2009.

[17] 暴庆五.蒙古族生态经济研究 [M].沈阳：辽宁民族出版社，2008.

[18] 布和朝鲁.奋力走进前列：内蒙古现象研究 [M].北京：人民出版社，2009.

[19] 布和朝鲁.转型发展才能富民优先——基于内蒙古发展的分析 [M].北京：社会科学文献出版社，2012.

[20] 布仁吉日嘎拉，芳芳.工业化中的牧区草原非牧化博弈分析 [J].中央民族大学学报：哲学社会科学版，2017 (3)：63-71.

[21] 茶娜.基于循环经济思维的内蒙古牧业旗县地区工业化成长模式研究 [M].呼和浩特：内蒙古大学出版社，2007：39.

[22] [加] 查尔斯·泰勒.自我的根源：现代认同的形成 [M].韩震等，译.南京：译林出版社.

[23] 常振亮，乐奇.内蒙古矿产资源开发利用的现状及对策建议 [J].北方经济，2005 (3)：10-12.

[24] 陈红，那顺巴依尔.内蒙古"矿区牧民"与包容性发展——基于锡林郭勒盟田野调查 [J].内蒙古大学学报：哲学社会科学版，2014 (6)：

95-101.

[25] 陈献国.蒙古族经济思想史研究 [M].沈阳:辽宁民族出版社,2004:212-213.

[26] 达林太,于洪霞.矿产资源开发利益分配研究 [M].北京:社会科学文献出版社,2014.

[27] 达林太,郑易生.牧区与市场:牧民经济学 [M].北京:社会科学文献出版社,2010:112-538.

[28] 大卫·A.欧兰德森,埃德沃德·L.哈里斯,巴巴拉·L.史克普,等.做自然主义研究方法指南 [M].重庆:重庆大学出版社,2007:61.

[29] [美] 丹尼斯·麦多斯.增长的极限 [M].长春:吉林人民出版社,1997:149.

[30] [美] 德尼·古莱.残酷的选择:发展理念与伦理价值 [M].北京:社科文献出版社,2008:35.

[31] 邓小平.邓小平文选:第3卷 [M].北京:人民出版社,1993:247.

[32] 丁元竹.走向社会共同体——丁元竹谈社会建设 [M].北京:中国友谊出版公司,2010:12.

[33] 窦永刚.神奇的乌拉特 [M].北京:北京图书出版社,2015:41.

[34] 杜润生.当代中国的农业合作制(下册)[M].北京:中国农业出版社,2002:393.

[35] 杜瑛.矿产开采对苏尼特草原景观及土地利用影响研究 [D].呼和浩特:内蒙古师范大学,2017.

[36] 额尔敦布和,恩和,双喜.内蒙古草原荒漠化问题及其防治对策研究 [M].呼和浩特:内蒙古大学出版社,2002:230-238.

[37] 额尔敦布和.内蒙古草原畜牧业的可持续发展 [M].呼和浩特:内蒙古大学出版社,2011:44.

[38] 恩斯特·卡西尔.人论 [M].甘阳,译.上海:上海译文出版社,1985:105.

[39] 范晶晶. 工业化进程中生活方式的变迁与少数民族文化权利保护 [J]. 内蒙古社会科学, 2013 (4): 97-100.

[40] 冯聪. 开发边疆民族地区矿产资源问题探究 [J]. 中国国土资源经济, 2016 (7): 33-36.

[41] 冯静蕾, 扎玛, 曹建民, 等. 内蒙古草原放牧管理制度对牧民生计的影响——基于内蒙古锡林郭勒盟 4 个嘎查的调查 [J]. 中国草地学报, 2014, 36 (2): 1-5.

[42] 付东梅, 王莉莉. 内蒙古矿产资源型产业关联效应分析——基于内蒙古投入产出数据实证研究 [J]. 北方经济, 2011 (1): 39-41.

[43] 富志宏. 草原新牧区建设视野下的新型合作经济研究 [D]. 呼和浩特: 内蒙古大学, 2008.

[44] 盖志毅. 新牧区建设与牧区政策调整: 以内蒙古为例 [M]. 沈阳: 辽宁民族出版社, 2011: 105-125.

[45] 高迪. 干旱草原区露天煤矿粉尘排放对周边草地植物生长的影响 [D]. 呼和浩特: 内蒙古农业大学, 2014.

[46] 高功敬. 城市贫困家庭可持续生计——发展型社会政策视角 [M]. 北京: 社会科学文献出版社, 2018: 76.

[47] 葛根高娃. 工业化浪潮之下的蒙古民族及其草原游牧文化 [J]. 中央民族大学学报: 哲学社会科学版, 2008 (6): 22-29.

[48] 郭晓川, 宝音都仍. 内蒙古矿产开发与草原生态服务互动关系研究 [M]. 呼和浩特: 内蒙古大学出版社, 2011.

[49] 郭晓川. 中国牧业旗县区域经济发展: 内蒙古鄂托克旗经济成长模式案例分析报告 [M]. 北京: 民族出版社, 2004.

[50] 国际环境与发展研究所. 我们共同的未来读者指南 [M]. 北京: 中国环境科学出版社, 1990.

[51] 海山. 内蒙古区域开发与可持续发展问题研究 [M]. 呼和浩特: 内蒙古人民出版社, 2008: 36-87.

[52] 韩念勇. 草原的逻辑 [M]. 北京：民族出版社，2018：313.

[53] 韩峥. 脆弱性与农村贫困 [J]. 农业经济问题，2004（10）：8-12.

[54] 郝益东. 草原天道——永恒与现代 [M]. 北京：中信出版社，
2013：171.

[55] 何春萌. 经济利益驱动下的工矿开发对人类生存环境的影响——以
获各琦铜矿为例 [D]. 呼和浩特：内蒙古大学，2015.

[56] 何生海，哈斯巴根. 草原工矿开发与构建和谐民族关系研究——以
内蒙古为例 [J]. 北方民族大学学报（哲学社会科学版），2016（3）：34-38.

[57] [日] 后藤十三雄. 蒙古游牧社会 [M]. 呼和浩特：内蒙古人民出
版社，1990：72.

[58] 胡宝清，严志强，廖赤眉，等. 区域生态经济学理论、方法与实践
[M]. 北京：中国环境科学出版社，2005：191.

[59] 胡格吉勒图. 蒙古国矿产资源开发现状及挑战因素分析 [J]. 东北
亚学刊，2017（3）：26-33.

[60] 黄盈盈. 大时代与小田野——社会变迁背景下红灯区研究进入方式
的“变”与“不变”（1999—2015）[J]. 开放时代，2016（3）：207-223.

[61] [瑞士] 吉尔贝·李斯特. 发展的迷思：一个西方信仰的历史
[M]. 陆象淦，译. 北京：社会科学文献出版社，2011.

[62] 江泽民. 江泽民文选：第2卷 [M]. 北京：中共党史出版
社，2006.

[63] 姜明. 内蒙古草原地区矿产资源开发与生态环境保护 [M]. 北京：
中国社会科学出版社，2016.

[64] 焦娅敏. 马克思利益共同体思想的价值目标及当代意蕴 [J]. 求
实，2012（6）：4-8.

[65] 杰弗里·M. 霍奇逊. 经济学是如何忘记历史的 [M]. 高伟，译.
北京：中国人民大学出版社，2008：347.

[66] 靳辉，张茉. 环境优化经济发展路径探析 [M]. 北京：中国环境

出版社，2017：23.

[67] 景天魁. 中国社会发展与发展社会学 ［M］. 北京：学习出版社，
2000：62.

[68] 卡尔·波兰尼. 巨变：当代政治与经济的起源 ［M］. 北京：社会
科学文献出版社，2013：31.

[69] 卡尔·马克思. 弗里德里希·恩格斯. 马克思恩格斯文集：第 1 卷
［M］. 北京：人民出版社，2009：209.

[70] 康萨如拉，牛建明，张庆，等. 草原区矿产开发对景观格局和初级
生产力的影响——以黑岱沟露天煤矿为例 ［J］. 生态学报，2014，34（11）：
2855-2867.

[71] 孔燕. 和谐视域下内蒙古矿产资源的开发与利用 ［J］. 产业与科技
论坛，2014（21）21：22-23.

[72] 拉铁摩尔. 中国的亚洲内陆边疆 ［M］. 南京：江苏人民出版
社，2005.

[73] 赖玉珮，李文军. 草场流转对干旱半干旱地区草原生态和牧民生计
影响研究——以呼伦贝尔市新巴尔虎右旗 M 嘎查为例 ［J］. 资源科学，2012，
34（6）：1039-1048.

[74] 雷文玉. 草原生态奖补政策的实施效果实证研究 ［D］. 呼和浩特：
内蒙古农业大学，2016.

[75] 林蔚然，郑广智. 内蒙古自治区经济发展史（1947—1988）［M］.
呼和浩特：内蒙古人民出版社，1990.

[76] 理查德·迪克. 20 世纪本土认同、公民权、权力和权威的转型
［M］//黛安娜·布赖登，威廉·科尔曼. 严海波，等译. 反思共同体：多学
科视角与全球语境. 北京：社会科学文献出版社，2011：35.

[77] 林耀华. 民族学通论 ［M］. 北京：中央民族大学出版社，1997：92.

[78] 刘小燕. 内蒙古矿产资源型县域经济发展现状及转型升级研究理论
研究 ［J］. 理论研究，2017（1）：58-65.

[79] 刘亚南，潘志华，李超，等. 近50年北方农牧交错带气候月季变化和空间分布规律 [J]. 中国农业大学学报，2012（4）：96-102.

[80] 柳青. 中华医学统计百科全书：多元统计分册 [M]. 北京：中国统计出版社，2013：224.

[81] 刘仁权. SPSS 统计软件 [M]. 北京：中国中医药出版社，2007：127.

[82] 卢晖临，李雪. 如何走出个案——从个案研究到扩展个案研究 [J]. 中国社会科学，2007（1）：118-130.

[83] 麻国庆，张亮. 进步与发展的当代表述：内蒙古阿拉善的草原生态与社会发展 [J]. 开放时代，2012（6）：146-158.

[84] 马林. 民族地区可持续发展论 [M]. 北京：民族出版社，2006：7.

[85] 马林. 内蒙古可持续发展论：内蒙古人口、资源、环境与经济可持续发展研究 [M]. 呼和浩特：内蒙古大学出版社，1999.

[86] 孟和图拉嘎. 蒙古国矿区生态文明建设对策研究 [D]. 哈尔滨：哈尔滨师范大学，2017.

[87] 牧仁. 城镇化进程中内蒙古牧区牧民可持续生计问题研究——以包头市达茂旗牧区为例 [J]. 前沿，2015（4）：16-18.

[88] 那顺巴依尔，王俊敏，包红霞，等. 内蒙古牧区社会变迁研究 [M]. 呼和浩特：内蒙古大学出版社，2011：51.

[89] 娜日苏. 牧民视角下的草原生态奖补政策实施的效果影响分析 [D]. 呼和浩特：内蒙古大学，2014.

[90] 南丁漠宇. 内蒙古牧业土地利用方式的变革 [M] //陈文. 草原畜牧业经济探讨. 呼和浩特：内蒙古社会科学杂志社，1989：108.

[91] 内蒙古发展研究中心课题组. 关于内蒙古矿产资源开发管理体制改革调研报告 [J]. 北方经济，2009（7）：32-35.

[92] 内蒙古自治区畜牧业厅修志编史委员会. 内蒙古畜牧业发展史 [M]. 呼和浩特：内蒙古人民出版社，2000：52.

[93] 内蒙古自治区发展研究中心调研组. 关于内蒙古矿产资源开发管理体制改革调研报告 [J]. 北方经济, 2009 (13): 32-35.

[94] 内蒙古自治区政协文史资料委员会. "三不两利"与"稳宽长"文献与史料 [G]. 呼和浩特: 内蒙古政协文史书店, 2005: 125.

[95] 内蒙古自治区志农业志编委会. 内蒙古自治区志·农业志 [G]. 呼和浩特: 内蒙古人民出版社, 2000: 85.

[96] 皮埃尔·布迪厄, 罗克·华康德. 实践与反思 [M]. 北京: 中央编译出版社, 1998: 160.

[97] 全占军, 李远, 李俊生, 等. 采煤矿区的生态脆弱性——以内蒙古锡林郭勒草原胜利煤田为例 [J]. 应用生态学报, 2013 (6): 1729-1738.

[98] 人民网. 三位省委书记谈发展: 在发展中促转变 [R/OL]. 中国共产党新闻网, 2013-03-08.

[99] 任军. 内蒙古经济增长动力机制的重构 [J]. 中央民族大学学报 (哲学社会科学版), 2017 (4): 63-70.

[100] 色音. 蒙古游牧社会的变迁 [M]. 呼和浩特: 内蒙古人民出版社, 1998: 131.

[101] 世界观察研究所. 可持续发展还有可能吗? [M]. 刘利勇, 周晚晴, 谢来辉, 等译. 北京: 中国社会科学出版社, 2014.

[102] 世界银行, 国家民族事务委员会项目课题组. 中国少数民族地区自然资源开发社区受益机制研究 [M]. 北京: 中央民族大学出版社, 2009: 209.

[103] 史俊宏. 干旱风险冲击下牧户生计策略研究——基于内蒙古牧区的调研 [M]. 北京: 中国经济出版社, 2015.

[104] 苏楞高娃, 朝鲁孟其其格, 锡林塔娜, 等. 矿产开采对草原景观生态的影响——以锡林浩特市周边矿区为例 [J]. 草原与草业, 2013, 000 (3): 40-43.

[105] 苏伦高娃. 对内蒙古民族地区矿产资源开发与生态环境问题的探

索 [J]. 前沿, 2012 (1): 101-103.

[106] 孙金铸, 陈山. 内蒙古生态环境预警与整治对策 [M]. 呼和浩特: 内蒙古人民出版社, 1994: 23.

[107] 孙雨霞, 常宏, 郝俊峰. 内蒙古矿产资源产业经济发展的SWOT分析 [J]. 中国矿业, 2014 (10): 49-51.

[108] 谭英, 奉志伟, 牛宝亮, 等. 气候变化背景下的农牧交错区村民认知与应对行为调查分析 [J]. 中国农学通报, 2009, 25 (23).

[109] [英] 汤因比. 历史研究 (上册) [M]. 上海: 上海人民出版社, 1985: 210-211.

[110] 陶建, 苏新民. 内蒙古工业化发展研究 [J]. 北方经济, 2006 (13): 5-8.

[111] 特力更, 张晋, 王毅农. 内蒙古牧民收入水平的测度分析与实现牧民收入增长的对策建议 [G] //张国民. 抓住新机遇 实现新跨越——内蒙古实施西部大开发战略理论研讨会论文集, 2000: 303.

[112] [德] 滕尼斯. 共同体与社会 [M]. 林荣远, 译. 北京: 商务印书馆, 1999: 43.

[113] 佟宝全, 阿荣. 内蒙古牧区矿产开发模式选择的思路探讨 [J]. 地理科学进展, 2012, 31 (12): 1693-1699.

[114] 童宗斌. 如何朝向事实本身? ——调查研究的本土经验及其方法论反思 [J]. 南京大学学报 (哲学. 人文科学. 社会科学), 2010, 47 (5): 112-117.

[115] 汪中华, 邹婧喆. 内蒙古草原矿产资源开发与生态环境耦合研究 [J]. 地域研究与开发, 2015 (5): 138-142.

[116] 王关区, 陈晓燕. 牧区矿产资源开发引起的生态经济问题探析 [J]. 生态经济, 2013 (2): 89-93.

[117] 王俊敏. 草原生态重塑与畜牧生产方式转变的大生态观——来自内蒙古牧区的思考 [J]. 中央民族大学学报, 2006 (6): 39-43.

[118] 王来喜. 内蒙古经济发展研究 [M]. 北京：民族出版社，2008：97.

[119] 王文长. 西部资源开发与民族利益关系和谐建构研究 [M]. 北京：中央民族大学出版社，2010.

[120] 王晓毅. 市场化、干旱与草原保护政策对牧民生计的影响——2000—2010 年内蒙古牧区的经验分析 [J]. 中国农村观察，2016（1）：86-93.

[121] 王晓毅. 干旱下的牧民生计——兴安盟白音哈嘎屯调查 [J]. 华中师范大学学报（人文社会科学版），2009（4）：23-31.

[122] 王晓毅. 环境压力下的草原社区：内蒙古六个嘎查村的调查 [M]. 北京：社会科学文献出版社，2009.

[123] 王岩. 矿产资源型产业循环经济发展：内蒙古西部地区典型案例的理论研究 [M]. 北京：经济科学出版社，2008.

[124] 王毅. 全球可持续发展进入 2.0 时代 [G] //北京：中国人民大学国际货币研究所 IMI 研究动态合辑，2015.

[125] 魏雯，徐柱，师尚礼，等. 基于参与式方法的农牧户生计现状评估——以内蒙古太仆寺旗为例 [J]. 应用生态学报，2011，22（10）：2686-2692.

[126] 乌尔里希·贝克，安东尼·吉登斯，斯科特·拉什，等. 自反性现代化 [M]. 北京：商务印书馆，2014：35.

[127] 乌峰，包庆德. 蒙古族生态智慧论——内蒙古草原生态恢复与重建研究 [M]. 沈阳：辽宁民族出版社，2009：66-115.

[128] 乌拉特后旗史志办公室. 乌拉特后旗年鉴 2014 [G]. 呼和浩特：内蒙古新闻出版局，2015.

[129] 乌拉特后旗志编纂委员会. 乌拉特后旗志 [G]. 呼和浩特：远方出版社，2005.

[130] 乌兰夫. 乌兰夫论牧区社会工作 [M]. 北京：中央文献出版

社，1959.

[131] 乌日很. 蒙古国经济危机分析 [D]. 长春：吉林大学，2018.

[132] 乌日陶克套胡. 蒙古族游牧经济及其变迁 [M]. 北京：中央民族大学出版社，2006：80-287.

[133] 乌云毕力格. 内蒙古牧区能源开发与文化传承研究 [J]. 贵州民族研究，2014（4）：116-119.

[134] 吴桂英. 生态移民项目下牧民的生计选择与风险降低策略——基于对内蒙古 S 旗 3 个移民村的考察 [J]. 安徽农业科学，2012，40（24）：12325-12329.

[135] 吴军民. 农村贫困家庭生计支持政策效应研究 [M]. 上海：复旦大学出版社，2015：37.

[136] 习近平. 习近平谈治国理政：第 2 卷 [M]. 北京：外文出版社，2017：200.

[137] 肖莎莎. 内蒙古草原地区工矿业开发中经济增长与牧民收入关系研究 [D]. 呼和浩特：内蒙古大学，2011.

[138] 邢莉. 内蒙古区域游牧文化的变迁 [M]. 北京：中国社会科学出版社，2013：114.

[139] 邢野. 内蒙古国土资源通志 [G]. 呼和浩特：内蒙古人民出版社，2001：53.

[140] 徐杰舜，齐木德道尔吉. 只要文化存在草原就能够得到保存——人类学学者访谈录之五十六 [J]. 广西民族大学学报（哲学社会科学版），2010（4）：38-46.

[141] 薛茗文，苗苗，张丽. 民族地区矿产资源开发利用过程中失地牧民经济利益保障研究——以内蒙古鄂尔多斯市为例 [J]. 内蒙古科技与经济，2013（12）：3-4.

[142] 荀丽丽. 与"不确定性"共存：草原牧民的本土生态知识 [J]. 学海，2011（3）：18-29.

[143] 杨思远. 鄂温克族自治旗经济社会生态发展战略 [M]. 北京：中国经济出版社, 2013.

[144] 叶正波. 可持续发展评估理论与实践 [M]. 北京：中国环境科学出版社, 2002：11.

[145] 伊丽娜. "舍饲禁牧"社区实践中的草原保护与牧民生计——以内蒙古 N 嘎查为例 [J]. 民族论坛, 2015 (10)：65-69.

[146] 尤莉, 沈建国, 裴浩. 内蒙古近50年气候变化及未来10~20年趋势展望 [J]. 内蒙古气象, 2002 (4)：14-18.

[147] 约翰·贝拉米·福斯特. 生态危机与资本主义 [M]. 耿建新, 宋兴无, 译. 上海：上海译文出版社, 2006：23.

[148] 约翰·伊斯比斯特. 靠不住的诺言——贫穷和第三世界发展的背离 [M]. 蔡志海, 译. 广州：广东人民出版社, 2006：198.

[149] 张春华, 郝俊峰, 施俊杰. 新常态下内蒙古矿产资源产业科学发展 [J]. 中国矿业, 2018, 27 (3)：17-21.

[150] 张昆. 根在草原：东乌珠穆沁旗定居牧民的生计选择与草原情结 [M]. 北京：社会科学文献出版社, 2018.

[151] 张亮亮. 矿产资源富集，"自然红利"与"资源诅咒"：中国内蒙古地区的经济增长、问题与对策 [J]. 世界经济情况, 2008 (6)：67-70.

[152] 张明复. 矿产开发的资源生态环境补偿机制研究 [M]. 北京：经济科学出版社, 2010.

[153] 张倩. 牧民应对气候变化的社会脆弱性——以内蒙古荒漠草原的一个嘎查为例 [J]. 社会学研究, 2011 (6)：171-195.

[154] 张群. 牧区工矿业开发对牧户生计的影响分析——基于内蒙古 B 嘎查的考察 [J]. 中国农村经济, 2016 (7)：59-66.

[155] 张实. 参与性农村评估在民族调查中的意义及运用——以云南中甸形朵村为例 [J]. 思想战线, 2001 (3)：88-90.

[156] 张亚民. 内蒙古自治区资源开发布局与环境保护 [M]. 呼和浩

特：内蒙古大学出版社，2005.

[157] 张引弟，孟慧君，塔娜. 牧区草地承包经营权流转及其对牧民生计的影响——以内蒙古草原牧区为例 [J]. 草业科学，2010（5）：134-139.

[158] 章祖同，许志信，韩国栋. 划区轮牧和季节连牧的比较试验 [J]. 草地学报，1991（1）：72-77.

[159] 赵宝海. 草原生态补奖政策下的牧民家庭经济 [J]. 内蒙古师范大学学报（哲学社会科学版），2016（3）：105-110.

[160] 赵钢，曹子龙，李青丰. 春季禁牧对内蒙古草原植被的影响 [J]. 草地学报，2003（11）：183-188.

[161] 赵腊平. 绿色矿山建设的理论依据浅探 [N]. 中国矿业报，2019-04-14.

[162] 郑震. 社会学方法的综合——以问卷法和访谈法为例 [J]. 社会科学，2016（11）：93-100.

[163] 中国科学院法学研究所人民公社研究小组. 高举人民公社的红旗胜利前进——文件、资料选集（第一辑）[G]. 北京：法律出版社，1960：213.

[164] 周利光，杜凤莲，张雪峰，等. 草原畜牧业对干旱的脆弱性评估——以内蒙古锡林郭勒草原为例 [J]. 生态学杂志，2014，33（1）：259-268.

[165] 周立，姜智强. 竞争性牧业、草原生态与牧民生计维系 [J]. 中国农业大学学报（社会科学版），2011（2）：130-138.

[166] SKJERVEN A, REITAN J. Design for a Sustainable Culture：Perspectives, Practices and Education [M]. New York：Taylor and Francis, 2016.

[167] AZEVEDO A, GITABY L. The Cooperative Movement, Self-management and Competitiveness：The Case of Mondrago Corporation Cooperativa [J]. The Journal of Labor and Society, 2010（3）：5-29.

［168］ BASTIDA T, WALDE J. International and comparative mineral law and policy—Trends and prospects ［M］//BREWER K. Trends and Directions in Mining Taxation in the 2000s. Kluwer Law International, 2005: 526.

［169］ BATCHULUUN A, LIN J Y. An analysis of mining sector economics in Mongolia ［J］. Global Journal of Business Research, 2010, 4 (4): 81-93.

［170］ BATTOGTOKH B, LEE J M, WOO N. Contamination of water and soil by the Erdenet copper—Molybdenum mine in Mongolia ［J］. Environmental Earth Sciences, 2014, 71 (8): 3363-3374.

［171］ BEBBINGTON A. Capital and capabilities : A framework for analyzing peasant viability, rural livelihoods and poverty ［J］. World development, 1999, 27 (12): 2021-2044.

［172］ BIGART N W. Banking on Each Other: The Situational Logic of Rotating Savings and Credit Asociation ［J］. Discusing Paper, 2000.

［173］ Byambajav, Dalaibuyan. 「モンゴルにおける鉱山開発反対運動の展開とその要因に関する考察」,『北方人文研究』第5号, 2005.

［174］ CHAMBERS R, ConwayG. Sustainable rural livelihoods: practical concepts for the 21st century ［R］. IDS Discussion Paper 296. Brighton, England: Institute of Development studies, 1992.

［175］ CHERRINGTON D, DYER G. Creating Effective Organizations: Essentials of Organizational Behavior, Human Resource Management, and Strategy ［M］. New York: Kendall Hunt Publishing Company, 2008: 27.

［176］ DELGADO C, ROSEGRANT M, STEINFELD H, et al. Livestock to 2020, the next food revolution. Food, Agriculture, and the Environment. Discussion Paper, International Food Policy Research Institute, 1999: 28.

［177］ DIFD Issues. Sustainable Livelihoods—Building on Strengths ［M］. London: Department for International Development, 2002.

[178] GUPTA P, LI B C, YU J Y. From Natural Resource Boom to Sustainable Economic Growth: Lessons for Mongolia [R]. IMF Working Paper, 2015.

[179] DAI G S, ULGIATI S, ZHANG Y S, et al. The false promises of coal exploitation: How mining affects herdsmen well-being in the grassland ecosystems of Inner Mongolia [J]. Energy Policy, 2014, 67 (4): 146-153.

[180] GANSUKH ENKHDELGER. Research on financial risk control of Mongolian mining Industry [D]. Tianjin: Tianjin Polytechnic University, 2017.

[181] HANS-MARTIN F. Vulnerability: A generally applicable conceptual framework for climate change research [J]. Global Environmental Change, 2007, 17 (2): 155-167.

[182] HOLZMANN R, JORGENSEN S L. Social risk management : a new conceptual framework for social protection and beyond [J]. Social Protection Discussion Papers and Notes, 2000.

[183] HUMPHREY C. The end of nomadism? Society, state and the environment in Inner Asia [J]. Anthropological Quarterly, 2001, 75 (1): 142-147.

[184] HUIRNE R B M, MEUWISSEN M P M, HARDAKER J B, et al. Risk and risk management in agriculture: an overview and empirical results [J]. International Journal of Risk Assessment and Management, 2000, 1 (1/2): 125.

[185] JACKSON, S L. Dusty roads and disconnections: Perceptions of dust from unpaved mining roads in Mongolia's South Gobi province [J]. Geoforum, 2015, 66: 94-105.

[186] JOHNSEN K I, ALFTHAN B, TSOGSAIKHAN P, et al. Changing Taiga: Challenges to Mongolian Reindeer Husbandry [R]. Portraits of Transition No. 1. United Nations Environment Programme, GRID-Arendal. 2012.

[187] JOHNSTON L A. Mining Mongolia: resource access, climate change and vulnerability on the steppe [D]. Faculty of Health Sciences-Simon Fraser Uni-

versity, 2008.

[188] KASPERSON J X, KASPERSON R E. Global Environmental Risk [M]. New York: United Nations University Press, 2001.

[189] LAHIRI-DUTT K, DONDOV H. Informal mining in Mongolia: livelihood change and continuity in the rangelands [J]. Local Environment, 2017, 22 (1): 126-139.

[190] LIU Y S, PAN Q M, LIU H D, et al. Plant responses following grazing removal at different stocking rates in an Inner Mongolia grassland ecosystem [J]. Plant Soil, 2011 (340): 199-213.

[191] MEADOWS D H, MEADOWS G, RANDERS J, et al. The limits to growth [M]. New York: Universe Books, 1972.

[192] PUTNAM R. Making Democracy Work: Civil Tradition in Mordern Italy [M]. Princeton: Princeton University Press, 1993.

[193] REEVES J. Resources, sovereignty, and governance: can Mongolia avoid the "resource curse"? [J]. Asian Journal of Political Science, 2011, 19 (2): 170-185.

[194] RADCLIFFE S. Culture and development in a globalizing world: Geographies, Actors, and Paradigms [M]. London: Routledge, 2006: 28-37.

[195] SUZUKI Y. Conflict between mining development and nomadism in Mongolia [M] //The Mongolian ecosystem network. Tokyo: Springer, 2013: 269-294.

[196] TAO T C H, WALL G, WISMER S. Culture and Sustainable Livelihoods [J]. Journal of Human Ecology, 2010 (29): 1-21.

[197] TURNER B L II, KASPERSON R E, MATSON P A, et al. A framework for vulnerability analysis in sustainability science [J]. Proceedings of the National Academy of Sciences of the United States of America, 2003, 100

（14）：8074.

[198] UN/ISDR. Living with risk: a global review of disaster reduction initiatives [R]. Geneva: UN Publications, 2004.

[199] LEWIS W, OKUN B, RICHARDSON W. Is economic growth desirable? In studies in economic development [M] . Holt: Rinehart and Winston, 1962.

[200] BOUMAN Z. Community [M]. Cambridge: Polity Press, 2001.

牧户生计资产与生计策略调查问卷

尊敬的朋友：

您好！我们是内蒙古大学的学生，我们今天来访问您，是想了解您家庭的生计资本的情况和您所采取的生计策略间有着怎样的关系，以期对牧民生计的可持续性和生活水平的提高提供参考。本调查采取无记名形式，保护您的隐私权，希望能得到您的支持与配合。我们的调查分析希望对您的生活、生产有所帮助。谢谢您的支持与合作！

人口学问卷（请填写或在相应的选项上打"√"）

性别	①男 ②女		生日	___年___月
本人职业	1 农民　　　2 牧民　　　3 商人　　　4 运输　　　5 宗教人士 6 待业　　　7 国企职工　8 集体职工　9 军人　　　10 退休 11 在外打工　12 在读　　13 家庭主妇　14 雇工　　　15 业主 16 干部　　　17 事业单位　18 其他_____			
婚姻状况	①未婚　②已婚　③丧偶　④离婚　⑤离再婚　⑥丧再婚			
本人民族			若已婚，配偶民族	
父亲民族			母亲民族	
出生地		现居地	在本地居住时间	_____年

续表

本人文化程度	①文盲　②小学　③初中　④高中/中专　⑤大专及以上
配偶文化程度	①文盲　②小学　③初中　④高中/中专　⑤大专及以上
父亲文化程度	①文盲　②小学　③初中　④高中/中专　⑤大专及以上
母亲文化程度	①文盲　②小学　③初中　④高中/中专　⑤大专及以上
家庭成员最高文化程度	①文盲　②小学　③初中　④高中/中专　⑤大专及以上
汉语能力	①完全不会　②能听懂不会说　③会说不会写　④会说会写
民语能力	①完全不会　②能听懂不会说　③会说不会写　④会说会写

您所接受的教育是	①民语教育　②汉语教育　③双语教育

您最高学历毕业学校是		您最高学历所学专业是	
您目前的月收入	_____元	您家庭年收入	_____元
您家庭收入的主要来源是	①畜牧业　②政府草场补贴　③矿产开发补偿　④打工　⑤经商⑥工资　⑦其他_____		
您家有几口人		您家有几代人	①一代　②两代③三代　④四代

A. 人力资本调查

1. 您家里有：

10 岁以下的孩子（年纪太小而不能劳动）____（人）；

11~14 岁的孩子（可做简单家务或放牧）____（人）；其中寄宿制学生有____（人）；

5~17 岁的孩子（可以是成人的助手）____（人）；其中寄宿制学生有____（人）；

成年人（18~60 岁，能够从事全部的成人劳动）____（人），其中男性____（人）；

老年人（60 岁以上，只能从事部分的成人劳动）____（人）。

2. 您家里的成员成年劳动力（18~60 岁）的受教育程度：

文盲（初小）____（人）；小学____（人）；初中____（人）。

高中或中专 ____（人）；大学及以上____（人）。

3. 您或您家庭成员的健康程度

①健康　②偶尔患病　③有经常患病者　④有长期患病者（含残疾人）

B. 物质、自然资产调查

4. 您家所有的牲畜情况：

羊 _____（只），牛 _____，骆驼 _____，鸡/鸭 _____（只），马 _____（匹）。

5. 您家是否有以下物品，若有请在□中打"√"。

水泵□　太阳能□　煤气/液化气灶□　电视机□　冰箱（柜）□　洗衣机□　电脑□　汽车□　摩托车□　电脑□　棚圈□　剪毛机□

6. 您家的住房情况：

混凝土房 _____（间），砖瓦/砖木房 _____（间），土木房 _____（间）。

7. 您家有多少亩草场

铁丝网围栏草场_____（亩），没有围栏的草场_____（亩）。

8. 您对自己承包草场质量的评价

①非常差 　　②不好 　　③一般 　　④良好 　　⑤非常好

9. 您对您家的水源质量的评价

①非常差 　　②不好 　　③一般 　　④良好 　　⑤非常好

C. 金融资产调查

10. 您家一年的总收入（各种补贴、补助）_____（元）。

11. 您家能获得的信贷资金来源有哪些？若有请在□中打"√"。

银行或信用社□，高利贷□，亲戚或朋友□，其他（请注明）_____

12. 从银行或者信用社贷款的难易程度

①很不容易 　　②不太容易 　　③一般 　　④比较容易 　　⑤非常容易

13. 从亲戚或朋友那里借钱的难易程度

①很不容易 　　②不太容易 　　③一般 　　④比较容易 　　⑤非常容易

14. 您家在过去12个月内收到过任何形式的捐款/捐物吗（不包括各种政府补贴，如退耕补助/禁牧补助等）？

①是 　　②否

D. 社会资本调查

15. 您家或亲戚中有干部吗？

①有 　　②没有

16. 您嘎查里有自发性组织吗？（如经济合作组织/生产小组/读书小组等。注：除各种宗教活动外）

①有□ 若有请注明这些组织的名字_____

②没有□

17. 您或您的家庭成员参加这些组织吗？

①经常参加 　　②偶尔参加 　　③从不参加

238

18. 您与您邻居之间的关系

①非常好　　　②较好　　　　③一般　　　　④不好　　　⑤很不好

E. 文化资本调查

19. 请您根据对以下内容的了解程度做出选择，在对应的空格中打"√"。

编号	项目	没听说过	仅听说过	了解一些	非常了解
1	成吉思汗				
2	那达慕				
3	《蒙古秘史》				
4	蒙古长调				
5	萨满				
6	勒勒车				
7	乌力格尔				

20. 您对放牧技术是否了解？

①不知道　　　②仅听说过　　　③了解一些　　　④非常了解

F. 部分生计活动/策略调查

21. 请选择您家收入的主要来源，并在横线上填写年收入总数。

工资（教师/企事业单位/政府部门等收入）＿＿＿＿＿＿＿（元）；

补偿收入（国家补贴/矿产开发企业补偿）＿＿＿＿＿＿＿（元），其

中国家补贴（草畜平衡/禁牧补贴）＿＿＿＿＿＿＿（元），矿产开发企业

补贴（草场占用/水源补贴）＿＿＿＿＿＿＿（元）；

畜牧业（有关牛/羊/马/骆驼/鸡/奶制品等收入）＿＿＿＿＿＿＿（元）；

当地特产采集（苁蓉/发菜/奇石等收入）＿＿＿＿＿＿＿＿＿（元）；

副业（运输/经商/打工/手工业/临时工等收入）＿＿＿＿＿＿＿（元）。

22. 您家的生计活动开支情况：

序号		支出	金额（元）
生产支出		饲料费	
		油料费	
		畜药品	
生活开支		粮食/肉类/蔬菜/非主食食品	
		服装和床上用品	
		医疗	
		学费/书籍等教育开支	
		能源（电/太阳能/生物质燃气/煤炭/液化天然气）	
		通信（有线电视/电话）	
		交通运输费用	
其他形式的开支		礼仪/宗教节日开支	
		宴请/送礼	
		罚款	
其他（请注明）			
总计			

23. 您面临的生活压力或困难有哪些？＿＿＿＿＿＿＿＿

24. 您认为哪些途径能提高您的生活水平？＿＿＿＿＿＿＿

25. 为了改善生计，您是否愿意调整您当前的生计策略？

①愿意　　　　②不愿意　　　　③不清楚

如果愿意，原因是＿＿＿＿＿＿＿＿＿＿＿＿＿

如果不愿意，原因是＿＿＿＿＿＿＿＿＿＿＿＿＿